# Mannheimer Geschichtsblätter

Herausgeber
Prof. Dr. Hermann Wiegand
Prof. Dr. Alfried Wieczorek
Dr. Ulrich Nieß

Peripherie
Fotografie von Robert Häusser
1954
rem

# Vorwort der Herausgeber

Drei Geburtstage und zwei Todesfälle – nicht oft ist die Rubrik Personalia in unsrer Publikation so vielfältig bestückt wie dieses Mal, doch das Jahr 2013 brachte einige berichtenswerte Ereignisse im Leben von Personen, die mit den kulturellen Institutionen Mannheims eng verbunden sind oder waren. Sie sind Wissenschaftler oder Förderer, arbeiten haupt- oder ehrenamtlich und tragen in jedem Falle Wesentliches bei, sei es mit Wissenserweiterung, mit Organisationsarbeit, auch ganz materiell in Form von Schenkungen oder indem sie, wie der Fotograf Robert Häusser, Bilder schufen, die nicht nur von hohem ästhetischen Reiz sind, sondern zu philosophischen Gedanken anregen.

Dies fokussiert den Blick auf das Individuum, seine künstlerischen oder auch wissenschaftlichen Eigenarten und seine Leistungen. Den Auftakt des Bandes bildet so ein Beitrag über ein frühes Mitglied der kurpfälzischen Akademie der Wissenschaften, den eigenwilligen und in mancher Hinsicht visionären Botaniker Natalis Joseph de Necker. Zum ersten Mal überhaupt gerät er hier als Person in den Blick der Wissenschaft.

Der Artikel über die Mannheimer Künstler und Künstlerinnen und ihre Ateliers in der Alten Sternwarte führt vor Augen, wie ein ehemals der Wissenschaft gewidmetes Gebäude auch weiterhin ein lebendiger kultureller Mittelpunkt für die Stadt bleiben kann, wenn man es nur einer entsprechenden Nutzung zuführt. Die historische Sternwarte verbindet die Vergangenheit mit der Gegenwart, ebenso wie die gerade angesichts der aktuellen, großangelegten Baumaßnahmen sehr intensive Stadtarchäologie: Die Münzfunde in Mannheim reichen vom römischen Imperium bis in die Neuzeit.

In der Hoffnung, Ihnen anregende und erkenntnisbringende Lektüre zu offerieren: Lesen Sie wohl!

Mannheim, im Januar 2014

Prof. Dr. Hermann Wiegand | Dr. Ulrich Nieß | Prof. Dr. Alfried Wieczorek

Bildnis der jungen Elisabeth Charlotte (Liselotte)
von der Pfalz (1652-1722)
Öl auf Leinwand
Um 1670
rem
Das neu restaurierte Porträt aus dem Bestand der
Reiss-Engelhorn-Museen ist in der Ausstellung
„Die Wittelsbacher am Rhein" zu sehen.

## Editorial



## MAV-Wissenschaft



## rem-Wissenschaft und rem aktuell



## Personalia



## ISG-Report



## Impressum

Francisca Beckers Delin. 1785. Ant. Karcher Sculp. 1786.

N. J. de Necker nat. Insul. anno 1730.

Peter Galli

# Natalis Joseph de Necker, Mitglied der Kurpfälzischen Akademie der Wissenschaften, ein engagierter Botaniker des 18. Jahrhunderts

Zu den am wenigsten bekannten Mitgliedern der Kurpfälzischen Akademie der Wissenschaften in Mannheim, die in diesem Jahr ihr 250. Jubiläum feiert, gehört der Botaniker Natalis Joseph de Necker. Leben und Werk dieses aus Flandern stammenden Wissenschaftlers sind wenig erforscht. Dazu dürfte nicht nur die spärliche Quellenlage beigetragen haben, sondern auch die – zumindest in der deutschsprachigen Literatur – verbreitete, recht einseitige Sicht dieses zweifellos eigenwilligen Gelehrten, die einer intensiveren Beschäftigung mit der Persönlichkeit Neckers entgegenstand.

## Das Bildnis Natalis Joseph de Neckers

Von Necker ist nur ein einziges Porträt bekannt, der Stich von Anton Karcher von 1786, der einigen Ausgaben seiner späten Schriften als Frontispiz beigegeben ist (Abb. 1).[1] Das Bildnis zeigt den Gelehrten als Halbfigur nach halbrechts, in einem Bibliotheksraum sitzend, vor einer Vorhangdraperie und einer getopften blühenden Pflanze, die rechte Hand auf einem Buch, in der linken den Fruchtkörper eines Basidiomyceten haltend. Dieses Attribut ist charakteristisch für Necker, waren die Pilze bzw. die Kryptogamen allgemein doch ein Schwerpunkt seiner Forschungstätigkeit. Die lateinische Beschriftung lautet: „N. J. de Necker nat.Insul. anno 1730.". Die Darstellung entspricht insofern einem tradierten Typus, als im 18. Jahrhundert Botaniker öfter mit Buch und Pflanze porträtiert wurden. Dieses Bildnis Neckers lehnt sich jedoch auffallend eng an den Titelkupfer von Carl von Linnés Schrift „Philosophia botanica" von 1751 an. Es steht somit einerseits in einer Bildtradition, andererseits betont es Neckers Ambition, mit seinen 1790 erschienenen „Elementa botanica" ein dem Werk Linnés ebenbürtiges Opus zu schaffen.

## Quellen und Literatur

Archivalische Quellen zu Necker sind kaum bekannt. Als Regest publiziert und im Mannheimer Altertumsverein (MAV) erhalten sind vier Necker betreffende Urkunden, darunter die Aufnahmeurkunde in die Kurpfälzische Akademie der Wissenschaften in Mannheim.[2] Zerstreut finden sich einzelne Lebenszeugnisse wie z. B. eine Widmung von 1772 (Abb. 2) oder zwei Briefe an den Schweizer Naturforscher und Universalgelehrten Albrecht von Haller.[3] Neckers wissenschaftliche Leistungen sind dokumentiert in seinen zahlreichen Druckschriften, die teils in den kurpfälzischen ACTA, teils in Buchform erschienen sind (siehe Anhang). Hilfreich für die Einschätzung von Neckers Schriften in der zeitgenössischen Fachwelt sind einige Rezensionen in den damaligen in- und ausländischen Literaturzeitschriften.

Eine eingehendere Biographie Neckers liegt nicht vor. In zahlreichen deutschen, französischen, belgischen, niederländischen, englischen und italienischen Nachschlagewerken des 19. Jahrhunderts fand Necker in biographischen Artikeln Beachtung.[4] All diese Kurzbiographien gehen zurück auf die frühe, kurz nach Neckers Tod erschienene Würdigung von dem mit ihm befreundeten Botaniker Pierre-Remi Willemet von 1796.[5] In wissenschaftshistorischen Darstellungen und in der botanischen Fachliteratur werden gelegentlich einzelne Werke Neckers behandelt, auch in Lexika über bedeutende Bryologen fand Necker mit einem Kurzpor-

Abb. 1 (gegenüberliegende Seite)
Porträt des Botanikers und Akademiemitglieds N. J. de Necker
Kupferstich von Anton Karcher
1786
rem
Foto: rem, Carolin Breckle

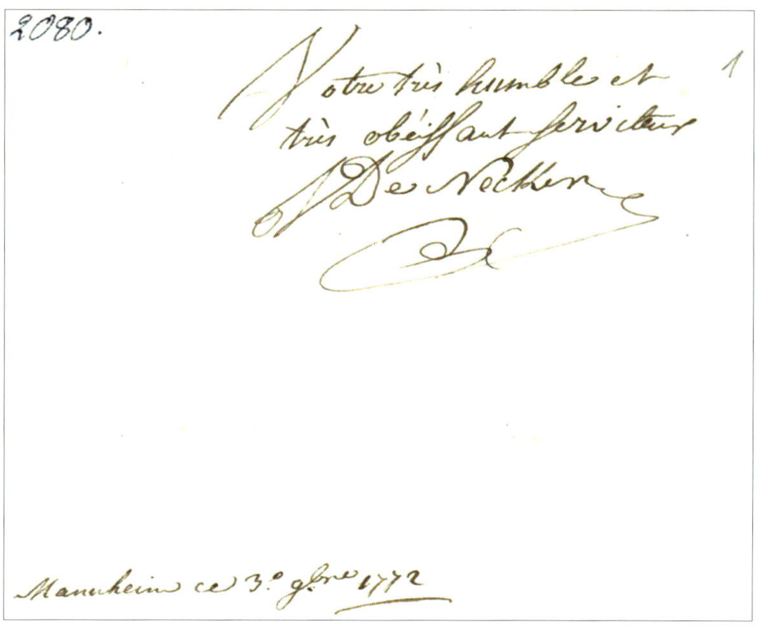
2080.
1
Votre très humble et
très obéissant serviteur
De Necker
Manheim ce 3e 9bre 1772

Abb. 2
Eigenhändige Widmung N. J. de Neckers vom 3. November 1772
Universität Tartu, Autographenslg. F.L. Schardius
Digitalisat; http://tartu.ester.ee/record=b1452065

trät Eingang.[6] Beiträge zur Kurpfälzischen Akademie und zu ihren Mitgliedern beschränken sich auf kürzere historische Ausführungen zu Necker und äußern sich kaum zu seiner naturwissenschaftlichen Bedeutung.[7] Sie beruhen durchweg auf Kistners Buch „Die Pflege der Naturwissenschaften in Mannheim zur Zeit Karl Theodors" von 1930, in dem Necker allerdings menschlich wie wissenschaftlich sehr kritisch dargestellt wird.[8]

**Herkunft und Ausbildung**

Über die Herkunft von Natalis Joseph (auch: Noël Martin Joseph) de Necker divergieren die Angaben bis heute. Die ältere Literatur weiß nur anzugeben, dass er am 25. Dezember des Jahres 1729 in Flandern geboren ist.[9] Die Kurzviten von 1860 und 1899 vermuten als Geburtsort konkret die Stadt Roulers in Westflandern, in der es eine Familie dieses Namens gab. Ein von Du Mortier schon 1862 publizierter Hinweis auf „Lille" und „1730" wurde in der Literatur nicht weiter beachtet.[10] Seit jedoch Leclair 1907 in einer wenig zitierten, weil abgelegen publizierten Studie anhand des Taufregisters der Parochie St. Étienne in Lille diese Stadt als Geburtsort und 1730 als Geburtsjahr eruiert hat, werden in der Literatur zumeist diese Daten verwendet.[11] Offenbar in Unkenntnis dieser Studie verneint der Autor eines neueren biographischen Artikels 2009 beide Orte, Roulers wie auch Lille, und spricht wieder unbestimmt von „en Flandre en 1729 ou 1730 en un lieu inconnu".[12] Einen entscheidenden Hinweis auf seine Herkunft gibt freilich Necker selbst, indem er seinem Porträt die konkrete Ortsangabe „Insul." beigegeben hat. Sie hat schon zu der Annahme verleitet, Necker sei „auf einer der flandrischen Inseln geboren".[13] Korrekt ist diese Abkürzung aber als lateinischer Name für die damalige Hauptstadt des französischen Flandern, Lille, aufzulösen, nämlich „Insulae"![14] Necker stammt demnach eindeutig aus Lille. Die auffallende Diskrepanz in der Jahresangabe hängt möglicherweise mit dem Jahresanfang zusammen: Der 25. Dezember gehört nach dem Circumcisionsstil zum Jahr 1729, nach dem früher im flandrischen Raum üblichen Weihnachtsstil zum Jahr 1730.

Schon seit früher Jugend hatte sich Necker der Botanik verschrieben, die ihn zeitlebens in Bann schlug. Die Grundlagen dafür wurden in der „École Central du Département du Nord" in Lille gelegt, damals eine Hochburg der Botanik, in der schon früh die Innovationen von Linné aufgegriffen wurden und aus der mehrere bekannte Botaniker hervorgingen.[15] Der junge Necker besuchte den Unterricht des angesehenen Professors für Naturgeschichte J. B. Lestiboudois (1715-1804), eines Mannes mit dem „talent of inspiring his hearers with a taste of science"[16], er nutzte den botanischen Garten in Lille für erste Studien und vertiefte seine Kenntnisse auf Exkursionen in den Niederlanden, in Frankreich und Deutschland. Ein Medizinstudium an der nahegelegenen Universität Douai schloss er mit der Promotion ab; nähere Angaben über sein Studium sind in den Fakultätsakten nicht aufgefunden worden. Wieweit Necker als Arzt tätig war, ist unklar. In den Jahren 1765 und 1766 hielt er sich in Paris auf, wo er eine wertvolle graphische Sammlung betreute, in der Moose, Flechten und Algen detailgetreu wiedergegeben waren.[17] Sie weckte wohl seine Vorliebe für die Kryptogamen.

**In Mannheim und am Niederrhein**

Über seine Beziehung zum kurpfälzischen Hof in Mannheim gibt es wenig gesicherte Erkenntnisse. Nach einem Brief Lameys vom 11. Oktober 1768 eröffneten verschiedene Empfehlungsschreiben Necker eine Möglichkeit, dem Kurfürsten sein gerade im Druck erschienenes lateinisches Frühwerk „Deliciae gallo-belgicae silvestres" (1768) vorzustellen, die vollständigste Flora der belgischen Provinzen jener Zeit.[18] Die zwei Bände geben Auskunft über Artbeschreibung, Eigenschaften, Synonyme, Fundorte und – als Einschub in französischer Sprache – den ökonomischen oder pharmazeutischen Nutzen der Pflanzen seiner Heimat. Offenbar war Carl Theodor, der ja seit seiner Jugend Beziehungen in den belgischen Raum hatte und sogar zeitweise ein bayrisch-belgisches Tauschprojekt verfolgte, beeindruckt von dieser Arbeit des Botanikers aus Lille, die in ihm den Wunsch nach einem vergleichbaren Werk für die Kurpfalz geweckt haben mag. Der Kurfürst nahm jedenfalls Necker vom 1. Oktober 1768 an mit einem Jahresgehalt von 1.000 Gulden in seine Dienste, und auch die Aufnahme in die „Theodoro-Palatina" erfolgte auf Anweisung des Kurfürsten.[19] In der Aufnahmeurkunde vom 29. Oktober 1768 (Abb. 3) wird N. J. de Necker als

Peter Galli

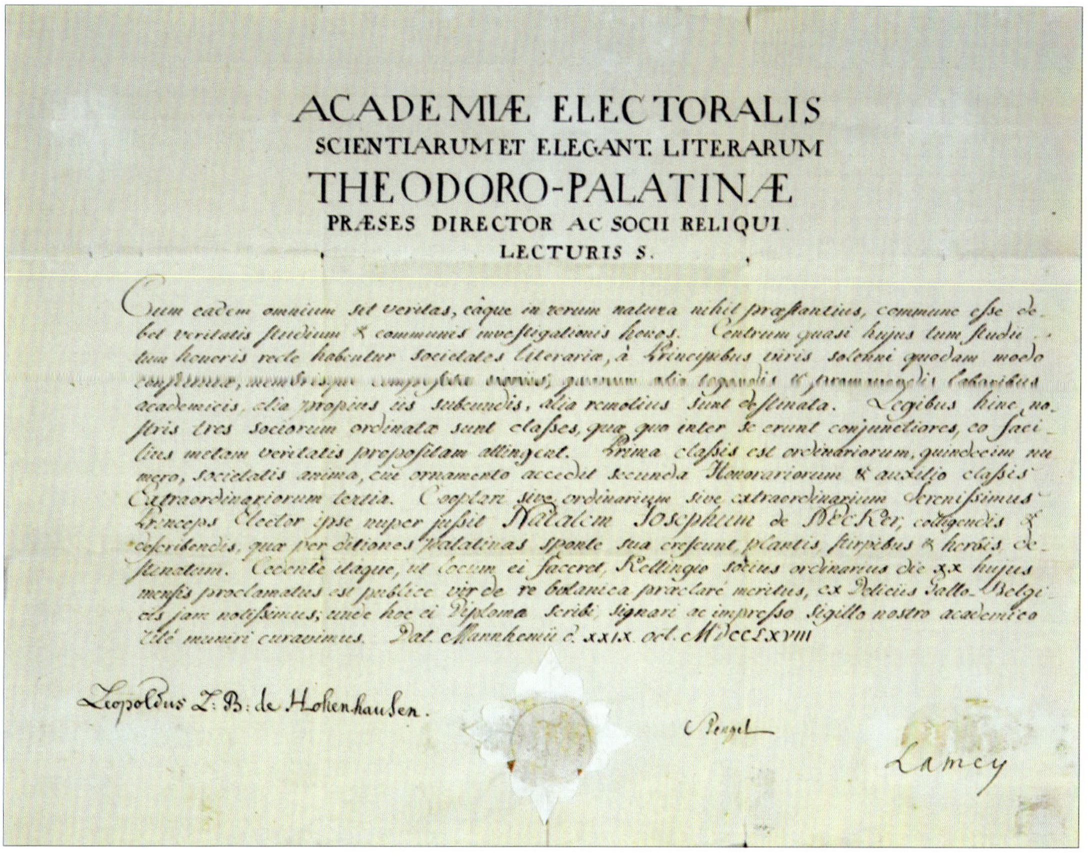
ACADEMIÆ ELECTORALIS
SCIENTIARUM ET ELEGANT. LITERARUM
THEODORO-PALATINÆ
PRÆSES DIRECTOR AC SOCII RELIQUI
LECTURIS S.

Cum eadem omnium sit veritas, eaque in rerum natura nihil præstantius, commune esse debet veritatis studium & communis investigationis honos. Centrum quasi hujus tum studii tum honoris recte habentur Societates literariæ, à Principibus viris solenni quodam modo confirmatæ, membrisque compositæ [illegible]; quorum alia [illegible] & [illegible] laboribus academicis, alia propius iis subeundis, alia remotius sunt destinata. Legibus hinc nostris tres sociorum ordinatæ sunt classes, quæ quo inter se erunt conjunctiores, eo facilius metam veritatis propositam attingent. Prima classis est ordinariorum, quindecim numero, societatis anima, cui ornamento accedit secunda Honorariorum & auxilio classis Extraordinariorum tertia. Cooptari sive ordinarium sive extraordinarium Serenissimus Princeps Elector ipse nuper jussit Natalem Josephum de Necker, colligendis & describendis, quæ per ditiones Palatinas sponte sua crescunt, plantis, stirpibus & herbis destinatum. Cedente itaque, ut locum ei faceret, Kellingio socius ordinarius die XX hujus mensis proclamatus est publice vir de re botanica præclaré meritus, ex Deliciis Gallo-Belgicis jam notissimus; unde hoc ei Diploma scribi, signari ac impresso sigillo nostro academico rité muniri curavimus. Dat. Mannhemii d. XXIX. oct. MDCCLXVIII

Leopoldus L: B: de Hohenhausen.

Pengel

Lamey

Abb. 3
Aufnahmeurkunde für N. J. de Necker in die Kurpfälzische Akademie der Wissenschaften vom 29. Oktober 1768
rem
Foto: rem, Carolin Breckle

Der hier in der linken Spalte zitierte Text beginnt in der neunten Zeile des Textblocks der Urkunde.

Nachfolger des ausscheidenden Kirchenrats W. P. Kelling zum ordentlichen Mitglied der Kurpfälzischen Akademie der Wissenschaften ernannt und mit der Aufgabe betraut, die einheimische Flora zu erfassen und zu beschreiben – dies nicht nur aus wissenschaftlichem, sondern vorrangig aus ökonomischem Interesse einer möglichen Verwendbarkeit in Gewerbe, Küche oder Apotheke. Auf Neckers „Deliciae" wird ausdrücklich Bezug genommen:[20]

„...Cooptari sive ordinarium sive extraordinarium Serenissimus Princeps Elector ipse nuper jussit Natalem Josephum de Necker, colligendis et describendis, quae per ditiones palatinas sponte sua crescunt, plantis, stirpibus et herbis, destinatum. Cedente itaque, ut locum ei faceret, Kellingio socius ordinarius die XX hujus mensis proclamatus est publice vir de re botanica praeclaré meritus, ex Deliciis Gallo-Belgicis jam notissimus; unde hoc ei Diploma scribi, signari ac impresso sigillo nostro academico rité muniri curavimus. Dat. Mannhemii d. XXIX. oct. MDCCLXVIII."

Für seinen Auftrag erhielt Necker vom Kurfürsten bereitwillig Unterstützung. In einem Erlass vom 12. November 1769 wies Carl Theodor alle kurpfälzischen Ämter und Städte an, dem Akademiker von Necker, der mit der Erforschung der wildwachsenden Bäume, Stauden und Kräuter sowie der Insekten und unbekannten Mineralien betraut ist, bei seinen Erkundungen durch Dienstleistungen vor Ort zu assistieren.[21]

„... Darnach Wir von grosem Nutzen zu seyn erachten, wann von allen in unseren Churpfältzischen Landen wild wachsenden Bäumen, Stauden, und Kräuteren eine zuverläsige Nachricht erhalten, und bey dieser Gelegenheit zugleich so wohl die darauf erfindliche Insecten erforschet, als auch die in dem Land vorhandene bisher unbekannt gebliebene Erden, Steine, und Mineralien wahrgenohmen würden, mithin zu dieser Arbeithe den Academiccum von Neker verordnet haben. Alß ergehet an sambtliche Ober- und Unter-Ämbtere, auch HaubtStädte unser gnädigster Befehl, an die Obrigkeiten deren etwa betroffen werdender Nachbarlicher Orthschafften aber unser Ersuchen, daß sie besagten von Neker nicht nur alle Gegenden, welche Er zu seiner Arbeit durchzusuchen nöthig finden wird, frey durchwanderen lasen, sondern auch Ihme darzu allnöthige Hülffe angedeihen lasen sollen, und wollen, mit der ferneren Aufflage ahn die unserige, Ihme von Neker in jenem Behuf mit erforderlichen Weeg-Weiseren in der Frohnde an Handt zu gehen..."

In der Akademie war mit Friedrich Casimir Medicus seit 1764 bereits ein Botaniker tätig, in dessen Zuständigkeit die Kultur ausländischer Gewächse fiel, insbesondere im Mannheimer Botanischen Garten. Necker dagegen sollte sich um die Erfassung der einheimischen Pflanzen kümmern, „wozu beständige Reisen erforderlich waren".[22] Necker sammelte in den ersten Jahren auf zahlreichen Exkursionen botanisches Material. So fand er 1771/72 verschiedene seltene Farne, unter anderem in den Wäldern von Jülich und Berg den Königsfarn (*Osmunda regalis* L.) und im Bezirk Lautern/Donnersberg die Natternzunge (*Ophioglossum vulgatum* L.).[23] Später arbeitete er allerdings nur noch vom Schreibtisch aus, da fehlende Deutschkenntnisse ihm die Verständigung mit der Bevölkerung erschwerten.[24] Er hielt bei den Sitzungen der Akademie regelmäßig Vorträge, veröffentlichte sieben wissenschaftliche Bücher sowie acht Beiträge in lateinischer oder französischer Sprache in den Bänden der ACTA und war beteiligt bei der Ausschreibung botanischer Preisfragen.

In seinem persönlichen Umgang war Necker nicht unumstritten. Willemet beschreibt ihn als von melancholischem und hypochondrischem Charakter, nicht ohne Selbstüberschätzung und daher unduldsam gegen Kritik, andere Zeitgenossen berichten von einem „gall- und streitsüchtigen Necker". Kistner charakterisiert Necker als selbstherrlich und arrogant: Durch seine „widerliche Selbstbespiegelung verscherzte er sich in kurzer Zeit jegliche Freundschaft."[25] Von Fachkollegen wurde Necker daher oft wenig geschätzt. Gleichwohl stand Necker mit vielen Gelehrten in Verbindung, so neben dem bereits erwähnten Albrecht von Haller auch mit dem schwedischen Forschungsreisenden Björnstahl, der 1774 in Mannheim weilte[26], und dem Berliner Arzt und leidenschaftlichen Botaniker Ernst Ludwig Heim, der 1775 auf einer Reise Mannheim besuchte, die Stadt „ergötzlich durch die Kunstschätze und Lebensgenüsse" des Hofes fand und „lehrreich durch die Gefälligkeit gelehrter Männer". Heim, selbst ein versierter Moos-Spezialist, wurde hier mit dem „großen Mooskenner" Necker bekannt, dem er im Verlauf eines „mit dem größten Enthusiasmo" geführten Fachgesprächs einige seltene (wohl außereuropäische) Moospflanzen präsentierte, fortwährend unterbrochen durch entzückte Aufschreie Neckers wie „pardieu und parbleu, auch einigemal foutre". Heim überliess ihm leihweise 13 Exemplare, nachdem sich zuvor Medicus – zu Neckers „größter Freude" – für die Ehrlichkeit seines Kollegen verbürgt hatte. Wir nahmen „auf das allerfreundschaftlichste von einander Abschied; er hat mir tausend Vergnügen gemacht, und ich ihm nicht weniger", resümierte Heim diese Begegnung recht positiv.[27] Der früh verstorbene niederländische Wissenschaftler Steven Jan van Geuns (1767-1795) besuchte im Herbst 1789 auf einer Studienreise zusammen mit dem jungen Alexander von Humboldt die Gelehrten F. C. Medicus und N. J. de Necker in Mannheim, um sich über deren botanische Spezialgebiete zu informieren. Auf Geuns machte Necker nicht den besten Eindruck: ein „sonderbarer Mensch" mit einem „unverschämten Hochmut", der viel mit sich selbst beschäftigt ist. Zur Sprache kamen dabei auch Neckers wissenschaftliche Differenzen mit dem Bryologen Johann Hedwig in Leipzig, über den er sich offenbar recht abfällig äußerte: Hedwig sei ein „polisson, c'est un enfant en comparaison de moi".[28]

Kontakte bestanden weiterhin zu Botanikern im französischsprachigen Raum, in erster Linie zu dem bereits erwähnten P.-R. Willemet in Nancy, dessen biographische Notiz über Necker eine engere Bekanntschaft voraussetzt. Necker befürwortete 1778 Willemets Aufnahme als auswärtiges Mitglied der Mannheimer Akademie, zu der es freilich nicht gekommen ist. [29] Zu nennen sind auch der ihm in seinen botanischen Anschauungen nahestehende Michel Adanson und der von Necker häufig zitierte Genfer Wissenschaftler Charles Bonnet, der Naturforscher und Weltreisende Philibert Commerçon, Entdecker der Hortensie, oder sein einstiger Lehrer und Freund Lestiboudois.[30]

Neckers Verhältnis zu Medicus war eher ambivalent: zum einen geprägt von einer nachhaltigen Gegnerschaft, da Necker mit Medicus „nichts gemein hat, als aus der Höhe auf alle anderen Pflanzenkundigen hinunter zu sehen, kein Wunder also, dass diese beiden Gelehrten einander nicht ertragen können"[31]; zum andern aber auch von einer gegenseitigen wissenschaftlichen Achtung, etwa in der gemeinsamen Ablehnung Linnés oder wenn Medicus 1788 Neckers Buch über die Pilze zu den „besten und brauchbarsten Schriften" zählt, „die ich hierüber gelesen habe".[32]

Über Neckers Aktivitäten in den niederrheinischen Territorien ist wenig bekannt. Um die 1769 durch den Tod des C. V. van Vonck freigewordene Stelle eines Historiographen von Jülich und Berg zu erhalten, erbat sich Necker von den Jülich- und Bergischen Landständen das „der Fähigkeit zu Diensten halber erforderliche EingeburthsRecht" (Jus indigenatus), das ihm am 23. Dezember 1769 „mit allen anklebenden effectibus juris" verliehen und am 15. Januar 1770 von Carl Theodor bestätigt wurde (Abb. 4).[33] Die Stelle van Voncks wurde aufgeteilt: Necker wurde jülich-bergischer Historiograph für die Natur, Christof Jakob Kremer für die Geschichte. Mit dieser Beziehung zum Niederrhein hängt es möglicherweise zusammen, dass Necker seine späteren Werke bei der 1785 in Neuwied neubegründeten „Societas typographica" drucken ließ.[34] Die Verbindung Neckers zu diesem zuvor in Jülich-Berg und Kurköln ansässigen publizistischen Unternehmen des französischen Verlegers Louis-François Mettra bedarf weiterer Recherchen.

Necker war demnach nicht nur Mitglied der Mannheimer Akademie, er trug auch den Titel eines jülich-bergischen Historiographen. Am 25. Februar 1773 nahm ihn ferner die Kurfürstliche Akademie der Wissenschaften in München als auswärtiges Mitglied in die Philosophische Klasse auf.[35] In der Ernennungsurkunde (Abb. 5) heißt es:

„...Virum Clarissimum suisque titulis et honoribus ornandum Nat. Von Necker Electoralis Academiae Socium Extraneum hoc diplomate nobis adjungimus, eumque ex ejus decreto in acta relato, honorum et privilegiorum, quibus illa aucta est, participem esse declaramus..."

Im gleichen Jahr bewarb sich Necker erfolgreich um die Mitgliedschaft der Brüsseler Académie Impériale et Royale des Sciences et Belles-Lettres[36]; zudem gehörte er weiteren gelehrten Institutionen von Holland, Brabant, Rouen, Dijon und Châlons an und war Ehrenmitglied des Collége de Médecine von Nancy. Nach Neckers eigenen Angaben war ihm zudem die Mitgliedschaft der Königlichen Gesellschaft in London angeboten worden. Ehrenvolle Erwähnung fand Necker postum in einem Nationalpoem zur Staatsgründung Belgiens 1830.[37] Interessanterweise hat sich auch Goethe bei seinen botanischen Studien einen Hinweis auf Necker aus dem sechsten Band der ACTA notiert.[38]

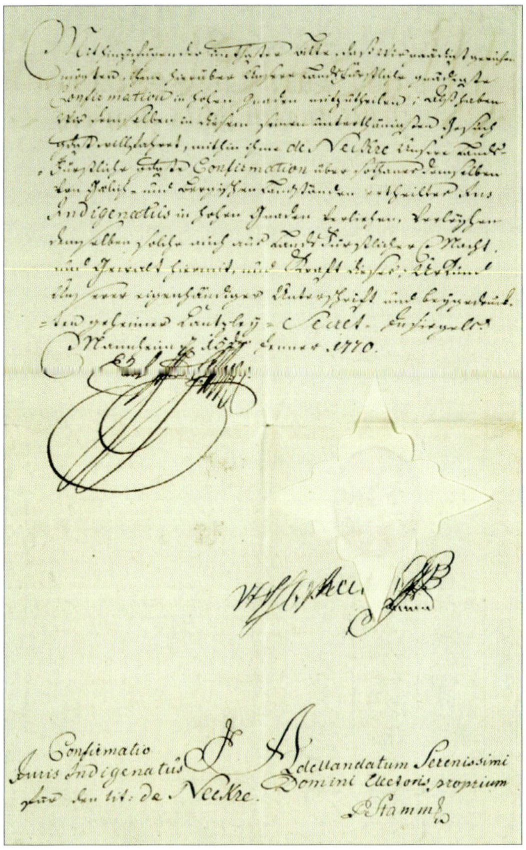
Mannheim ... Jan. 1770

Confirmatio Juris Indigenatus pro ... de Necker.

Abb. 4
Bestätigung des „Jus indigenatus" für N. J. de Necker durch Kurfürst Carl Theodor vom 15. Januar 1770
rem
Foto: rem, Carolin Breckle

Auspiciis Serenissimi Principis
Maximiliani Josephi
Boiorum Ducis Electoris, Comitis Palat. Rheni, rel.
Electoralis Academiae Scientiarum Boicae
Protectoris Clementissimi,
Virum Clarissimum suisque titulis et honoribus ornandum
Nat. Von Necker
Electoralis Academiae Socium Extraneum hoc diplomate nobis adjungimus, eumque ex ejus decreto in acta relato, honorum et privilegiorum, quibus illa aucta est, participem esse declaramus. Cujus rei ut publica fides existat, diploma hoc sigillo Academiae munitum, eidem tradi jussimus.
[illegible] die XXV Februarii Anno MDCCLXXIII.

Abb. 5
Aufnahmeurkunde für N. J. de Necker in die Kurfürstliche Akademie der Wissenschaften in München vom 25. Februar 1773
rem
Foto: rem, Carolin Breckle

Necker starb am 10. Dezember 1793 in Mannheim. Seine Witwe Elisabeth, geborene Falk, vermachte 1798 ihr Vermögen dem katholischen Almosen zu Ladenburg zugunsten armer katholischer Kinder.[39] Sekretär Lamey hielt in der öffentlichen Akademiesitzung am 31. Mai 1794 einen Nachruf auf Necker, der Inhalt der Rede ist nicht bekannt.[40] Die durch sein Ableben erledigte Stelle blieb unbesetzt, die Zeitverhältnisse leiteten das Ende der Akademie ein.[41]

**Die „Flora Palatina"**

Necker hat in der Akademie im Mai und Oktober 1769 über seine ersten botanischen Funde referiert und im zweiten Band der ACTA als Vorarbeit zu einer „Flora Palatina" ein Verzeichnis seiner 1768/69 botanisierten Pflanzen vorgelegt, vervollständigt durch drei Tafeln des Kupferstechers Egid Verhelst mit den Abbildungen von 55 Pflanzen, darunter ein Moos *Hypnum palatinum* Neck. (Abb. 6).[42] Die geplante „Flora" der pfälzischen und jülich-ber-

Abb. 6
Das von Necker für die „Flora Palatina" beschriebene Moos *Hypnum palatinum* Neck. in einem Kupferstich von Egid Verhelst
1770
rem

gischen Gebiete hat Necker jedoch nicht realisiert, vermutlich, weil parallel auch der Kaiserslauterner Mediziner Johann Adam Pollich (1740-1780) aus eigenem Antrieb an einem Werk über die Pflanzen der Kurpfalz arbeitete, das 1776/77 in drei Bänden herauskam, „eine der besten und selbständigsten Floren des ganzen Linnéischen Zeitalters".[43] Synonyme und Fundorte hat Necker mit Blick auf die geplante „Flora" in diesem „ersten und in Anbetracht der kurzen Sammelzeit schon recht reichhaltigen Florenkatalog des Gebietes" nicht angegeben. Die Kurzcharakteristiken der einzelnen Arten sind manchmal durch ausführliche Diagnosen ergänzt, von denen einige von Pollich zur Verfügung gestellt wurden, der gelegentlich Pflanzen und Beschreibungen an die Akademie eingeschickt hat.[44] Ob daher Neckers Verhältnis zu Pollich so belastet war, wie es in der Literatur dargestellt wird, sei dahingestellt.[45] Zweifellos aber war die Situation für Necker nicht einfach, wenn ein einheimischer Ortskundiger dieselbe Aufgabe bearbeitete, zu der er einen offiziellen Auftrag hatte. Jedenfalls werden 1777 beide gemeinsam genannt als diejenigen Wissenschaftler, die endlich nachweisen, „daß die Pfalz ein an nützlichen und kostbaren Gewächsen reiches und gesegnetes Land" ist.[46]

Die gestellte Aufgabe dachte Necker schließlich im Rahmen einer großen wissenschaftlichen „Phytologie" zu lösen. In seiner 1780 veröffentlichten „Histoire naturelle" über die beiden Kompositengattungen *Tussilago* (Huflattich) und *Petasites* (Pestwurz) kündigte er weitere Beiträge zur Flora der pfälzischen und jülich-bergischen Gebiete an. Am Beispiel der beiden Pflanzen formuliert er einige bisher kaum beachtete deszendenztheoretische Thesen, in denen er erstmals den Artbegriff diskutiert.[47] Eine eigenartig überschwängliche englische Rezension spart nicht mit Lob für den „ingenious" Autor, verweist den Leser auf die „advantages that must arise from this excellent method, in the hands of such a botanist as M. Necker" und bescheinigt dem Autor eine „masterly manner" in der Behandlung dieser zwei Pflanzen.[48]

Neckers Arbeitsschwerpunkt bildeten jedoch mehr und mehr die Kryptogamen, insbesondere galt er als einer der besten Kenner der Moosflora. Gleichzeitig schaltete er sich in Vorträgen und Publikationen in die zeitgenössische Diskussion über die botanische Systematik und die Frage der generellen Gültigkeit des Prinzips der sexuellen Fortpflanzung ein. War Necker in seiner „Flora" Belgiens als „ein getreuer Linnäaner, der auch nicht in einer Gattung von seinem Lehrer abgeht"[49], noch streng dem Sexualsystem von Linné gefolgt, so ließ ihn später vor allem seine Ansicht über die Fortpflanzung der Kryptogamen nachgerade zu einem „Antipoden des Sexualsystems" werden.

Das Linnéische System, das mit dem Erscheinen der „Species plantarum" 1753 die Botanik revolutionierte und zum Ausgangspunkt der heutigen Systematik wurde, ist charakterisiert durch die binäre Nomenklatur, die Kennzeichnung einer Pflanze mit einem Gattungs- und Artnamen. Linné hat dabei die pflanzlichen Sexualorgane zur Basis seines Ordnungssystems gemacht, in der Annahme, dass die Arten konstant sind und deshalb die männlichen und weiblichen Blütenteile überall unverändert auftreten. Die 24. und letzte Klasse seines Systems umfasst die *Cryptogamia* (Farne, Moose, Algen, Pilze), also Pflanzen, bei denen die Fortpflanzungsorgane wegen ihrer Kleinheit oder Verborgenheit nicht direkt sichtbar sind. Obwohl damals der Nachweis ihrer Existenz noch fehlte, ging Linné auch bei diesen Pflanzen vom Grundsatz einer universellen Sexualität aus.

**Die Fortpflanzung der Moose**

Schon in seinem Frühwerk hatte Necker in einem Punkt dem damals noch verehrten Linné widersprochen, indem er verneinte, dass auch Moose sich sexuell fortpflanzen. In einem Aufsatz in den ACTA bekräftigt er 1770 seine These und lässt weder bei Moosen noch bei Algen eine Befruchtung gelten: Diese Gewächse pflanzen sich fort „sans fécondation ou sans l'intervention des parties sexuelles", also nicht generativ, sondern rein vegetativ durch Ableger, Sprosse, Knospung usw.[50] Verwundert bemerkt ein Rezensent: Seine Widerlegung Linnés „ist so heftig und zum Theil so unanständig, daß man kaum glauben sollte, daß eben der Mann redete, der kurz vorher in der Flora dem nordischen Naturlehrer so sehr ergeben war".[51]

Während Necker 1771 in seiner fundierten Moosflora „Methodus muscorum" (Abb. 7), die auch die Algen und Flechten einschloss, eine konventionelle Beschreibung der Arten gibt, führt er 1774 in der „Physiologia muscorum", einem auch ins Französische übersetzten Werk, weitere Argumente gegen die Sexualtheorie an, entschlossen „de déclarer ouvertement la guerre aux principes du sexualisme".[52] In dieser Schrift hatte Necker als erster Autor das bemerkenswerte Restitutionspotential der Brunnenlebermoose *Marchantia sp.* aus kleinsten Thallusteilchen aufgezeigt und in Parallele gesetzt zu dem damals gerade erforschten Regenerationsvermögen in Stücke zerschnittener Hydropolypen.[53] Er glaubte, damit die rein vegetative Fortpflanzung der Moose bestätigt wie auch die Nahtstelle zwischen Tierwelt und Pflanzenwelt bezeichnet zu haben. An diesem Werk wird gelegentlich das „grauenhafte Latein" Neckers getadelt, eine Kritik, die auf eine Rezension zurückgeht, die in der „Physiologia" nichts findet außer „Declamation, Citata, Fehlschlüsse, einige Versuche, Misverständnisse – [ ... ] alles in scholastischem schlechtem Latein". Eine anonyme, von Necker selbst stammende Entgegnung auf diesen Verriss veranlasst den Rezensenten zu einer nachträglichen Explikation der umstrittenen Passage: „Das aber ist scholastisch Latein, wenn man ohne Noth und ohne Sinn neue Wörter schmiedet, deren Endungen nur lateinisch sind"; Wörter wie „vegetabilitas, animalitas, sexualitas, seminalitas und ovoitas (horrendum dictu!) machen doch wirklich Kopf- und Ohrenschmerzen".[54] Mit seiner Neigung zur Neuprägung von Begriffen irritierte Necker seine Zeitgenossen wiederholt, auch im Bereich der praktisch-deskriptiven Botanik.

N. J. DE NECKER
BOTANIC. SERENISS. ELECT. PALAT. ACADEM. SCIENT. ET ELEGANT. LITTER. THEODORO-PALAT. SOCII, ORD. HISTORIOGRAPH. DUCAT. JULIAC. ET MONT.

METHODUS MUSCORUM

PER CLASSES, ORDINES, GENERA AC SPECIES

CUM SYNONYMIS, NOMINIBUS TRIVIALIBUS, LOCIS NATALIBUS, OBSERVATIONIBUS DIGESTORUM, AENEISQUE FIGURIS ILLUSTRATORUM.

MANNHEMII, EX TYPOGRAPH. ACADEM. ELECT. SCIENT.

MDCCLXXI.

Abb. 7
Titelblatt eines Werkes von N. J. de Necker über Moose
1771
rem

In der Folge verhielt sich Necker recht polemisch gegenüber Forschern, die bei Moosen die „Fiktion" einer sexuellen Fortpflanzung vertraten. Die Begeisterung, mit der viele Botaniker den Sexualorganen der Kryptogamen nachspürten, verspottete er als „Cryptomania"; er selbst schlug den Namen „Agamia ou Pseudogamia" für diese Pflanzen vor, um ihre Geschlechtslosigkeit auszudrücken.[55] Die Aktualität der angesprochenen Frage veranlasste sowohl die Akademie in Mannheim 1771 wie auch die in Petersburg 1779 zur Ausschreibung einer Preisaufgabe: „Durch Wahrnehmungen und Versuche zu erforschen, in welcher Weise die Fortpflanzung der kryptogamischen Pflanzen vor sich geht".[56]

In Mannheim bewarb sich Joseph Gottlieb Kölreuter (1733-1806), Botaniker in Karlsruhe und seit 1765 außerordentliches Mitglied der „Theodoro-Palatina", 1775 anonym mit einer später unter dem Titel „Das entdeckte Geheimniß der Cryptogamie" veröffentlichten Schrift.[57] Kölreuter vertrat die These einer universellen Sexualität, also auch der Kryptogamen. Die Akademie, in der Beurteilung uneins und in Unkenntnis über den Autor, leitete die Arbeit zur Begutachtung an Kölreuter weiter, der – „um strengste Diskretion" bittend – sich ausweichend über seine eigene Arbeit aussprach. In der Frühjahrssitzung 1775 wurde der Verfasser zwar gelobt, doch weil er „allzu voreilig den Schein der Wahrscheinlichkeit für Tatsächlichkeit genommen habe", der Preis nicht vergeben. Necker behandelte anschließend die Frage in einem ACTA-Beitrag selbst, in dem er die Sporen der Moose und Farne für puren Staub erklärte, ohne jede Relevanz für die Reproduktion.[58] In Petersburg reichte Necker 1781 eine dreiteilige Arbeit über Algen, Moose und Farne ein, denen er getreu seiner Überzeugung Sexualität absprach. Preisgekrönt wurde, wahrscheinlich unter dem Einfluss Kölreuters, der Mitglied der Petersburger Akademie war, 1783 jedoch nicht Neckers Abhandlung, sondern die eines Vertreters der Sexualtheorie, des Leipziger Arztes und Botanikers Johann Hedwig (1730-1799). Hedwig gilt als „Linné der Moose" und Begründer der modernen Bryologie, sein Nachweis von Sexualorganen bei Moosen trug entscheidend zum Verständnis ihres bis dahin noch vielfach ungeklärten Lebenszyklus bei.[59]

Necker bestritt die Resultate Hedwigs, die seine Thesen widerlegten, „in dem ihm eigenen Tone"[60], zog sich für seine „dreiste Lästerung" jedoch harsche Kritik zu: Die „Ausfälle des Hn. Necker, der seinen weiten Abstand von Hn. H[edwig] gar nicht fühlen zu können scheint, und öffentlich sowohl, als heimlich, die unanständigsten Aeusserungen gegen den wahren Forscher sich erlaubte, lassen sich nicht beschönigen".[61] Womöglich ein noch vernichtenderes Urteil ist das stillschweigende Übergehen Neckers, da seine „Behauptungen zu sehr gegen alle seit Hedwigs Entdeckungen gemachten Erfahrungen streiten, um sich die Mühe der Widerlegung zu geben".[52] Hedwig selbst kommentierte die Attacken des Mannheimer Botanikers eher freundlich: Necker vermeinte, indem er die Moose zu „polypenartigen Geschöpfen" machte, „dem linnéischen System den wichtigsten Stoss gegeben zu haben", war aber etwas voreilig im sich „lustig machen" über Linné.[63] Er benannte sogar, Neckers unbestrittene Verdienste in der Mooskunde anerkennend, nach diesem die Gattung *Neckera* (Neckermoos).

**Das Zwischenreich der Pilze**

Nach dem Petersburger Misserfolg hatte Necker – offenbar vergebens – seine eingereichten Abhandlungen über Algen, Moose und Farne zurückerbeten, um sie zusammen mit einem weiteren Teil über die Pilze als eine vollständige „Kryptogamie" zu publizieren. So veröffentlichte er seinen „Traité sur la Mycitologie" 1783 in separater Form (Abb. 8).[64] Die Schrift enthält einen historischen Abriss, eine Diskussion der pflanzlichen und der pilzlichen Strukturen, Ausführungen zu den Standorten und Entstehungsbedingungen der Pilze sowie eine Beschreibung seiner Versuche und Beobachtungen. Bemerkenswert ist, dass hier erstmals die Pilzkunde mit einem Namen (Mycitologie) belegt wird, der den wenig später geprägten Begriff „Mykologie" vorwegnimmt. Neckers Wortschöpfung wurde jedoch wegen seiner zunehmend isolierten Position in der Frage der Genese der Pilze kaum aufgegriffen.[65]

Die Entstehung und systematische Einordnung der Pilze, die in ihrer Morphologie und in ihrer heterotrophen Lebensweise deutlich von den Pflanzen im gewöhnlichen Sinne abweichen, war mit der damaligen experimentellen Methodik und mikroskopischen Technik nicht zweifelsfrei zu klären. Necker lehnte, bestärkt durch einige Beobach-

Peter Galli

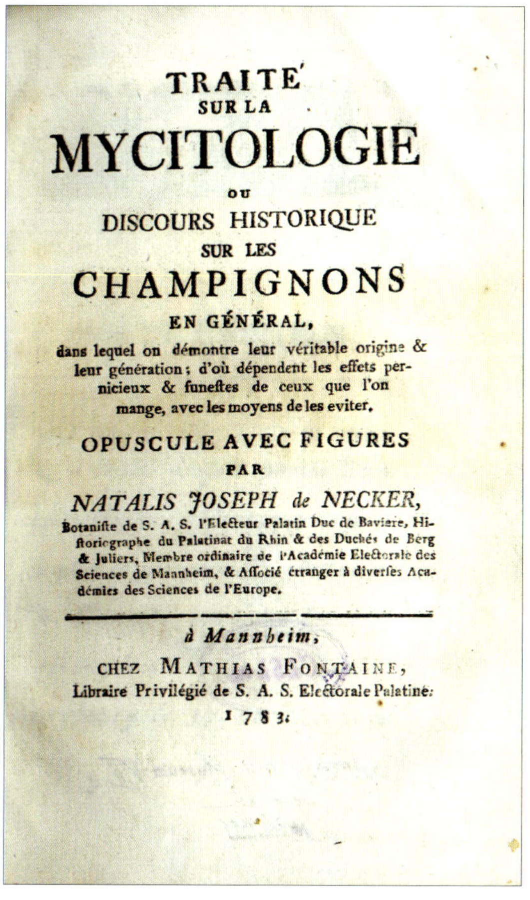
TRAITE'
SUR LA
MYCITOLOGIE
OU
DISCOURS HISTORIQUE
SUR LES
CHAMPIGNONS
EN GÉNÉRAL,
dans lequel on démontre leur véritable origine & leur génération; d'où dépendent les effets pernicieux & funestes de ceux que l'on mange, avec les moyens de les eviter.
OPUSCULE AVEC FIGURES
PAR
NATALIS JOSEPH de NECKER,
Botaniste de S. A. S. l'Electeur Palatin Duc de Baviere, Historiographe du Palatinat du Rhin & des Duchés de Berg & Juliers, Membre ordinaire de l'Académie Electorale des Sciences de Mannheim, & Associé étranger à diverses Académies des Sciences de l'Europe.
à Mannheim,
CHEZ MATHIAS FONTAINE,
Libraire Privilégié de S. A. S. Electorale Palatine.
1783.

Abb. 8
Titelblatt eines Werkes von N. J. de Necker über Pilze
1783
rem

tungen und Versuche mit der (erfolglosen) Aussaat von Pilzsporen, auch bei den Pilzen Sexualität und Fortpflanzung durch „Samen" respektive Sporen kategorisch ab. In der Tat lag bis dahin kein experimenteller Beweis vor, dass Pilzsporen tatsächlich Keimzellen sind.[66] Mit der Sammlung dieser Daten hatte er schon 1765 in Paris begonnen und sie dann in den Jahren 1774/75 und 1780/81 intensiviert. Nach seiner Theorie entstehen die Pilze spontan aus degenerierendem Parenchymgewebe von Pflanzen, wobei sich eine fädige Struktur bildet, für die er den Begriff „Carcithe" prägte und die etwa dem heutigen „Myzel" entspricht. Necker hat damit im Grunde bereits zwischen pilzlichem Myzel und pilzlichem Fruchtkörper differenziert. Die Illustrationen des „Carcithe" sind möglicherweise entlehnt, doch „der Text des ‚Traité' macht einen durchaus originellen Eindruck".[67] Im Ergebnis seiner Studien sind die Pilze nicht als Pflanzen aufzufassen, sondern als Gebilde, die aus pflanzlicher Materie bei Fäulnis entstehen. Necker schlägt daher vor, die Pilze einem Zwischenreich (regnum mesymale) zwischen dem Mineral- und dem Pflanzenreich zuzuordnen.[68]

Es war eine Minderheit von Botanikern, die mit der Fäulnistheorie eine im Grunde bereits überholte Anschauung vertrat, gleichzeitig mit Necker z. B. der mit ihm befreundete Willemet.[69] Auch sein Kollege Medicus, der den Entstehungsvorgang als „vegetabilische Crystallisation" erklärte, ging in der Pilzfrage mit Necker weitgehend konform und verteidigte ihn gegen konträre Meinungen, so in einer anonymen Entgegnung auf einen „Champignons"-Artikel von Palisot de Beauvois im „Dictionnaire encyclopédique" (1785) und einer nochmaligen Replik auf dessen Erwiderung.[70]

### Die „Elementa botanica"

Die dem Kurfürsten Carl Theodor gewidmeten „Elementa botanica" sind zusammen mit den beiden Schriften „Corollarium" und „Phytozoologie philosophique" das Hauptwerk Neckers, nach seinen eigenen Worten das Ergebnis zwölfjährigen Forschens und Nachdenkens. Schon 1780, als er in der Akademie über die Mängel der derzeitigen botanischen Lehrmeinungen referierte, kündigte der Mannheimer Botaniker nicht eben bescheiden an, unter dem Titel „Elementa philosophico-botanica secundum principia phytologiae exhibita" einen universellen Entwurf zu liefern, „durch welchen diese weitläufige Wissenschaft dereinst zur höchsten Stufe ihrer Vollkommenheit gelangen würde".[71] Während die dreibändigen „Elementa" ein umfassendes lateinisches Florenwerk mit einem neuen klassifikatorischen System bilden, werden in der „Phytozoologie" die zugrundeliegenden Prinzipien und im „Corollarium" Neckers Terminologie erläutert. Dem Gesamtwerk beigegeben sind das Porträt Neckers sowie 63 separat zu beziehende Kupfertafeln. Das Werk erschien 1790 in Neuwied und in einer parallelen Ausgabe in Paris, weitere Ausgaben folgten 1791 sowie 1808.[72] Die zahlreichen Editionen unterstreichen das Interesse und die Erwartungen in den Fachkreisen: „Endlich erscheint ein Mahl das Werk des Hrn. von Necker, worauf alle Kräuterkenner um so begieriger waren; da man dem allgemeinen Rufe nach nicht allein ein wahrhaftes natürliches System von ihm erwartete, sondern auch zugleich eine außerordentliche Erleichterung in Erlernung der Wissenschaft selbst".[73] Die Intention Neckers, ein natürliches System für alle existierenden Pflanzen und damit ein neues Fundament der Botanik zu schaffen, blieb jedoch Illusion; die „Elementa" bildeten für das Linnéische System keine ernsthafte Konkurrenz.

Dies liegt vor allem an Neckers eigenwilligen Hypothesen und seiner befremdlichen Fachterminologie. Necker teilt in seinen „Elementa" das Pflanzenreich – konsequenterweise ohne die Pilze – neu ein in 54 Genera, für die er fünfsilbige griechische Namen prägt (z. B. Actinophytum). Er verwendet jedoch die botanischen Begriffe Genus (Gattung) und Species (Art) nicht im üblichen Sinne, sondern für die jeweils höhere taxonomische Ebene: seine Genera entsprechen den „Familien" und seine Species den „Genera". Diese irritierende Terminologie folgt aus der Theorie seines „Systême naturel", dass die konstanten, unsterblichen (immortales) Einheiten in der Natur nicht die Species der konventionellen Botanik sind, sondern die Gattungen, die er daher „species naturales" nennt. Die sonst grundsätzlich als konstant geltenden Species (Arten) stuft Necker ein als „Proles" (mortales), als veränderliche Wesen im Sinne von Rassen, die dem prägenden Einfluss der Umwelt unterworfen sind – im Grunde frühe evolutionistische Ansätze.[74] Unveränderliche „species naturales" gibt es nach seinem System der „Elementa" genau 1842.

Necker hat in den „Elementa" viele Pflanzen nach verdienstvollen Personen benannt. So gab er z. B. einer karibischen Pflanze den Namen *Theodoria* zu Ehren von Carl Theodor (Nr. 1048), oder er widmete eine Pflanze *Willemetia* dem befreundeten Botanikprofessor Willemet (Nr. 90).[75] Insgesamt hat Necker – nicht ohne Eitelkeit – 377 neue Namen, die von ihm stammen, in einem separaten Register „Species naturales Botanicis ignotae, quibus nomina neckeriana accomodantur" gesammelt. Fragwürdig bleibt jedoch die Art seines Vorgehens: Oft handelt es sich nämlich nicht um Erstbeschreibungen, sondern um Umbenennungen bereits beschriebener Pflanzen. Auch aus fachlichen Gründen ist Necker auf Ablehnung gestossen. Ein Bearbeiter der Enziangewächse etwa musste 1796 feststellen, dass Necker mehrere Individuen der Gattung *Gentiana* nicht als Arten aufgestellt hat, obwohl er sie „species naturales" nennt, sondern als „künstliche Gattungen, von denen jede mehrere natürliche Arten enthält". Necker stiftet damit eine von dem Autor nicht nachvollziehbare terminologische Verwirrung.[76]

Die Zeitgenossen haben denn auch Neckers großangelegten Entwurf, der „sich nur durch die gewagtesten Hypothesen, und den ganz abgeänderten Sprachgebrauch auszeichnet", überwiegend ignoriert.[77] Ein Rezensent in London bezweifelt, dass Neckers Werk mehr ist als nur „transitory" und kritisiert die Pseudo-Innovationen: „On the whole, M. Necker seems to have done some service to botany; but this perhaps is more than counterbalanced by unnecessary novelties and refinements of a specious semblance, rather than of real utility".[78] Aus all diesen Gründen blieben auch Neckers unbestrittene Verdienste, seine „scharfen Diagnosen" und begrifflichen Analysen der Pflanzen, auf die er „nicht ganz mit Unrecht so stolz" war, weitgehend unbeachtet. Denn die „Necker'sche Terminologie muss erst studirt sein, ehe man seine Diagnosen versteht" – eine Mühe, der sich nur wenige Botaniker unterzogen. Daher ist, wie der Taxonomiespezialist Kuntze 100 Jahre später bedauert, „mancher Necker'sche Gattungsname beiseite geschoben oder übersehen worden".[79] So urteilte der britische Botaniker Bentham 1880: „The greater number of Necker's genera have been so imperfectly characterized with so absurd a terminology that they are quite indeterminable; and his names deserve to be absolutely ignored".[80] Es wundert deshalb nicht, dass in den 1950er Jahren die am Internationalen Code der botanischen Nomenklatur arbeitenden Taxonomen die „Elementa" ablehnten. Weil Necker den von Linné für die kleinste konstante Einheit der Pflanzenwelt gebrauchten Terminus „species" verwendete, damit aber taxonomisch etwas anderes meinte, wurden Neckers Namen als nicht gültig publiziert gewertet.[81] Ein Referent verweist Neckers „Elementa" gar in einen „nomenclatural waste paper basket".[82] Das Hauptargument für die Beibehaltung der von Necker aufgestellten Namen war bezeichnenderweise kein wissenschaftliches, sondern – quieta non movere – ein praktisches: Die Verwerfung der bisher gültigen Namen der „Elementa" könnte schwer abzuschätzende Turbulenzen in der bestehenden Nomenklatur nach sich ziehen. Doch die Entscheidung fiel gegen Necker: Die „Elementa botanica" gehören seither zu den „Opera oppressa" und werden für nomenklatorische Zwecke nicht mehr berücksichtigt.[83]

Peter Galli

### Die Gattung „Willemetia"

Eine besondere Bewandtnis hat es mit der Gattung *Willemetia* Neck. (Kronenlattich), mit der Necker, wie schon erwähnt, in den „Elementa" den Kollegen Pierre-Remi Willemet geehrt hat (Abb. 9). Der Gattungsname *Willemetia* ist, wenn auch uneinheitlich, während des ganzen 19. Jahrhunderts in Gebrauch. So diskutiert 1834 ein Enkel Willemets drei Vorschläge für den Namen *Willemetia* und kommt zu dem Schluss: Der von Necker etablierte Name sei „le plus ancien et le seul qui doive rester".[84]

Neckers *Willemetia* ist ein Paradebeispiel für die Auswirkung neuer Literaturfunde auf den gültigen Namen einer Pflanze nach der Prioritätsregel. Mehr als 150 Jahre galt Necker als Erstautor von *Willemetia*. Seit jedoch die „Elementa" nicht mehr als Namensquelle akzeptiert werden, kam die zeitlich folgende Publikation des Namens, ein Artikel des französischen Botanikers Cassini von 1827, zum Zuge. In den 1980er Jahren entdeckte man aber in London einen undatierten dreiseitigen Druck „*Willemetia*, nouveau genre de plantes, créé par M. de Necker", in dem Necker den Namen *Willemetia* nach dem Linnéischen System gültig publiziert hat. Da der Druck aufgrund innerer Kriterien auf 1777/78 datiert wurde, also älter ist als die „Elementa", musste die Gattung *Willemetia* Neck. wieder etabliert werden.[85] Ergänzend dazu belegen mehrere, bisher in der Literatur nicht beachtete zeitgenössische Hinweise zweifelsfrei die in der Tat frühere Veröffentlichung des Textes. So gibt ein wissenschaftlicher Literaturbericht 1784 Neckers lateinische Beschreibung der Pflanze wieder, und für das Jahr 1778 findet sich folgende anerkennende Notiz: „In dem botanischen Wercke des Herrn Necker, eines pfälzischen Gelehrten, ist eine den Phytographen bis izt unbekannt gebliebene Pflanze, die in ihrem Character einzig ist, beschrieben. Herr Necker hat ihr den Namen *Willemetia hieraciodes* zu Ehren des berühmten Botanickers, Herrn Willemet, gegeben. – Ein Denkmal der Hochachtung, das des Beyfalls aller Gelehrten würdig ist."[86] Zu dieser Erstbeschreibung Neckers existiert ein bisher keinem Künstler zugeordneter Kupferstich: „*Willemetia hieracioides* Necker. Dédiée à Mr. Willemet ... Par Mr. de Necker, Botaniste de l'Electeur Palatin etc.". Nach den jetzigen Recherchen dürften die Autoren dieses Stiches der Zeichner Egid Verelst in Mannheim und der Stecher Y. D. Collin in Nancy sein.[87] 1781 wurde die *Willemetia hieraciodes* (sic!) Neckers schließlich in ein botanisches Prachtwerk großformatiger handkolorierter Abbildungen des in Nancy tätigen Herausgebers und studierten Botanikers Pierre Joseph Buchoz aufgenommen und damit höchst eindrucksvoll zur Geltung gebracht (Abb. 9).[88]

### Schlussbetrachtung

Natalis Joseph de Necker war Botaniker mit Leib und Seele, fasziniert von den Fortschritten am Beginn der mit Linné einsetzenden modernen Botanik. Er beschäftigte sich engagiert mit den aktuellen botanischen Fragen seiner Zeit, zu denen er sich als produktiver und geübter Schriftsteller in zahlreichen Werken äußerte. Wie nicht zuletzt seine drei großen Florenbücher (Flora Belgiens, Moosflora, Flora der „Elementa") ausweisen, besaß Necker eine exzellente Pflanzenkenntnis und Beobachtungsgabe, bei Moosen darf er sogar als ausgesprochene Kapazität gelten. Daher ist der Tadel eines Rezensenten 1822 im Hinblick auf Necker verständlich: „Warum wird und wurde überhaupt dieser wenn gleich paradoxe, aber geniale und scharfsichtige Beobachter so ganz nicht beachtet? Gewiss mit Unrecht".[89] Und ein Jahresbericht der „Pollichia" bezeichnet ihn kurz und bündig als „den um die Mooswelt wohlverdienten Necker".[90] Für einen modernen belgischen Autor hat Necker gar „incontestablement marqué la botanique de son époque".[91] Abwertende Urteile wie „geringe Sachkenntnis" oder Botanik in „wenig systematischer Weise", wie sie in der Literatur hie und da begegnen, werden Neckers botanischen Verdiensten nicht gerecht.[92] Nicht von ungefähr hat sein schärfster wissenschaftlicher Widersacher Hedwig ihm zu Ehren eine Moosgattung *Neckera* benannt, „in the memory of the most eminent opposer of the doctrine of the sexual propagation of mosses, to whom nevertheless botany is not a little indebted".[93] Auch heute noch begegnet man in der botanischen Literatur gelegentlich Neckers Namen, hat er doch zahlreiche Gattungen und Arten neu aufgestellt – einschließlich der heute nicht mehr gültigen Namen insgesamt 571 Pflanzen. Sein offizielles Autorenkürzel ist „Neck."[94]

Neckers Qualitäten sind jedoch verblasst, weil er in grundlegenden wissenschaftlichen Theorien, in seiner Opposition zum Linnéischen System und

Abb. 9
Die von N. J. de Necker nach dem Botaniker P.-R. Willemet in Nancy benannte Pflanze *Willemetia hieraciodes* NECKER
Kolorierter Kupferstich, ed. von P. J. Buchoz
1781
Privatbesitz

zur Gültigkeit der Sexualtheorie auch bei Kryptogamen, unflexibel auf einem isolierten Standpunkt beharrte. Nicht zuletzt bedingt durch seinen schroffen, abweisenden Charakter und seine Überheblichkeit geriet Necker nicht selten in Kontroverse mit führenden Botanikern, anstatt mit ihnen zu kooperieren. Etwas rettungslos Einzelgängerisches, Egozentrisches und Offensives mag in seinem Wesen gelegen haben. Dass er sich schließlich in seinem wissenschaftlichen Ehrgeiz, ein mit Linné rivalisierendes System zu etablieren, zu dem wenig erfolgversprechenden Projekt der „Elementa" hinreißen ließ, hat seinen Nachruhm erheblich gemindert, so dass er heute nur noch eine marginale Rolle in der Botanik spielt. Man ist versucht, auf ihn die Worte eines Zeitgenossen zu münzen, die dieser 1789 an die voreiligen Kritiker Linnés gerichtet hat: „Und wahrlich, es gereicht unserm Zeitalter, es gereicht Deutschland nicht zur Ehre, dass es da Männer giebt, die bey allen ihren übrigen, grossen und anerkannten Verdiensten die Schwachheit haben, es der Asche des grossen Linné nicht verzeihen zu können, dass er grösser zu werden gestrebt hat, als sie selbst wahrscheinlich je werden".[95] Letztendlich trugen freilich neben seinen fachlichen Leistungen auch N. J. de Neckers Irrwege dazu bei, dass sich in der kritischen Diskussion mit ihm die wissenschaftlichen Erkenntnisse weiterentwickelten.

1 Nach Zeichnung von Francisca Beckers 1785. Vgl. Gesche, Inga (Bearb.): Anton Karcher (1760-1842). Druckgraphische Werke eines Mannheimer Kupferstechers, Mannheim 1990, Nr. 1, S. 18 f. - Frontispiz 1790 in den Werken „Elementa botanica", „Corollarium" und „Phytozoologie", doch nicht bei allen Exemplaren. - Abb. z. B. in: Kistner: wie Anm. 8, 1930, Tafel VII, nach S. 150; [Katalog:] Lebenslust und Frömmigkeit. Kurfürst Carl Theodor (1724-1799) zwischen Barock und Aufklärung, Bd. 2, Regensburg 1999, S. 451 Nr. 6.4.19.

2 Reiss-Engelhorn-Museen (rem): MAV U-E 10-13. Die vier Urkunden wurden dem MAV von Major von Seubert geschenkt. Regesten in MGBl 13, 1912, Sp. 71f.

3 Repertorium zu Albrecht von Hallers Korrespondenz 1724-1777, Bd. 1, hrsg. von U. Boschung u. a., Basel 2002 (Studia Halleriana VII/1), S. 168, S. 199: Briefe vom 1. März 1766 aus Paris sowie vom 12. März 1774 aus Mannheim.

4 Ersch, J.S.: La France litéraire contenant les auteurs français de 1771 à 1796, t. 2, Hamburg 1797, S. 449f.; Dictionnaire universel, historique, critique et bibliographique, 9. ed., t. 12, Paris 1810, S. 406f.; Aikin, J., and W. Johnston (ed.): General Biography, vol. 10, London 1815, S. 423;Encyclopaedia Londinensis, vol. XVI, London 1819, S. 662, S. 665; Biographie universelle ancienne et moderne, t. 31, Paris 1822, S. 8; Dictionnaire historique, critique et bibliographique, t. 20, Paris 1822, S. 214f.; Continuazione al nuovo dizionario istorico, t. VI, Neapel 1825, S. 275; Pierer, H. A. (Hrsg.): Universal-Lexikon der Gegenwart und Vergangenheit, 2. Aufl., Bd. 20, 1844, S. 329; Piron, C.-F.-A.: Algemeene Levensbeschryving der Mannen en Vrouwen van Belgie, (Bd. 1), Mechelen 1860, S. 273; Nouvelle biographie générale, t. 37, Paris 1863, Sp. 574f.; van der Aa, A. J.: Biographisch woordenboek der Nederlanden, t. 13, Haarlem 1868, S. 93; Biographie nationale publiée par l'Academie Royale des sciences, des lettres et des beaux-arts de Belgique, t. 15, Brüssel 1899, Sp. 516-518.

5 Willemet, (Pierre-Remi): Notice sur Noël-Joseph Necker par le citoyen Willemet. In: Magasin encyclopédique, 1796, t. 1, S. 192-199. – Zu Willemet vgl.: Labrude, Pierre: Un pharmacien et botaniste lôrrain: Pierre Rémy Willemet (1735-1807). In: Mémoires de l'Académie de Stanislas, t. 19, Nancy 2005, S. 211-237.

6 Barnhart, J. H. (Ed.): Biographical Notes upon Botanists, vol. 2, Boston 1965, S. 542; Grummann, V.: Biographisch-bibliographisches Handbuch der Lichenologie, Hildesheim 1974, S. 290f.;Frahm, J.-P., und Eggers, J.: Lexikon deutschsprachiger Bryologen, Norderstedt 2001, S. 351.

7 Querner, Hans: Naturgeschichte an der Kurpfälzischen Akademie der Wissenschaften. In: Heidelberger Jahrbücher 21, 1977, S. 60f.; Budde, Kai: Naturwissenschaftliche Forschung in Mannheim und in der Kurpfalz im 18. Jahrhundert. In: Die Wittelsbacher und die Kurpfalz in der Neuzeit. Zwischen Reformation und Revolution, hrsg. v. W. Kreutz, W. Kühlmann u. H. Wiegand, Regensburg 2013, S. 566.

8 Kistner, Adolf: Die Pflege der Naturwissenschaften in Mannheim zur Zeit Karl Theodors, Mannheim 1930 (Geschichte der Kurpfälzischen Akademie der Wissenschaften in Mannheim, hrsg. v. Mannheimer Altertumsverein, I).

9 Vgl. die Nachschlagewerke in Anm. 4. Andere, frühe Lexika kennen kein Geburtsjahr: Meusel, J. G.: Das gelehrte Teutschland oder Lexikon der jetzt lebenden teutschen Schriftsteller, 3. Ausg., Lemgo 1776, S. 790; Rötger, G. S.: Nekrolog für Freunde der deutschen Literatur, St. 3, Helmstädt 1797, S. 170-172; St. 4, 1799, S. 257.

10 Du Mortier, B.: Discours sur les services rendus par les Belges à la Botanique. In: Bulletins de la Société Royale de Botanique de Belgique, t. 1, Brüssel 1862, S. 25.

11 Leclair, Edm.: Noël-Martin-Joseph de Necker. Botaniste lillois. In: Bulletin de la Société d'Études de la province de Cambrai, t. X, Lille 1907, S. 184. Nach dem Eintrag im Taufregister lautete der Familienname ursprünglich Denecker: „Die 25 decembris 1730, Natalis Martinus Joseph, filius Joannis Jacobi Deneckere et Annae-Theresiae Berthe, conjugum, ad gratiam baptismi pervenit...".

12 B(runeel), C(laude): de Necker, Noël Joseph. In: L'Académie impériale et royale de Bruxelles. Ses académiens et leurs réseaux intellectuels au XVIIIe siècle, ed. H. Hasquin, Brüssel 2009, S. 187-191. Der Autor gibt einen Überblick über die zeitgenössischen französischen Rezensionen der Werke Neckers im „Journal encyclopédique" und „Journal de médecine".

13 Kistner: wie Anm. 8, S. 143. Auch Kistner kennt Leclairs Studie nicht.

14 „Insula" oder „Insulae" = Lille. Die Stadt wurde früher auch „L'Isle" geschrieben. – Vgl. auch ACTA 3 (hist.), 1773, S. 5 und ACTA 3 (phys.), 1775, S. 5: J. de Necker, „Insulis Flandriae oriundus"; Brief von Lamey an Schöpflin vom 11.10.1768: „Necker, originaire de Lisle en Flandres" in: Voss, Jürgen (Hg.): Johann Daniel Schöpflin. Wissenschaftliche und diplomatische Korrespondenz, Stuttgart 2002, S. 561 (Beihefte der Francia, Bd. 54).

15 Neben N. J. de Necker und F.-J. Lestiboudois (1759-1815), den beiden damals bedeutendsten belgischen Botanikern, z. B. auch A. M. F. J. Palisot de Beauvois (1752-1820); vgl. Du Mortier: wie Anm. 10, S. 25 f.; Leclair, E.: Les Lestiboudois (Jean-Baptiste, Francois-Joseph, Thèmistocle) botanistes lillois. In: Bulletin de la Société d'Études de la province de Cambrai, t. XII, Lille 1908, S. 56f.

16 Cuvier: Biographical Memoir of Baron de Beauvois. In: The Edinburgh New Philosophical Journal, 1828, S. 2.

17 Necker: Phytozoologie, 1790, S. 69 Anm. 45; Willemet: wie Anm. 5, S. 199.

18 Lameys Brief bei Voss: wie Anm. 14, S. 561. Zu Neckers „Deliciae" vgl. Kistner: wie Anm. 8, S. 143.

19 Voss: wie Anm. 14, S. 561. Nach Kistner (wie Anm. 8, S. 11) betrug das Jahresgehalt 2000 fl.

20 MAV U-E 10. Aufnahmeurkunde für Natalis Joseph de Necker, Mannheim, 29. Oktober 1768; Unterschriften: Präsident L. M. Freiherr von Hohenhausen, Direktor J. G. von Stengel und Sekretär A. von Lamey; Papiersiegel der Akademie. – Faksimile: Kistner: wie Anm. 8, S. 144. Vgl. [Katalog:] Lebenslust: wie Anm. 1, S. 451 Nr. 6.4.20.

21 MAV U-E 11; mit eigenhändiger Unterschrift des Kurfürsten. Vgl. Kistner: wie Anm. 8, S. 144.

22 Knoll, Ilona: Friedrich Casimir Medicus (1736-1808). Leben und Werk, Diss. (masch.) Heidelberg 2002, S. 229.

23 Necker: Eclairissements sur la propagation des filicées en général. In: ACTA 3 (phys.), 1775, S. 290f.

24 S. J. van Geuns: wie Anm. 28, S. 141.

25 Willemet, wie Anm. 5, S. 192 f.; Schlichtegroll, Fr.: Nekrolog auf das Jahr 1799, Jg. 10. Bd. 2, Gotha 1805, S. 243; Kistner, wie Anm. 8, S. 12.

26 Groskurd, Chr. H. (Übers.): Jakob Jonas Björnstahls Nachrichten von seinen ausländischen Reisen, Bd. 5, Leipzig u. Rostock 1782, S. 184f.

27 Keßler, G. W.: Der alte Heim. Leben und Wirken Ernst Ludwig Heim's. Aus hinterlassenen Briefen und Tagebüchern, Leipzig 1846, S. 172f.; vgl. Flora oder Botanische Zeitung, Jg. 7, Bd. 2, 1824, S. 507f.; Kielhorn, F. W.: Der Berliner Arzt Ernst Ludwig Heim (1747-1834) als Botaniker. In: Verhandlungen des Botanischen Vereins von Berlin und Brandenburg, Bd. 136, 2003, S. 29f. – Heim hatte 1774 in England die von dem Naturforscher Joseph Banks auf einer Weltumsegelung mit James Cook gesammelten Moose bearbeitet.

28 Evers, Meindert: Begegnungen mit der deutschen Kultur. Niederländisch-deutsche Beziehungen zwischen 1780 und 1920, Würzburg 2006, S. 66; Kölbel, B. und L. Terken, M. Sauerwein, K. Sauerwein, S. Kölbel: Eine fast vergessene Reise. Alexander von Humboldts und Steven Jan van Geuns' Reise durch Hessen, die Pfalz, an den Rhein und durch Westfalen im Herbst des Jahres 1789. In: Cardanus. Jahrbuch für Wissenschaftsgeschichte, Bd. 3, Heidelberg 2003, S. 97; Steven Jan van Geuns. Tagebuch einer Reise mit Alexander von Humboldt durch Hessen, die Pfalz, längs des Rheins und durch Westfalen im Herbst 1789, hrsg. von B. Kölbel und L. Terken, Berlin 2007, S. 141, S. 375 (Beiträge zur Alexander-von-Humboldt-Forschung, Bd. 26).

29 Voss, J.: Geschichtswissenschaft und katholische Aufklärung im Elsaß. Unveröffentlichte Korrespondenz Philippe André Grandidiers (1752-1787), T. 2 (1778-1787), ZGO 124, 1976, S. 264.

30 Necker schickte Adanson 1771 sein Buch „Methodus muscorum" (Adanson. The Bicentennial of Michel Adanson's Familles des Plantes, Bd. 1, ed. G. H. M. Lawrence, Pittsburgh 1963, S. 334); zu Bonnet vgl. (Medicus): wie Anm. 70, 1788, S. 55; Commerçon nennt er „notre ami" (ACTA 3 (phys.), 1775, S. 276). Die Kontakte zu Lestiboudois scheinen später nur sporadisch gewesen zu sein, da dieser im Jahr 1801 über den schon acht Jahre zurückliegenden Tod Neckers nicht informiert war (Leclair: wie Anm. 11, S. 185).

31 S.J. van Geuns: wie Anm. 28, S. 141. - Zwei Briefe an A. v. Haller (24. Oktober 1769 und 27. März 1770; Regesten bei Knoll: wie Anm. 22, S. 158f.) legen nahe, dass Medicus die ersten wissenschaftlichen Arbeiten Neckers mit Skepsis betrachtete.

32 Medicus, F. K.: Pflanzen-physiologische Abhandlungen, Bd. 3, Leipzig 1803, S. 37. Vgl. auch die Streitschrift gegen Beauvois 1788 mit der Eingangsbemerkung: „L'estime particuliere que j'aie pour M. de Necker" (wie Anm. 70, S. 1) oder Medicus: Critische Bemerkungen über Gegenstände aus dem Pflanzenreiche, St. 1, Mannheim 1793, S. 50: Die „mit wahrem philosophischen Geiste geschriebene Abhandlung des Hrn. v. Necker".

33 MAV U-E 12; mit eigenhändiger Unterschrift des Kurfürsten. Vgl. Kistner: wie Anm. 8, S. 144.

34 Zu Mettra und seinem Verlag vgl. Angelike, Karin: Louis-François Mettra, ein französischer Zeitungsverleger in Köln (1770-1800), Köln-

Weimar-Wien-Berlin 2002 (Rheinisches Archiv, 145).

35 MAV U-E 13; Pergament, 26,5 x 34,5 cm, Papiersiegel der Akademie.

36 Hein, Marita: Wissenschaftstransfer zwischen Deutschland und dem belgischen Raum im 18. und frühen 19. Jahrhundert. In: Rheinische Vierteljahresblätter, Jg. 56, 1992, S. 207 Anm. 5; Voss, J.: Universität, Geschichtswissenschaft und Diplomatie im Zeitalter der Aufklärung: Johann Daniel Schöpflin (1694-1771), München 1979, S. 233 Anm. 63, nennt das Jahr 1772.

37 Willemet: wie Anm. 5, S. 192; S.J. van Geuns: wie Anm. 28, S. 143; Le Mayeur, M.: La Gloire Belgique, poème national en dix chants, t. 2, Löwen 1830, S. 238.

38 Die Stelle in Goethes „Notizen und Fragmente zur Morphologie" lautet: „Hr. v. Necker Beispiele von dem Übergang der Gestalten der Pflanzenteile ineinander. Historia et Comm. Acad. El. Theodoro Palat. Vol. VI." und bezieht sich auf Neckers Aufsatz „Mémoire sur la gradation des formes dans les parties des Végétaux". ACTA 6 (phys.), 1790, S. 241ff.; zit. nach Goethe: Schriften zur Natur und Erfahrung. Schriften zur Morphologie. I, Stuttgart: Cotta (1959), S. 984 (Gesamtausgabe der Werke und Schriften in 22 Bänden, 2. Abt.: Schriften, Bd. 18).

39 Schuch, C.T.: Politische und Kirchen-Geschichte von Ladenburg und der Neckarpfalz, Heidelberg 1843, S. 194. Die Neckersche Stiftung soll 14.900 Gulden betragen haben (Kistner: wie Anm. 8, S. 149).

40 Zum Todestag 10. Dezember und zu Lameys Rede vgl. Annalen der Botanik, St. 15, 1795, S. 129. Der Eintrag im Kirchenbuch unterm 12. Dezember 1793 bezieht sich auf die Beerdigung, vgl. Kistner: wie Anm. 8, S. 236 Anm. 558.

41 Fuchs, P.: Palatinatus illustratus. Die historische Forschung an der kurpfälzischen Akademie der Wissenschaften, Diss. München, Mannheim 1963 (Forschungen zur Geschichte Mannheims und der Pfalz, 1), S. 384.

42 Necker: Enumeratio Stirpium Palatinarum annis 1768, 1769 collectarum. ACTA 2, 1770, S. 446-496. Unklar ist die Angabe Neckers (Phytozoologie, 1790 S. 11) über eine Publikation „Observationes de vegetabilibus, in utroque ducatu Montensis ac Juliacensis crescentibus" in den ACTA „1772"(?). – Zur Namensgeschichte des genannten Mooses vgl. Britton, E.G.: Notes on Nomenclature. In: The Bryologist, vol. V, 1902, S. 10-12.

43 Pollich, J. A.: Historia plantarum in Palatinatu Electorali sponte nascentium, 3 Bde., Mannheim 1776-1777. – Vgl. Lauterborn, R.: Der Rhein. Naturgeschichte eines deutschen Stromes, Bd. 1, H. 1, 1930, S. 268 (Sonderdruck aus: Berichte der Naturforschenden Gesellschaft zu Freiburg, Bd. 30); Wundt, F. P.: Topographische Pfälzische Bibliothek, St. 1, Speyer u. Leipzig 1785, S. 60: Necker war gesonnen, „eine Floram palatinam herauszugeben, woran doch nun, nach Pollichs Arbeit, zu zweiflen ist."

44 Vgl. Lauterborn: (wie Anm. 43), S. 269f. - Necker verweist auf Pollichs Befunde und zitiert seine Beschreibungen, z. B.: „Corollam nullam in hoc gramine detegere potuit Pollichius" (ACTA 2, 1770, S. 455); „.... a Pollichio accepimus cum observatione, quam relaturi sumus" oder „Ad academiam cum observatione sequenti Pollichius misit", mit längeren Zitaten (S. 471f. bzw. 486).

45 Nach Kistner (wie Anm. 8, S. 153f.; ohne Belege) hat Necker das Wissen Pollichs „tüchtig ausgebeutet". Ähnlich Fuchs, P.: Wissenschaftspflege in der Pfalz unter Kurfürst Karl Theodor. In: Pfälzer Heimat, Jg. 17, 1966, S. 25 und NDB 20, 2001, S. 605. - Aus einem Brief vom 12. Mai 1770 geht hervor, dass Pollich der Akademie über 100 Pflanzen für ein Herbar überließ und mit Necker in Mannheim persönlich zusammentraf, vgl. Müller, G. H.: Johann Adam Pollich (1741-1780), Medicinae Doctor und Pflanzengeograph der Pfalz, Bad Dürkheim 1990, S. 42f., S. 162ff. (Pollichia-Buch Nr. 21). Pollich erwähnt Necker in der Vorrede („Neckeri collectio in actis pallatinis prostat, qui praeter palatinatum electoralem quoque Juliaci ac Montium ducatum investigat") und zitiert seine Werke und Pflanzenbeschreibungen.

46 Rheinische Beiträge zur Gelehrsamkeit, Jg. 1. H. 3, 1777, S. 160.

47 Histoire naturelle du Tussilage et du Pétasite, pour servir à la Phytologie du Palatinat du Rhin, et des Duchés de Juliers et de Berg. ACTA 4 (phys.), 1780, S. 209-252. Vgl. Lauterborn: wie Anm. 43, S. 270; Historische Studien und Skizzen zu Naturwissenschaft, Industrie und Medizin am Niederrhein, hrsg. von den wissenschaftlichen Vereinen Düsseldorfs, Düsseldorf 1898, S. 26. - Necker hat auch eine „genealogische Tafel" entworfen, um die verwandtschaftlichen Beziehungen der Pflanzen darzustellen: „Enumeratio generalis vegetabilium in Tabella genealogica relatorum" (Manuskript), zit. nach: Hermann, Johann: Tabula affinitatum animalium, Straßburg 1783, S. 13. Vgl. auch Kistner: wie Anm. 8, S. 163, S. 240 Anm. 642ff.

48 The monthly review, vol. LXI, London 1780, S. 306f.; ähnlich in: Journal encyclopédique, 1779, t. 6, S. 208-217.

49 Göttingische Anzeigen von Gelehrten Sachen, 1770, S. 110-112 (A. v. Haller). Bezeichnenderweise fehlt 1773 im Titel der zweiten Auflage der „Deliciae" der Hinweis „secundum Principia Linnaeana" aus der ersten Auflage 1768.

50 Dissertatio de muscorum et algarum generatione. ACTA 2, 1770, S. 423-446; Zitat aus: Phytozoologie, 1790, S. 11; vgl. Kistner: wie Anm. 8, S. 145.

51 Allgemeine deutsche Bibliothek, Anhang zu Bd. 1-12, 1771, S. 224.

52 Franz. Edition: Physiologie des corps organisés..., 1775, S. 146. In dieser nicht autorisierten Übersetzung bemängelt Necker fehlende Passagen und hinzugefügte sinnwidrige Anmerkungen (Necker: Phytozoologie, 1790, S. 11; vgl. Kistner: wie Anm. 8, S. 145).

53 Necker zitiert insbesondere Charles Bonnet und die Untersuchungen von Otto Friedrich Müller über die pflanzenartig gestalteten Naïs-Arten der Süßwasserpolypen (1771). Vgl. Kistner: wie Anm. 8, S. 146, S. 235 Anm. 536ff.

54 Allgemeine Deutsche Bibliothek, Bd. 32, 1777, S. 165 und Bd. 39, 1779, S. 196-200. Neckers Entgegnung: L'Auteur justifié..., Mannheim 1778; zuvor in: Journal encyclopédique, 1778, t. 1, S. 327ff. Neckers Autorschaft wird bestätigt von Willemet: wie Anm. 5, S. 196. Vgl. Kistner: wie Anm. 8, S. 145.

55 Necker: Eclairissemens (wie Anm. 23), S. 286; Corollarium, 1790, S. 7, S. 20.

56 Zum Hintergrund der Preisaufgabe vgl. Kistner: wie Anm. 8, S. 146f.; Behrens, J.: Joseph Gottlieb Kölreuter. Ein Karlsruher Botaniker des 18. Jahrhunderts. In: Verhandlungen des naturwissenschaftlichen Vereins in Karlsruhe, Bd. 11, 1896, S. 285ff.; Willemet: wie Anm. 5, S. 196f.; Lütjeharms, W.J.: Zur Geschichte der Mykologie. Das XVIII. Jahrhundert, Gouda 1936, S. 107.

57 Die Schrift mit dem Untertitel: „Eine der Chur-Pfälz. Academie der Wissenschaften zugedacht gewesene Preißschrift" erschien 1777 und enthält eine Entgegnung an „den würdigen Herrn von Necker", der „allen Sexualisten gleichsam den Krieg angekündigt" (S. 2f.). Kölreuter publizierte vier Abhandlungen in den ACTA.

58 Eclairissemens (wie Anm. 23), S. 314. Vgl. Mannheimer Zeitung, Nr. 132 v. 2. November 1785, S. 541: Es „las Herr von Necker eine Französische Abhandlung über die Farnkräuter, Moose und Flechten, deren Entstehung, Entwickelung und völligen Wachsthum ohne die geringste Befruchtung".

59 Frahm u. a.: wie Anm. 6, S. 171ff.

60 Neue allgemeine deutsche Bibliothek, Bd. 9, 1794, S. 429.

61 Allgemeine Literatur-Zeitung, Jena u. Leipzig 1799, Bd. 1, S. 667.

62 Schlichtegroll: wie Anm. 25, S. 244; Panzer, G. W. F.: Versuch einer natürlichen Geschichte der Laub- und Lebermooße, Nürnberg 1787, S. 15.

63 Hedwig, Johann: Sammlung seiner zerstreuten Abhandlungen und Beobachtungen über botanisch-ökonomische Gegenstände, Bd. 1, Leipzig 1793, S. 4.

64 Zum folgenden vgl. Kistner: wie Anm. 8, S. 147f.; Lütjeharms: wie Anm. 56, S. 106ff; Ainsworth, G. C.: Introduction to the history of Mycology, Cambridge 1976, S. 32, S. 65; Dörfelt, H. und H. Heklau: Die Geschichte der Mykologie, Schwäbisch Gmünd 1998, S. 124ff.

65 Der Begriff „Mykologie" geht auf C.H. Persoon 1794 zurück, vgl. Dörfelt u. a.: wie Anm. 64, S. 126. – Das von Necker geprägte Wort sollte eigentlich „Mycétologie" heißen (Willemet: wie Anm. 5, S. 198).

66 Vgl. Medicus, der 1790 in einer Streitschrift den Beweis einfordert, dass tatsächlich der „Champignons Saamen auf einem bestimmten Orte gesäet, auf diesem bestimmten Orte die nemliche species hervorbringe" (Brief an Herrn de la Methrie. In: Magazin für die Botanik, St. 11, Zürich 1790, S. 162). – Die Autoren des 18. Jahrhunderts sprechen durchweg von Samen. Erst Hedwig differenzierte zwischen Samen und Sporen, war damit aber seiner Zeit voraus. Vgl. Dörfelt u.a.: wie Anm. 64, S. 121f.; Lütjeharms: wie Anm. 56, S. 114.

67 Lütjeharms: wie Anm. 56, S. 110. – Das „Carcithium" Neckers, „der sich wunderbare Vorstellungen über seine Entstehung machte", war der erste Begriff für diese pilzliche Struktur, die seit 1805 allgemein „Mycelium" genannt wird (De Bary, A.: Morphologie und Physiologie der Pilze, Flechten und Myxomyceten, Leipzig 1866, S. 17).

68 Traité, 1783, S. 127: „J'ai nommé ce nouveau regne, Regnum mesymale, Regne mésymale comme qui diroit regne neutre, mitoyen ou intermediaire". - Auch bei modernen Mykologen finden sich Argumente, die Pilze in ein selbständiges Naturreich einzuordnen, vgl. Ainsworth: wie Anm. 64, S. 32f.

69 Willemets 1783 verfasster „Essay sur 'histoire naturelle du champignon vulgaire" erschien 1784. Da die beiden Botaniker befreundet waren, kann man entgegen der Vermutung von Lütjeharms (wie Anm. 56, S. 106f.) wohl davon ausgehen, dass sie gegenseitig von ihren Schriften wussten.

70 (Medicus:) Reflexions sur les observations de M. de Beauvois... touchant le traité sur l'origine des champignons de Mr. de Necker par M. C**, Nürnberg 1788; Beauvois, M. le Baron de: Lettre à M. de la Métherie. In: Journal de Physique, 1790, S. 81-93; Lettre de M. Medicus à M. de la Metherie, dans la quelle on repond a la refutation que M. le Baron de Beauvois a fait inserer dans le Journal de Physique..., Mannheim 1790; Vgl. auch Kistner: wie Anm. 8, S. 149f.

71 Rheinische Beiträge zur Gelehrsamkeit, Jg. 1781. Bd. 1, Mannheim 1781, S. 83f.

72 Zu den verschiedenen Ausgaben vgl. das Werkverzeichnis (Anhang) und Stafleu, F. A. u. R. S. Cowan: Taxonomic literature. A selective guide to botanical publications and collections, vol. III, 2. ed. Utrecht 1981, S. 703f.

73 Medicinisch-chirurgische Zeitung, Bd. 1, Salzburg 1791, S. 49. - Neckers Plan „is undoubtedly well calculated to render the study

of this extensive science easier; but it will not, perhaps, be followed by those who have been long accustomed to tread in the steps of the celebrated Linnaeus" (The english review or an abstract of english and foreign literature, vol. 17, London 1791, S. 224).

74 Vgl. Proskauer, J.: On Hill, Wiggers, and Necker, and also the genus *Conocephalum*, Taxon 7, 1958, S. 124f.

75 Als Hommage an seinen einstigen Lehrer in Lille, Lestiboudois, benannte Necker eine Gattung *Lestibodea* (Nr. 77); er kreiert eine *Bonnetia* (Nr. 569), eine *Geunsia* (Nr. 515), eine *Salabertia* (Nr. 985), eine *Stengelia* (Nr. 1011) usw.; eine *Neckeria* (Nr. 1379) geht auf Scopoli zurück. Schon früher hatte Necker den böhmischen Botaniker Zaluziansky mit einer Umbenennung geehrt (Nr. 1708; vgl. ACTA 3 (phys.), 1775, S. 303).

76 Schmidt, F.W.: Kritische Betrachtung der Enzianen. In: Archiv für die Botanik, Bd. 1, St. 1, 1796, S. 7f.

77 Medicinisch-chirurgische Zeitung, Bd. 1, Salzburg 1791, S. 69.

78 The Critical Review or Annals of Literature, vol. 3, London 1791, S. 543.

79 Kuntze, O.: Revisio generum plantarum, pars I, Leipzig u.a. 1891, S. XL, S. 206, S. 369.

80 Bentham, G.: Notes on Euphorbiaceae. In: The Journal of the Linnean society. Botany, vol. 17, 1880, S. 193.

81 Vgl. die Diskussion in: IX. International Botanical Congress. Nomenclature Section Report, 1959, S. 42ff.; sowie Margadant, W. D.: Proposal no. 171, Taxon 3, 1954, S. 127f.; Dandy, J. E. and R. Ross: The names in Necker's Elementa botanica, Taxon 7, 1958, p. 261. J. Proskauer plädierte dafür, Neckers „species" wenigstens als Gattungsnamen zu akzeptieren (wie Anm. 74, S. 123ff.). Ähnlich schlug R. Mansfeld eine Ausnahmeregelung für die Neckerschen Gattungsnamen vor (Necker's Elementa botanica, Taxon 7, 1958, S. 155f.).

82 Bullock, A.A.: The names in Necker's Elementa botanica, Taxon 8, 1959, S. 46-48.

83 Montreal Code (1961); zuletzt: Vienna Code, App. VI: Opera utique oppressa (2006). – Dagegen sind die in gültiger binominaler Form veröffentlichten Namen in den „Deliciae" (1768) relevant für die heutige botanische Nomenklatur.

84 Soyer-Willemet, M.: Notes sur les genres qui ont reçu le nom de *Willemetia*. In: Annales des sciences naturelles, Série 2, t. 2, Paris 1834, 127f. Zur älteren Namensgeschichte vgl. Schultz, C. H.: Über *Chondrilla stipitata* und *tuberosa*. In: Linnaea 15, 1841, S. 556: Neckers Gattung *Willemetia* wurde oft „vergessen, nicht beachtet, oder nicht richtig aufgefasst".

85 Neckers Text ist gemeinsam mit Willemets „Fragment pour servir à l'histoire naturelle de la *Neckeria capnoides* de Scopoli" (4 S.) gedruckt, der Druckort ist unbekannt. Vgl. Stafleu u. a.: wie Anm. 72, S. 703 sowie Kirschnerová, Lida and Jan Kirschner: A nomenclatural and taxonomic account of *Willemetia (Compositae, Lactuceae, Crepidinae)*, Taxon 45, 1996, S. 627-630.

86 Commentarii de rebus scientia naturali et medicina gestis, vol. 25, 4, Leipzig: Gleditsch 1784, S. 725ff.; Wekhrlin: Chronologen, Bd. 1, 1779, S. 109; weitere frühe Erwähnung in: Journal de Nancy, année 1780, t. 2, S. 219 und Journal encyclopédique, 1780, t. 6, S. 156.

87 Vgl. Beaupré: Deuxieme supplément a la notice sur Dominique Collin et Yves-Dominique Collin in: Mémoires de la société d'Archéologie Lorraine, serie 2, vol. 8, Nancy 1866, S. 172.

88 Tafel XXV des von P. J. Buchoz 1781 herausgegebenen Supplementbandes zu „Collection des Fleurs de la Chine et de l'Europe". – Das korrekte Art-Epitheton ist „hieracioides".

89 Flora oder botanische Zeitung, Jg. 5, Bd. 1. Beilage 2, 1822, S. 60. Ähnlich in Jg. 7, Bd. 2, 1824, S. 547: „Der geniale, aber wegen seiner mit den damaligen Grundsätzen der Botaniker gar nicht übereinstimmenden Ansichten zum Theil nicht verstandene, zum Theil absichtlich übersehene Necker".

90 15. Jahresbericht der Pollichia, Landau 1857, S. 14. - Vgl. Panzer: wie Anm. 62, S. 100f.: Bei den Moosen wird man Necker „unter den vorzüglichern Beschreibern derselben eine Stelle nicht wohl füglich versagen können".

91 B(runeel), C(laude): wie Anm. 12, S. 191.

92 Querner: wie Anm. 7, S. 61; [Katalog:] Lebenslust: wie Anm. 1.

93 Encyclopaedia Londinensis, vol. XVI, London 1819, S. 665.

94 The International Plant Names Index (IPNI), 2005 [http://www.ipni.org] (22.04.2013).

95 Magazin für die Botanik, St. 6, Zürich 1789, S. 130.

**Anhang: Werkverzeichnis N. J. de Necker**

Necker, Natalis Joseph de: Deliciae gallo-belgicae silvestres, seu Tractatus generalis plantarum gallo-belgicarum ad genera relatarum, cum differentiis specificis, nominibus trivialibus, pharmaceuticis, locis natalibus, proprietatibus virtualibus. Ex observatione, chemiae legibus, auctoribus praeclaris cum animadversionibus secundum Principia Linnaeana, tom. 1-2, Straßburg: J. F. Leroux 1768

Neuausgabe 1773 mit verkürztem Titel: Necker, Natalis Joseph de: Deliciae gallo-belgicae silvestres, tom. 1-2, Straßburg: J. F. Stein 1773

## Natalis Joseph de Necker


Necker, Natalis Joseph de: Dissertatio de muscorum et algarum generatione. In: Acta Academiae Theodoro-Palatinae, vol. 2, Mannheim 1770, S. 423-446

Necker, Natalis Joseph de: Enumeratio Stirpium Palatinarum annis 1768, 1769 collectarum. In: Acta Academiae Theodoro-Palatinae, vol. 2, Mannheim 1770, S. 446-496

Necker, N. J. de: Methodus muscorum per classes, ordines, genera ac species cum synonymis, nominibus trivialibus, locis natalibus, observationibus digestorum, aeneisque figuris illustratorum, Mannheim: Typograph. Academ. Elect. Scient. 1771

Necker, Nat. Jos. de: Physiologia muscorum per examen analyticum de corporibus variis naturalibus inter se collatis continuitatem proximamve animalis cum vegetabili concatenationem indicantibus, Mannheim: C. F. Schwan 1774

Necker, de: Physiologie des corps organisés, ou Examen analytique des Animaux et des Végétaux comparés ensemble, à dessein de démontrer la chaîne de continuité qui unit les différens Regnes de la Nature. Édition françoise du Livre publié en Latin à Manheim, sous le titre de Physiologie des Mousses. Par M. de Necker, Bouillon: Societé Typographique 1775

Necker, de: Eclairissemens sur la propagation des filicées en général. In: Acta Academiae Theodoro-Palatinae, vol. 3 (phys.), Mannheim 1775, S. 275-318

Necker, de: Willemetia. Nouveau genre de plantes, créé par M. de Necker, premier botaniste de S.A.S. l'Électeur Palatin de Manheim; son historiographe, etc., o.O. und o.D. (1777-1778), 3 S.

[Necker:] L'Auteur justifié ou Examen de la Recension faite par les journalistes de la Bibliotheque Universelle Allemande au sujet de la Physiologie de M. de Necker, par M. B**, Mannheim: Hof-Buchdruckerei 1778; zuvor unter dem Titel: Examen philosophique et littéraire du compte que MM. les auteurs du journal imprimé à Berlin sous ce titre: Allgemeine deutsche Bibliothek, cest-à-dire, Bibliotheque universelle allemande, ont rendu de la Physiologie des mousses de M. de Necker...: adressé en forme de lettre, à ces MM., par un anonyme étranger. In: Journal encyclopédique, 1778, tom. 1, S. 327-334, S. 498-504

Necker, de: Histoire naturelle du Tussilage et du Pétasite, pour servir à la Phytologie du Palatinat du Rhin, et des Duchés de Juliers et de Berg. In: Acta Academiae Theodoro-Palatinae, vol. 4 (phys.), Mannheim 1780, S. 209-252

Necker, Natalis Joseph de: Traité sur la Mycitologie ou Discours historique sur les champignons en général, dans lequel on démontre leur véritable origine et leur génération; d'où dépendent les effets pernicieux et funestes de ceux que l'on mange, avec les moyens de les eviter. Opuscule avec figures, Mannheim: Mathias Fontaine 1783

Necker: Enumeratio generalis vegetabilium in Tabella genealogica relatorum (Manuskript), ca. 1783

Necker, Noel Jos. de: Mémoire sur la fécondation, sur la semence et sur quelqu'autres parties contenues dans la fructification des plantes. In: Acta Academiae Theodoro-Palatinae, vol. 5 (phys.), Mannheim 1784, S. 19-43

Necker, Noel Jos. de: Considération sur le système sexuèl des végétaux du chevalier de Linné. In: Acta Academiae Theodoro-Palatinae, vol. 5 (phys.), Mannheim 1784, S. 44-58

Necker, Noel Joseph de: Mémoire sur la gradation des formes dans les parties des Végétaux. In: Acta Academiae Theodoro-Palatinae, vol. 6 (phys.), Mannheim 1790, S. 241-256

Necker, Noel Joseph de: Mémoire sur les animalcules de infusions; sur ceux de diverses eaux fraîches, avec des doutes sur l'irritabilité des végétaux. In: Acta Academiae Theodoro-Palatinae, vol. 6 (phys.), Mannheim 1790, S. 257-266

Necker, Noel Joseph de: Phytozoologie philosophique, dans laquelle on démontre comment le nombre des genres et des especes, concernant les animaux et les végétaux, a été limité et fixé par la nature; avec les moyens de donner l'histoire la plus complette et la plus parfaite de ces corps organisés différens, selon la decouverte du système naturel, Neuwied a. Rh.: Societas typographica 1790

Necker, Nat. Jos. de: Corollarium ad Philos. botanicam Linnaei spectans, generis, speciei naturalis etc., vegetabilium omnium detectorum; fructuum diversorum aliarumque fructificationis partium definitiones expletas, continens, cum tabulis separatis. Neuwied a. Rh.: Societas typographica 1790

Necker, Nat. Jos. de: Elementa Botanica. Genera genuina, species naturales omnium vegetabilium detectorum eorumque characteres diagnosticos ac peculiares exhibentia, secundum systema omologicum seu naturale, evulgata. Cum tabulis separatis, tom. 1-3, Neuwied a. Rh.: Societas typographica 1790

parallele Ausgabe: Paris: Bossange et Soc. Bibliopol. 1790

Ausgabe mit verändertem Titel: ...evulgata. Tribus voluminibus divisa, cum 63 tabulis aeri incisis, volumine separato collectis. Accedit Corollarium ad philos. botan. Linnaei spectans; cum Phytozoologia philosophica lingua gallica conscripta, tom. 1-3, Neuwied a. Rh: Societas typographica / Straßburg: Amand Koenig 1791

2. Auflage: ... evulgata. Cum tabulis separatis, tom 1-3. Editio secunda. Mainz: F. Kupferberg 1808

Wilhelm Kreutz und Horst-Dieter Freiherr von Enzberg

# Porträt des Freiherrn Leopold Maximilian von Hohenhausen und Hochhaus (1708-1783)

Abb. 1
Exlibris des Freiherrn Leopold Maximilian von Hohenhausen und Hochhaus
Archiv der Bayerischen Akademie der Wissenschaften München

**Vorbemerkung von Wilhelm Kreutz**

Das 250-jährige Jubiläum der „Kurpfälzischen Akademie der Wissenschaften" rückt auch ihren ersten Präsidenten, den „kurfürstlichen Kammerherrn, Geheimen Staatsrat, Generalfeldzeugmeister, kommandierenden General in der ‚unteren pfälzischen Provinz', Gouverneur der Residenzstadt und Festung Mannheim, Oberst-Inhaber eines Regimentes zu Fuß, Ritter des Kurpfälzischen Löwenordens", Freiherrn Leopold Maximilian von Hohenhausen und Hochhaus (1708-1783, Abb. 1), in den Blick, der in der bisherigen Lokalforschung entgegen seiner durchaus beachtlichen Karriere kaum Aufmerksamkeit gefunden hat. Immerhin wurde während seiner langen Zeit als Gouverneur von Stadt und Festung Mannheim nach Plänen Peter Anton von Verschaffelts das Zeughaus in nur zwei Jahren (1777-1779) erbaut. Dies bezeugt noch heute die über dem Portal der Nordwestseite des frühklassizistischen Gebäudes zu lesende Inschrift: „Gubernatore urbis / Leopolde Max. L. B. de Hohenhausen / Ordinis Elect. Leonis Pal. Equite / Legato mil. / Academiae Scient. Praes." (Als Leopold Maximilian L. Baron von Hohenhausen, Ritter des pfälzischen Löwenordens, General-Leutnant, Präsident der Akademie der Wissenschaften Gouverneur der Stadt war.) Überdies legte er zusammen mit dem Staatsminister Freiherr von Beckers – wie die damals eingemauerte zinnerne Platte verrät – am 10. Oktober 1777 den Grundstein für das Arsenal der kurpfälzischen Armee. Bereits fünf Jahre früher hatte er am 1. Oktober 1772 im Auftrag Carl Theodors auch den Grundstein für die Mannheimer Sternwarte gelegt. Dies gehörte zu den repräsentativen Pflichten des Akademiepräsidenten, der sich indes am wissenschaftlichen Diskurs der beiden Klassen der Akademie nicht beteiligte.

Doch das Jubiläum der Mannheimer Akademie ist nicht der alleinige Anlass für die nachfolgenden Ausführungen von Dr. Hans-Dieter Freiherr von Enzberg, einem seiner Nachkommen. Vielmehr soll auch das Porträt des Freiherrn (Abb. 2), das der „Mannheimer Altertumsverein von 1859" im Januar 2012 aus dem Besitz der Familie erwarb, der Öffentlichkeit vorgestellt werden. Es wurde 1781 von Nikolaus Rudersheim gemalt und zeigt den Freiherrn – zwei Jahre vor seinem Tod – im Alter von rund 73 Jahren. Es ergänzt nun die Porträts seines jüngeren Bruders Joseph Philipp Julius (Abb. 3) und dessen Ehefrau Gustaviana Loisa Violanta (Abb. 4), geborene Freiin von Milenthal, die schon länger in Mannheim zu sehen sind. Joseph Freiherr von Hohenhausen und Hochhaus (1711-1801/1803?) war ebenso wie seinem älteren Bruder eine erfolgreiche militärische Laufbahn in kurpfälzischen bzw. pfalzbayerischen Diensten beschieden. Seit 1751 Obristlieutnant des Kurpfälzischen Garde-Grenadier-Regiments in Mannheim, stieg er in den nächsten Jahrzehnten zum Generalmajor und Kurpfalz-Bayerischen Generallieutnant der Infanterie sowie zum Obrist-Inhaber des roten Füsilier-Regimentes auf.

**Horst-Dieter Freiherr von Enzberg**
**Zur Genealogie der Familie von Hohenhausen, insbesondere zur Abstammung des Freiherrn Leopold Maximilian von Hohenhausen (1708-1783)**

Die Familie von Hohenhausen ist nicht, wie andere Adelsfamilien, nach einem Ort oder der Stammburg benannt, sondern sie trug ihren Namen (lateinisch „de alta domo") offenbar tatsächlich nach einem

Porträt des Freiherrn Leopold Maximilian von Hohenhausen und Hochhaus (1708-1783)

Abb. 2
Freiherr Leopold Maximilian von Hohenhausen und Hochhaus
Nikolaus Rudersheim
Öl auf Leinwand
1781
rem

„Hohen Haus" in einer Hansestadt Norddeutschlands. Ihre Anfänge hatte sie im Patriziat pommerscher Städte: Stettin, Greifswald und Kolberg werden genannt. Dort gehörte sie um die Mitte des 15. Jahrhunderts zu den Sülzverwandten (Salzjunkern); die Stammreihe beginnt 1444 mit Hans Hoghenhusen. Joachim von Hohenhausen verließ Pommern und erwarb 1639 Grundbesitz in Schlesien. Das Datum lässt vermuten, dass Ereignisse des Dreißigjährigen Krieges mitursächlich für den Ortswechsel waren. Die Familienmitglieder zeichneten sich offenbar in kaiserlichen Diensten aus, so dass sie durch Kaiser Leopold I. – wie damals viele andere Angehörige des Niederadels auch – in den Reichsfreiherrenstand erhoben wurden. Auf diese Zeit geht auch die barocke Namensverdoppelung „von Hohenhausen und Hochhaus" zurück, die erst im 20. Jahrhundert Gegenstand scherzhafter Missverständnisse werden konnte. In das mit der Standeserhöhung verbundene „verbesserte" Wappen gingen Wappen verschwägerter Familien ein.

Im 18. Jahrhundert erscheinen die Freiherren von Hohenhausen vor allem als Dienstadel, dessen Angehörige Ämter in den verschiedenen schlesischen Herrschaften innehatten, insbesondere im Fürstbistum Breslau. Die Besitzergreifung durch Preußen führte zweifellos zu einem grundlegenden Wandel, doch vereinfacht die in der Familie tradierte Auffassung, infolge der preußisch-österreichischen Kriege hätten die Freiherren von Hohenhausen ihre schlesischen Güter verloren und hätten deshalb nach Westen abwandern müssen, offenbar den tatsächlichen Verlauf. So fällt auf, dass Sylvius Christian d. J., geb. 1704 in Seiferdau, 1778, also 15 Jahre nach dem Siebenjährigen Krieg, noch wie sein gleichnamiger Vater in Ottmachau gestorben ist, und dass er nach bzw. neben fürstbischöflich-breslauischen Funktionen „später" auch Königlich preußischer Oberforstmeister und Präses der Ämter im Fürstentum Grottkau und Neiße gewesen ist. Er hat für sich selbst also durchaus Anschluss an die „veränderten politischen Verhältnisse" gefunden. In den Westen des Reiches abgewandert sind aber seine beiden jüngeren Brüder, Leopold Maximilian und Joseph, die beide in der Kurpfalz Karriere machten und deren Porträts sich nun (wieder) in Mannheim befinden.

Dabei ist es grundsätzlich nicht erstaunlich, dass die beiden jüngeren Brüder in „fremde Dienste" treten oder dass sie sich überhaupt um Karrieren in Militär und Verwaltung bemühen mussten, denn der Grundbesitz der Familie reichte sicher nicht zur Aufteilung auf mehrere Erben aus und selbst der älteste der drei Brüder (ein vierter ist offenbar als Geistlicher in Schlesien geblieben) war ja auch nicht im Hauptberuf Gutsbesitzer, sondern hatte mehrere namhafte Verwaltungspositionen inne. Auch dass die beiden „weichenden" Erben nicht in preußischen Diensten ihr Glück suchten, sondern Schlesien verließen, ist verständlich, denn die Familie von Hohenhausen war damals dem Haus Habsburg und der katholischen Kirche verbunden, und gegen beide verfolgte König Friedrich II. einen scharfen Kurs. Es wird also weniger der erwähnte „Verlust der Güter" gewesen sein, der den Brüdern Leopold und Joseph die Ab- und in gewisser

Wilhelm Kreutz und Horst-Dieter Freiherr von Enzberg

Hinsicht Auswanderung nahe legte, als die allgemeinen Rahmenbedingungen in ihrer preußisch gewordenen Geburtsheimat. Fragt man sich nun aber, warum es gerade die ferne Kurpfalz war, der sie sich zuwandten, so macht man eine interessante Beobachtung: Fürstbischof von Breslau war von 1683 bis 1732 Franz Ludwig von Pfalz-Neuburg, also ein Angehöriger gerade der Linie, die zur selben Zeit in der Kurpfalz die Herrschaft ausübte. Das berechtigt zur Annahme, dass der Vater und der ältere Bruder Leopolds und Josephs, beide in fürstbischöflichen Diensten stehend, ihre Beziehungen nutzten und den beiden Nachgeborenen den Weg in die Kurpfalz ebneten. Es wären noch Archivforschungen nötig, um nach Möglichkeit herauszufinden, wann genau die beiden Brüder in kurpfälzische Dienste traten; als nahezu sicher kann gelten, dass beide zunächst und überwiegend eine militärische Karriere machten (Joseph erscheint 1751, also mit 40 Jahren, bereits als Obristlieutenant des Kurpfälzischen Garde-Grenadier-Regiments). Beim Regierungsantritt des Kurfürsten Carl Theodor war Leopold Maximilian von Hohenhausen knapp 35 Jahre alt; sein eigener beruflicher Aufstieg, an dessen Ende ihn das 1781 entstandene Porträt zeigt, fiel also mit dem „Goldenen Zeitalter" Mannheims zusammen. Die aufstrebende Kurpfalz jener Epoche bot vielen ein Betätigungsfeld.

Allen seriösen Quellen zufolge blieben die beiden „Mannheimer" Hohenhausen kinderlos, Leopold auch unverheiratet; ihre Stellung in der Familiengeschichte ähnelt damit der von Domherren oder Mitgliedern geistlicher Ritterorden, doch war ihr Lebensweg schon moderner und verwies darauf; dass nicht mehr Grundbesitz, sondern Staatsdienst die maßgebliche Existenzgrundlage des Niederadels wurde. Für eine Familie wie die von Hohenhausen, die nicht an einen Stammsitz gebunden war, aber auch keinen Halt an einem solchen fand, galt das in besonderem Maße; sie wechselte nun ihre Wohnsitze, indem sie den dienstlichen Engagements folgte. Auch die beiden Söhne des Freiherrn Sylvius Christian d. J., Joseph Sylvius (1743-1822) und Johann Nepomuk Peregrin (1747-1832), verließen Schlesien, sodass am Ende des 18. Jahrhunderts kein Familienmitglied mehr dort verblieb. Joseph Sylvius gilt als Begründer der hessischen Linie der Familie, doch könnte man diese ebenso gut als preußische

Abb. 3 (links)
Joseph Philipp Julius von Hohenhausen und Hochhaus
Öl auf Leinwand
1754
rem

Abb. 4 (rechts)
Gustaviana Loisa Violanta von Hohenhausen und Hochhaus
Öl auf Leinwand
1754
rem

oder westfälische Linie („westfälisch" auch im weiten Sinn der napoleonischen Ära) bezeichnen, denn Joseph Sylvius wurde preußischer Kriegs- und Domänenrat in Herford; als solcher wird er auch in einer neueren Monographie über dieses „neupreußische" Gebiet genannt. Sein Sohn Leopold, preußischer Regierungsrat mit literarischen Ambitionen, heiratete 1809 die von Heinrich Heine geschätzte Schriftstellerin und Übersetzerin Elise von Hohenhausen, geb. von Ochs. Die ebenfalls Elise genannte Tochter dieses Paares, mit dem preußischen Regierungsrat Rüdiger in Münster verheiratet, war eine enge Freundin der Annette von Droste-Hülshoff; Teile ihres Briefwechsels haben sich erhalten. Im Lauf des 19. Jahrhunderts wanderten offenbar mehrere Angehörige dieses Familienzweiges nach Nordamerika aus. Seit 1929 bezeichnet der „Gotha" diese so genannte „hessische" Linie als „im Mannesstamm" erloschen; 1933 heißt es: „Neuere Nachrichten fehlen."

Johann Nepomuk Peregrin von Hohenhausen, noch im schlesischen Seiferdau geboren, erprobte sich offenbar ebenfalls in verschiedenen beruflichen Funktionen, ehe er sein Leben 1832 in Nürnberg als pensionierter bayerischer Mautbeamter beschloss; er begründete die „bayerische" Linie der Familie, die mit dem Tod meiner Mutter 2007 – wie wohl auch die Familie von Hohenhausen insgesamt – erloschen ist. Johann Peregrin schloss zwei Ehen: die erste 1779 in Breslau mit einer katholischen schlesischen Adligen, die zweite 1822 in Nürnberg mit einer evangelischen Pfarrerstochter. Aus der ersten Ehe entsprang der 1788 in Dachau geborene Sohn Leonhard, aus der zweiten Beziehung der 1821 in Nürnberg geborene Sohn Philipp (der, wenn die vorliegenden Daten stimmen, offenbar erst durch nachträgliche Eheschließung der Eltern legitimiert wurde); die Söhne wurden jeweils in der Konfession ihrer Mutter erzogen. Leonhard, der 1872 in München starb, brachte es zu führenden militärischen Funktionen im Königreich Bayern, war zeitweilig Kriegsminister König Ludwigs I. und wurde Ehrenbürger von Augsburg, Landshut, Passau und Dachau. Er war der Großvater der Geschwister Maria, Oskar und Elisabeth von Hohenhausen (geboren 1903, 1905 und 1906), die trotz großen Familiensinns und Geschichtsbewusstseins alle unverheiratet und kinderlos starben. Von meinem (entfernten) Onkel Oskar habe ich unter anderem das Exlibris des Freiherrn Leopold Maximilian bekommen, dessen Abbildung ich beifüge (s. Abb. 1). Meine Tante Elisabeth hat vor ihrem Tod dem damaligen Reiß-Museum die Porträts des Freiherrn Joseph und seiner Frau überlassen; dadurch entstand auch mein Kontakt nach Mannheim.

Philipp von Hohenhausen wiederum war der Großvater meiner Mutter. Er heiratete 1859 in Kassel Wilhelmine von Ochs, eine Nichte der oben erwähnten Schriftstellerin Elise; damit wurde eine Brücke zur anderen Linie der Familie geschlagen. Der 1871 in Kassel geborene Sohn Max starb 1925 in Ulm als Königlich Württembergischer Major a. D.; er hatte 1909 in Berlin Emma Delitzsch geheiratet, eine Tochter des Assyriologen und ersten Direktors der Vorderasiatischen Abteilung der Berliner Museen, Professor Friedrich Delitzsch (seinerseits Sohn des Theologen Franz Delitzsch). Meine Großmutter und meine Tante Margarethe, die ältere Schwester meiner Mutter, kamen am 4. März 1945 bei einem Bombenangriff auf Ulm ums Leben. Mein 1913 geborener, kinderlos gebliebener Onkel Horst Philipp verlebte, von der Kriegszeit abgesehen, ebenfalls fast das ganze 20. Jahrhundert in Ulm. Dort heirateten 1940 auch meine Eltern, die sich – Arzt und medizinisch-technische Assistentin – im Standortlazarett kennengelernt hatten. Auch meine beiden Schwestern erblickten in Ulm das Licht der Welt, ich dagegen infolge der zeitgeschichtlichen Umstände 1950 im donauaufwärts gelegenen Städtchen Mühlheim, Stammsitz der väterlichen Familie seit 1409. Mein Vater, Dr. med. Hubert Freiherr von Enzberg, starb als Oberstarzt a. D. 2004 in Freiburg, fast 91-jährig, meine Mutter; Ehrengard Freifrau von Enzberg, geb. Freiin von Hohenhausen, 2007 ebenfalls dort, zwei Tage nach ihrem 96. Geburtstag. Das Porträt des Freiherrn Leopold Maximilian von Hohenhausen, das ich dem Mannheimer Altertumsverein übereigne, befand sich meiner Erinnerung nach mindestens seit den 1960er Jahren im Besitz meiner Eltern; möglicherweise war es ihnen von den Münchner Verwandten übergeben worden. Der Porträtierte wurde bei uns lange Zeit nur „der Nepomuk" genannt und damit – trotz der eindeutigen Beschriftung auf der Rückseite – mit seinem Neffen Johann Nepomuk Peregrin verwechselt, von dem meine Mutter abstammte und über den das Bild wohl an uns gekommen ist.

Andreas Neuburger

# Friedrich Hermann Schubert: Ludwig Camerarius (1573-1651). Eine Biographie

Zu Beginn des 17. Jahrhunderts spielte die Kurpfalz eine bedeutende Rolle für die Entwicklung der politischen Verhältnisse im Heiligen Römischen Reich deutscher Nation. Eine offensiv geführte Konfessionspolitik und das Streben nach Erweiterung der eigenen Machtbasis verlockten zu dem rasch gescheiterten Griff nach der böhmischen Königskrone, der das Reich in einen am Ende dreißigjährigen Krieg stürzte und der Pfalz bis zum Friedensschluss den Verlust sämtlicher Territorien einbrachte.

Mit Ludwig Camerarius, einem für die Lenkung der Geschicke der Kurpfalz in diesen Jahren zentralen politischen Akteur, befassen sich die beiden Studien, die der später an der Universität Frankfurt lehrende Historiker Friedrich Hermann Schubert 1954 und 1955 im Druck vorgelegt hat. Die von Anton Schindling herausgegebene und um mehrere Beiträge ergänzte Zweitauflage rückt den bedeutenden frühneuzeitlichen Politiker und Humanisten wie auch seinen modernen Biographen erneut ins Blickfeld.

Bereits den politisch informierten Zeitgenossen war die zentrale Rolle Ludwig Camerarius´ für die Politik der Kurpfalz nicht verborgen geblieben. Ein 1621 gedrucktes Flugblatt zeigt ihn an dem Glücksrad stehend, auf dem sich das Schicksal seines Landesherrn, des Kurfürsten Friedrich V. von der Pfalz, entschied. Es entspricht dabei den Gegebenheiten, dass das Flugblatt Friedrich V. als passives Objekt zeigt, dessen Aufstieg zum böhmischen König und anschließender Fall das Werk der Pfälzer Regierung waren und nur zu einem geringen Teil Folge persönlicher Planungen und Entscheidungen des Fürsten.

Die Biographie des Ludwig Camerarius folgt dem Lebensweg des Geheimen Rates. Bereits aus dem Kapitel zu Herkunft und Bildungsweg wird deutlich, wie sehr die ab dem letzten Viertel des 16. Jahrhunderts herrschenden konfessionspolitischen Verhältnisse Camerarius´ Lebenswelt prägten. Stets war sein Denken von drängender Sorge um den Protestantismus dominiert, den Camerarius in seiner Existenz bedroht sah. Konfessionspolitische Überlegungen standen dabei auch gegenüber dynastischen Gesichtspunkten stets im Vordergrund.

Die Niederlage der protestantischen Partei in Böhmen veränderte den Lebensweg des 1603 in pfälzische Dienste getretenen Rates entscheidend. Zunächst im Ungewissen über seine berufliche Zukunft, gelang es ihm, sich 1623 als faktisches Oberhaupt der pfälzischen Exilregierung in Den Haag zu etablieren. Nachdem er bereits mehrere Jahre als schwedischer Korrespondent in Den Haag tätig war, erfolgte 1626 der Übertritt in schwedische Dienste. Die neue Position als Botschafter der schwedischen Krone bei den Generalstaaten erforderte von Camerarius keine Abkehr von seinen politischen Absichten oder Prinzipien. Sein vorrangiges Bemühen diente weiterhin der kriegerischen Absicherung und Behauptung der protestantischen Konfession, somit also einem Ziel, das in schwedischen Diensten nahtlos weiterverfolgt werden konnte.

Trotz zahlreicher Fehlschläge und Misserfolge entwickelte sich Camerarius zu einem Staatsmann von europäischem Format. Neben seiner langen

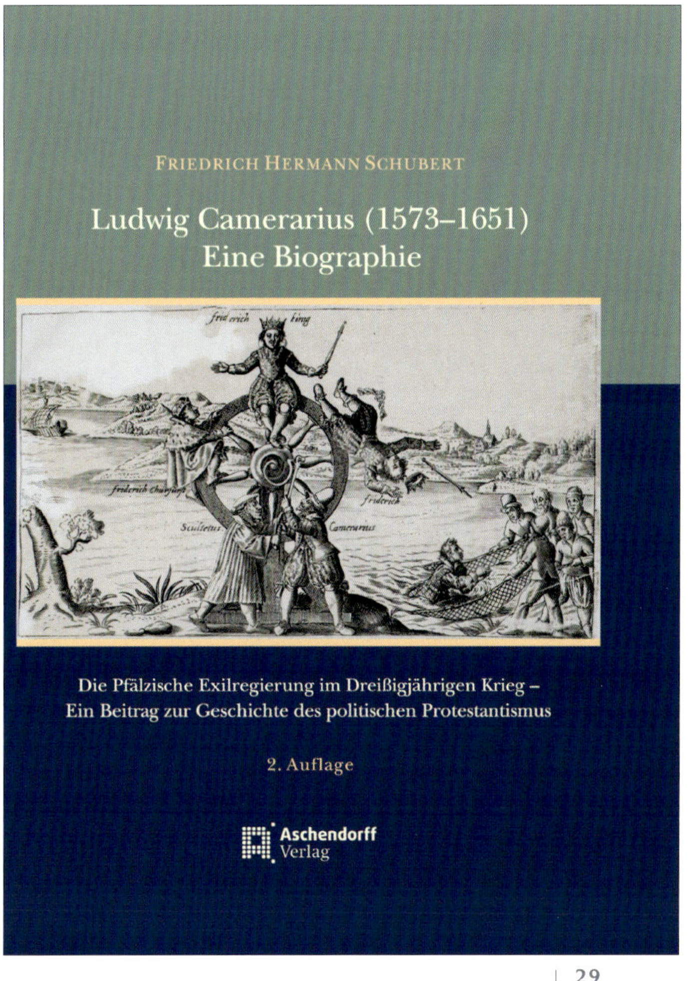


Titelblatt
Friedrich Hermann Schubert: Ludwig Camerarius (1573-1651). Eine Biographie; Die Pfälzische Exilregierung im Dreißigjährigen Krieg. Ein Beitrag zur Geschichte des politischen Protestantismus, 2. Auflage, hrsg. von Anton Schindling unter Mitarbeit von Markus Gerstmeier, Münster 2013, 773 Seiten mit zahlreichen farbigen Abbildungen
ISBN 978-3-402-13018-6
89 €

Friedrich Hermann Schubert: Ludwig Camerarius (1573-1651). Eine Biographie

Karriere als einflussreicher pfälzischer Politiker vermochte er sich im Anschluss als Diplomat erkennbaren Einfluss auf die schwedische Außenpolitik zu erarbeiten. Auf sein Engagement in der Heidelberger Regierung sowie während der böhmischen Expedition folgte bis zu seiner Pensionierung im Jahr 1640 das ständige Streben nach einem breit angelegten Kriegsbündnis der protestantischen Kräfte Europas gegen die bis 1630 übermächtige katholische Partei.

Camerarius´ hohe Bekanntheit und Wertschätzung unter den Zeitgenossen ist vor allem darauf zurückzuführen, dass seine Analysen und Prognosen vielfach korrekt waren – selbst wenn er sich mit seiner Haltung zunächst in der Minderheit befand. Dies gilt beispielsweise für das von Camerarius als zu schwach eingeschätzte dänisch-englische Kriegsbündnis und sein demgegenüber unablässig auf ein schwedisches Eingreifen in den Krieg gerichtetes Drängen.

Auch in Schuberts Darstellung zur pfälzischen Exilregierung findet Ludwig Camerarius´ Rolle eingehende Würdigung. Dabei ist hervorzuheben, dass der Aufsatz die ein Jahr später gedruckte Biographie des Geheimen Rates vielfach ergänzt und um zusätzliche Blickwinkel erweitert. So skizziert Schubert Rolle und Einfluss der wichtigsten Akteure der Exilregierung und umreißt in größerem ideengeschichtlichem Kontext das Spannungsfeld konfessionell und dynastisch geprägter Motive.

Neben den Arbeiten Friedrich Hermann Schuberts bietet der Band einen Aufsatzteil, der außer weiteren Aspekten der kurpfälzischen Geschichte und ihrer Erforschung auch Darstellungen zum Leben und Wirken Schuberts bietet. Frieder Hepp bereichert den Band durch seine Darstellung der zeitgenössischen bildlichen Inszenierung der pfälzischen Geschichte und erläutert kenntnisreich den farbig gedruckten Abbildungsteil des Bandes. Andreas Kappelmayer arbeitet die unterschiedliche Rezeption der Camerarius-Biographie in Deutschland und Schweden heraus und bietet Erklärungsansätze, weshalb sich die Studie nur in Deutschland als Standardwerk etablieren konnte. Der Aufsatz schließt mit einem Überblick zur Indienstnahme landfremder Persönlichkeiten durch die schwedische Krone.

Gerhard Menk und Notker Hammerstein widmen ihre Beiträge der Person Friedrich Hermann Schuberts. Neben der Darstellung der Biographie schildert Menk die Verortung und Rolle Schuberts in der nach 1945 von zahlreichen Umbrüchen und Kontroversen geprägten deutschen Geschichtswissenschaft. Einen interessanten Aspekt bilden auch die Ausführungen zu Schuberts wissenschaftlichen Interessen, etwa zu den Hintergrundüberlegungen und dem Vorgehen bei den Forschungen zu Ludwig Camerarius. Notker Hammerstein stellt Schuberts Wirken an der Johann Wolfgang Goethe-Universität Frankfurt dar und widmet sich insbesondere den schwierigen und konfliktreichen Arbeitsbedingungen Schuberts im Zusammenhang der radikalen Reformbewegung in den Jahren nach 1968. Ergänzt werden die biographischen Beiträge durch Markus Gerstmeiers Aufsatz, der sich dem Vater Schuberts, dem Dresdener Architekten Otto Schubert, widmet.

Damals wie heute sind Schuberts Camerarius-Forschungen mit großem Gewinn zu lesen. Neben den Erkenntnissen zur Geschichte der Pfalz behält Schubert auch stets das Reich und ebenso die europäische Perspektive im Blick. Bleibenden Wert als Standardwerke zum Konfessionellen Zeitalter und Dreißigjährigen Krieg erhalten die Arbeiten durch den Nachweis, dass auch während des Krieges vereinzelt geschützte Räume für freigeistige wissenschaftliche Entwicklungen erhalten geblieben sind. Bei dem humanistischen Idealen nachstrebenden Ludwig Camerarius zeigte sich dies nicht nur in der elegant-elaborierten und überwiegend lateinischen Stilistik, mit der er seine diplomatische Korrespondenz wie auch seine umfangreichen Briefwechsel ausformte. Seine vorwiegend im Jahr 1622 ausgeübte Tätigkeit als Publizist zeigt sein Talent im schriftstellerischen Bereich sowie seine Fähigkeit, die eigene Sache feinsinnig gegen Anwürfe der Gegenseite zu verteidigen. Bedeutend ist schließlich seine planvoll angelegte Sammlung von Briefen des 16. und 17. Jahrhunderts, die noch heute eine einzigartige Quelle zu Reformation und Konfessionellem Zeitalter bildet. Schuberts Studien glänzen nicht nur durch eine umfassende Quellenbasis, sondern auch durch eine überaus elegante Sprache, die das Buch zu einer spannenden Lektüre werden lässt. Der mit Register und Werkverzeichnissen ausgestattete Band bietet mit den Beiträgen zu Leben und Werk Schuberts zudem Einblicke in die Wissenschaftskultur der deutschen Nachkriegszeit.

Sebastian Parzer

# Die Orientreise von Karl Aloys Fickler und Jakob August Lorent im Winter 1863/64

Das relativ friedliche 19. Jahrhundert nutzen zahlreiche Mitglieder des Bildungsbürgertums dazu, längere Studienreisen ins europäische Ausland und nach Übersee zu unternehmen. So begab sich im Winter 1863/64 auch der Mannheimer Pädagoge Karl Aloys Fickler zusammen mit dem Fotografen Jakob August Lorent auf eine mehrwöchige Reise in den Nahen Osten. In 24 im „Mannheimer Journal" abgedruckten Briefen berichtete Fickler vor 150 Jahren ausführlich über die dabei gemachten Erlebnisse. Diese erlauben es, sich ein genaueres Bild vom Ablauf der Reise, den unternommenen Besichtigungen und den zwischenmenschlichen Begegnungen zu machen.

## Fickler und Lorent

Karl Borromäus Aloys Fickler (Abb. 1) wurde am 8. Mai 1809 in Konstanz geboren.[1] Er studierte Theologie und Philologie in Freiburg und erhielt 1831 die Priesterweihe. Allerdings entschied er sich dann für den Lehrerberuf und wurde ab 1832 als Gymnasialprofessor in Donaueschingen tätig. 1848 wechselte er nach Rastatt und kam schließlich 1852 an das Lyzeum in Mannheim. Neben seiner pädagogischen Tätigkeit war Fickler in der Quadratestadt stark kulturell engagiert. Er wurde Kustos des Großherzoglichen Antiquariums und gehörte mehreren lokalen Vereinen an. Bei der Organisation der Feierlichkeiten im Schillerjahr 1859 wirkte er im Festkomitee mit.[2] Ficklers kulturpolitisches Engagement ging auch weit über die Grenzen der Stadt Mannheim hinaus. 1858 wurde er in den Gelehrtenausschuss des Germanischen Nationalmuseums in Nürnberg berufen.[3] Kurze Zeit später wählte man ihn zudem in den Verwaltungsausschuss des Museums.[4] Im Frühjahr 1863 war er an der Gründung des Vereins für Ortsbeschreibungen beteiligt, dessen Vorstandsmitglied er wurde.[5] Etwa zur selben Zeit erhielt Fickler von der Stadt Mannheim den Auftrag, eine Stadtgeschichte zu verfassen und eine städtische Chronik zu führen.[6]

Sein Reisepartner Jakob August Lorent (Abb. 2) erblickte am 12. Dezember 1813 in Amerika das Licht der Welt.[7] Er kehrte bereits als Kleinkind nach Deutschland zurück, wo sich seine Mutter und sein Stiefvater in Mannheim niederließen. Von seinen

Abb. 1 (links)
Karl Borromäus Aloys Fickler (1809-1871)
Aus: Friedrich Walter: Mannheim in Vergangenheit und Gegenwart, Band 2 – Geschichte Mannheims vom Übergang an Baden (1802) bis zur Gründung des Reiches, Mannheim 1907, S. 553

Abb. 2 (rechts)
Jakob August Lorent (1813-1884)
Aus: Bruno Pokorny: Aus Merans Werdezeit, Meran 1929, Bildteil ohne Seitenzahl

Eltern hatte er ein größeres Vermögen geerbt, das es ihm erlaubte, nach Abschluss seines mit der Promotion beendeten naturwissenschaftlichen Studiums das Leben eines Privatiers zu führen und zahlreiche Studienreisen zu unternehmen. Seine erste Reise ging 1842 ins Osmanische Reich und nach Ägypten. In den folgenden Jahren bereiste er dann den gesamten Mittelmeerraum. Schließlich entdeckte er die noch junge Fotografie und wurde schnell zu einem anerkannten Fachmann. Auf einer Reise nach Oberitalien und Kroatien fertigte er 1853 seine ersten Bilder. Ein Jahr später stellte er seine Aufnahmen bereits bei der Ersten Deutschen Industrieausstellung in München aus und nahm 1855 und 1862 auch an den Weltausstellungen in Paris und London teil.[8]

### Die gemeinsame Orientreise

Fickler und Lorent waren offenbar schon längere Zeit miteinander befreundet. Beide waren Mitglied des 1859 gegründeten literarisch-geselligen Vereins und gehörten auch dem Mannheimer Altertumsverein an.[9] Im Auftrag von Fickler fotografierte Lorent 1861 die wertvollsten Stücke des Großherzoglichen Antiquariums.[10] Im Lauf des Jahres 1863 scheint dann der Entschluss gefallen zu sein, zusammen eine Reise in den Nahen Osten zu unternehmen, die am 25. November 1863 in Mannheim begann.[11] Ihnen schloss sich ein „Rittmeister v. K. aus Hessen" an, dessen Identität Fickler in seinen Briefen nicht preisgab und über den er nur hin und wieder berichtete.[12] Möglicherweise stieß der Offizier erst unterwegs zu den beiden Mannheimern. Von der Quadratestadt fuhren Fickler und Lorent zunächst mit der Eisenbahn nach Triest. Dort bestiegen sie einen Dampfer, der sie nach Konstantinopel brachte. Via Smryna, dem heutigen Izmir, ging es per Schiff weiter nach Beirut. Von dort fuhr die Gruppe mit einer Kutsche nach Damaskus. Über Jerusalem gelangten die Reisenden schließlich nach Ägypten, wo sie Kairo und Alexandria besuchten. Ende Februar 1864 waren Fickler und Lorent wieder in Mannheim.[13]

### Die Reiseberichte

Die ersten Berichte hat Fickler von unterwegs an die Redaktion des „Mannheimer Journals" gesandt. Durch den unterschiedlichen Postlauf wurden die Briefe nicht immer in der chronologischen Reihe abgedruckt. Teilweise waren die Berichte so umfangreich, dass die Redaktion ihren Abdruck auf mehrere Ausgaben verteilte (Abb. 3). Auf der Rückreise oder gar erst nach seiner Rückkehr verfasste Fickler weitere Briefe, in denen er recht ausführlich seine Eindrücke vom zweiten Drittel der Reise im Rückblick schilderte (Abb. 4). Offensichtlich wurde dem „Mannheimer Journal" die Berichterstattung mit der Zeit zu umfangreich. Im letzten abgedruckten Reisebericht, der mit der Überschrift „Letzter Brief" versehen und dessen Abdruck im April 1864 auf fünf Ausgaben verteilt wurde, schrieb Fickler ausgiebig über den Aufenthalt in Damaskus. Damit endete die Berichterstattung über die Orientreise. Der Besuch Jerusalems ist nur durch einen von dort abgesandten Brief dokumentiert. Vom Aufenthalt der beiden Mannheimer in Ägypten gibt es gar keine Überlieferung.

### Reiseausrüstung

Für eine derartige Reise war eine geeignete Ausrüstung erforderlich. Ihr offenbar umfangreiches Gepäck transportierten Fickler und Lorent in Koffern und „Nachtsäcken".[14] Fickler erwähnte lediglich die Überbekleidung, die aus Mänteln, Pelzen, „Paletots" (dreiviertellangen Mänteln) und „Plaids" (Überhängen) bestand.[15] Lorent hatte auch seine Fotoausrüstung dabei, über die Fickler nur sehr wenig schrieb. Allerdings gab Lorent die Absicht, Fotografien zu fertigen, aus unbekannten Gründen bereits in Konstantinopel auf. Vor der Abreise aus der Stadt schickte er seine Ausrüstung auf dem Postweg nach Hause zurück.[16] Zudem führten Fickler und Lorent eine unbestimmte Anzahl von Gewehren mit. Diese waren zur Selbstverteidigung bei Reisen ins Landesinnere gedacht. Denn ursprünglich beabsichtigten beide, von Alexandrette (heute Iskenderun) über Aleppo und das an Kreuzfahrerburgen reiche Tal des Asi nach Damaskus zu reisen. Nachdem man dieses Ansinnen wegen des schlechten Winterwetters und Bedenken hinsichtlich der Sicherheit aufgegeben hatte, wurden die Waffen von Beirut aus nach Hause geschickt.[17] Zur Ausrüstung gehörte auch einschlägige Reiseliteratur. In seinen Briefen erwähnte Fickler ein Türkei-Buch von Dr. Busch. Ferner hatte er einen nicht näher bezeichneten „kleineren Führer" dabei.[18]

| Nummer | Ort und Datum | Veröffentlichung | Inhalt |
|---|---|---|---|
| I | Triest, 28.11.(1863) | 3. Dezember 1863 | Zugfahrt nach Triest |
| II | An Bord des „Plutone", 28.11.(1863) | 17. Dezember 1863 | Einschiffung und Abfahrt in Triest |
| III | Corfu, 1.12.(1863) | 26. Dezember 1864 | Auf See: Landgang in Korfu |
| IV | | 30. Dezember 1864 | Auf See: Beschreibung der Passagiere |
| V | | 30. Dezember 1864 | Auf See: Vorbeifahrt an den Inseln Ithaka und Kefallinia, Beschreibung der Inseln und Küsten des Peloponnes mit der Hafenstadt Arcadia (Kyparissia) |
| VI | | 1. Januar 1864 | Auf See: Besuch von Syros, Vorbeifahrt an Imbros, Fahrt durch die Dardanellen und das Maramarmeer, Anlegen in Konstantinopel (Istanbul) |
| VII | Konstantinopel, 16.12.(1863) | 4. Januar 1864 | Ankunft in Konstantinopel und Einreisekontrolle |
| VIII | | 13. Januar 1864 | Aufenthalt in Konstantinopel: Beschreibung der Unterkunft |
| IX | Auf der Rhede von Mercin, 23.12.(1864) | 21. Januar 1864 | Aufenthalt in Smyrna (Izmir): Brand im Frankenviertel |
| X | Beirut, 1.1. (1864) | 26. Januar 1864 | Ankunft und Aufenthalt in Beirut |
| XI | Damaskus, 8.1. (1864) | 27. Januar 1864 | Bericht zu Damaskus |
| XII | | 29., 30. Januar und 3. Februar 1864 | Aufenthalt in Konstantinopel: Besuch der Aquädukte, der Zisternen und der Theodosianischen Landmauer |
| XIII | Damaskus, 7.1.(1864) | 11. und 13. Februar 1864 | Abreise von Konstantinopel, Rücksendung der Fotoausrüstung von Dr. Lorent, Anlaufen von Lesbos, Ankunft in Smyrna |
| o. N. | Jerusalem, 24.1.(1864)* | 16. Februar 1864 | Aufenthalt in Jerusalem |
| XIV | Damaskus, 13.1.(1864) | 18. Februar 1864 | Aufenthalt in Smyrna: Ausflug nach Ephesus entfällt |
| XV | | 18. Februar 1864 | Weiterreise per Schiff, Besuch von Rhodos |
| XVI | | 18. Februar 1864 | Fahrt entlang der türkischen Südküste, Anlaufen von Mersin und Alexandrette (Iskenderun), Landgang in Alexandrette |
| XVII | | 23. Februar 1864 | Vorbeifahrt an der syrischen und libanesischen Küste, Anlaufen von Lattakia und Tripoli, Ankunft in Beirut |

* In diesem Brief berichtete Fickler u. a. davon, dass er in Jerusalem den 65. Geburtstag des evangelischen Bischofs Samuel Gobat mitgefeiert hatte, der am 26. Januar 1799 geboren wurde. Offensichtlich handelt es sich bei der Datumsangabe um einen Lese- oder Setzfehler. Möglicherweise wurde der Brief am 29. Januar 1864 verfasst.

Abb. 3
Briefe, die Fickler von unterwegs an das „Mannheimer Journal" sandte.
Tabelle: Verfasser

## Benutzte Verkehrsmittel

Als Transportmittel nutzen Fickler und Lorent vor allem die Eisenbahn und das Schiff. Der in der Mitte des 19. Jahrhunderts erfolgte Aufbau eines grenzüberschreitenden Schienennetzes und die Einführung regelmäßiger Dampferverbindungen im Mittelmeer hatten die Reise in dieser Form überhaupt erst möglich gemacht. Die Bahn brachte beide über Stuttgart, Nürnberg, Augsburg, München und Wien in wenigen Tagen nach Triest, von wo aus man das Schiff „Pluto" des Österreichischen Lloyds nach Konstantinopel nahm. Unterwegs wurden die Inseln Korfu und Syros angelaufen. Dort ging Fickler jeweils kurz von Bord. Für die Strecke von Konstantinopel nach Smyrna nutzte das Trio den Lloyd-Dampfer „Adria". Von dort beförderte das französische Schiff „Dupleix" die Reisenden weiter nach Beirut. Das Schiff fuhr offenbar meist in Sichtweite der Küste, denn Fickler erwähnte in seiner Reisebeschreibung die Burgen von Anamur und Kizkalesi.[19] Auf der Fahrt nach Beirut lief der Dampfer Rhodos, Mersin, Alexandrette, Lattakia und Tripoli an. Dabei wurden französische Industrieerzeugnisse wie Leder- und Seidenwaren sowie Bordeauxwein entladen. Im Gegenzug nahm das Schiff Baumwolle an Bord.[20] Da die besuchten Orte nicht über Häfen verfügten, erfolgte das Be- und Entladen des Frachters auf der Reede. Auch die Passagiere mussten sich mittels

Abb. 4
Briefe, die nach Ficklers Rückkehr im „Mannheimer Journal“ erschienen.
Tabelle: Verfasser

| Nummer | Veröffentlichung | Inhalt |
|---|---|---|
| XVIII | 27. Februar 1864 | Aufenthalt in Beirut: Beschreibung der Sehenswürdigkeiten und der Geschichte der Stadt |
| IXX | 29. Februar 1864 | Aufenthalt in Beirut: Empfang beim Pascha (Gouverneur) |
| XX | 2. März 1864 | Abreise aus Beirut, Fahrt durch das Libanongebirge, die Bekaa-Ebene und den Antilibanon |
| XXI | 3. und 4.März 1864 | Geschichte von Damaskus, Rückblick auf das Christen-Massaker von 1860, Ankunft in Damaskus |
| XXII | 7. März 1864 | Aufenthalt in Damaskus: Empfang beim Pascha (Gouverneur) |
| XXIII | 12., 14., 20. und 23. April 1864 | Aufenthalt in Damaskus: Treffen mit Lady Digby, Besuch einer Koranschule, des Bazars und der großen Moschee (Umayyaden-Moschee) |

Booten an Land bringen lassen. Das war wohl der Grund dafür, warum Fickler offenbar nur in Rhodos und Alexandrette das Schiff verließ. Voll des Lobes war Fickler über den Komfort des französischen Dampfers. Auch mit dem darauf servierten Essen war er äußert zufrieden. So wurden den Fahrgästen der ersten Klasse einmal Austern, Artischocken und frische südfranzösische Trauben angeboten. In Alexandrette verließen der Koch und der Schiffsarzt das Schiff, um am Strand Wachteln und Schnepfen zu jagen.[21]

Den Weg von Beirut nach Damaskus legten die drei mit einer Kutsche zurück, die von sechs Mauleseln und Pferden gezogen wurde.[22] Für die rund 120 Kilometer lange Strecke benötigte das Fahrzeug damals einen ganzen Tag. Die Fahrt begann um 5 Uhr morgens und endete nach 8 Uhr abends.[23] Wie man dem Bericht Ficklers entnehmen kann, wurden die Fahrgäste an drei verschiedenen Orten untergebracht; im „Interieure“, auf der „Imperiale“, einer Sitzbank auf der vorderen Dachkante, sowie im „Coupé“, das sich am Ende des Wagens befand. Während Lorent im Inneren des Wagens Platz fand, nutzten Fickler und der Rittmeister das „Coupé“. Als die Tiere beim Aufstieg in das Libanongebirge wiederholt stockten, musste ein Teil der Fahrgäste den Wagen mehrfach wieder anschieben.[24]

Da die Berichterstattung in Damaskus endete, ist nichts darüber bekannt, welche Verkehrsmittel Fickler, Lorent und der Rittmeister in Palästina und Ägypten nutzten.[25] In Ägypten gab es zu dieser Zeit bereits eine Eisenbahnstrecke zwischen Kairo und Alexandria, mit der die drei gefahren sein dürften. Von Alexandria wird die Reisegesellschaft wieder mit dem Dampfer nach Triest zurückgekehrt sein, um dort den Zug nach Hause zu besteigen.

## Unterkünfte

In seinen Briefen gab Fickler auch über die auf der Reise bewohnten Hotels, deren Preise und Leistungen Auskunft, womit er wahrscheinlichen anderen Reisenden Anregungen geben wollte. In Triest stieg man bis zur Abfahrt des Dampfers im „Hotel de la Ville“ ab, zu dem sich Fickler nicht weiter äußerte.[26] Ausführlicher berichtete er dagegen über das „Hotel de Angleterre“, das er in Konstantinopel zusammen mit dem Rittmeister bezog. In dem von einem deutschen Konditor betriebenem Haus gab es deutsche Speisen und deutsches Personal. Lorent, der – da seit einem Unfall gehbehindert – keine Treppen steigen wollte, mietete sich im nahen „Hotel du Byzance“ ein.[27] In Smyrna wohnte das Trio im „Europäischen Hof“ und in Beirut im „Hotel d`Univers“.[28] In Damaskus stiegen sie dann im Haus des Kyrios Demetrios ab, das Fickler als „französische Herberge“ bezeichnete (Abb. 5).[29] In Jerusalem war die Reisegesellschaft im Österreichischen Hospiz zu Gast, das erst ein Jahr zuvor eröffnet worden war.[30] Im Preis für die Übernachtung waren alle Mahlzeiten inbegriffen, über die Fickler teilweise sehr ausführlich berichtete. So umfasste die Verpflegung in Beirut: „Kaffé oder Thee des Morgens, Mittag ein Essen von 4 Gedecken mit reichlichem Dessert, Wein nach Belieben und Abend 6 Uhr Hauptmahlzeit von 7 Schüsseln mit Kaffé“.[31]

## Besichtigungen

Als Philologe und Historiker war Fickler verständlicherweise in erster Linie an den antiken Baudenkmalen des Orients interessiert. In Konstantinopel, wo die Gruppe 14 Tage blieb, unternahm Fickler gleich zweimal einen Ausflug entlang der Theodosianischen Landmauer (Abb. 6).[32] Besonders

Abb. 5
Der Hof des „Hotel Dimetri“, das Fickler und Lorent in Damaskus bewohnten.
Holzstich aus dem 19. Jahrhundert im Besitz des Verfassers

gefielen ihm die römischen Aquädukte der Stadt.[33] Auf dem Besichtigungsprogramm standen auch die antiken Zisternen Konstantinopels. Während die „Yerebatan-Zisterne“ damals schon touristisch erschlossen war, wurde in der „Zisterne der 1001 Säulen“ von Kinderhänden Seide produziert.[34] Zu Damaskus merkte Fickler an, dass es nur sehr wenige Überbleibsel aus der Antike aufzuweisen habe.[35] Immer wieder erwähnte er in seinen Berichten die an den Bauwerken eingemeißelten Bauinschriften. In Konstantinopel traf Fickler mehrfach mit dem Leiter der österreichischen Schule Dr. Philipp Anton Dethier zusammen, der ein Verzeichnis der byzantinischen Inschriften der Stadt erstellte.[36] Wenige Jahre später sollte Dethier zum Direktor des „Kaiserlich ottomanischen Museums der Altertümer“ ernannt werden.[37] Nicht ohne Stolz berichtete Fickler schließlich, dass er in der „Burg der sieben Türme“ dann selbst bis dahin noch unbekannte Inschriften entdecken konnte.[38]

Aber auch die Zeugnisse der islamischen Zeit, wie Moscheen, Türben, Bäder und die Bazare, übten auf Fickler eine große Faszination aus. Den Bazar von Konstantinopel beschrieb er folgendermaßen: „Eine Stadt von der Größe einer unserer Landstädte, theils unter Dach und von Sonnen-Untergang an unter Riegel und Wache, theils unter freiem Himmel, die Unterstockwerke der Häuser einnehmend, nach den Erzeugnissen der Natur, des Handwerks, des Kunstfleißes in Straßen eingetheilt, umtost von dem sinnbetäubenden Geräusche eines Schwarzwälder Jahrmarkts, durch das Gedränge der Menschen da und dort ein Reiter sich die Bahn brechend, ein Anrufen in allen Sprachen Europas und Asiens: das ist der große Bazar von Constantinopel.“[39]

Darüber hinaus enthalten Ficklers Briefe zahlreiche Landschaftsbeschreibungen. So empfand er die heute bei Touristen beliebte Südküste der Türkei als öde und unbewohnt: „Bei der Mündung des Xanthus näherten wir uns wieder dem Festland. Ueberall das gleiche traurige Landschaftsgepräge. Ueber die Felsen des Ufers und die erste kahle Terrasse erhob sich schneebedeckt der lycische Taurus (Cragus Mons) und im Grund der Bucht die ersten menschlichen Wohnungen, ein armseliges Dorf, umgeben von einigen Bäumen.“[40]

**Interkulturelle Begegnungen**

In den Hotels und auf den Passagierdampfern traf die Reisegesellschaft vor allem mit europäischen Diplomaten und Geschäftsleuten sowie mit türkischen Würdenträgern und höheren Beamten

Abb. 6
In Konstantinopel besuchte Fickler mehrfach die so genannte Theodosianische Landmauer. Stahlstich aus dem 19. Jahrhundert im Besitz des Verfassers

zusammen. Gesprochen wurde meist Französisch und Italienisch, gelegentlich auch Englisch.[41] Mit Einheimischen kam Fickler nur in Kontakt, sofern diese über Fremdsprachenkenntnisse verfügten. Sein Reisepartner Lorent war dagegen der arabischen und türkischen Sprache mächtig. Auf der Fahrt von Beirut nach Damaskus unterhielt er sich mit einem mitreisenden türkischen Arzt und mehreren „syrischen Gentlemen" in deren Muttersprachen.[42] Als Fickler und Lorent in Damaskus vom dortigen Provinzgouverneur empfangen wurden, konversierten beide zuerst mittels eines Dolmetschers auf Französisch, bis Fickler zu erkennen gab, dass Lorent die Landessprache konnte. Daraufhin unterhielt sich sein Reisegefährte mit dem Gouverneur ausführlich über seine bereits zuvor unternommenen Orientreisen.[43]

Auch außerhalb der Hotels bevorzugte Fickler die europäischen Kreise. In Smyrna besuchte er das englisch-holländische Casino, das er wie folgt beschrieb: „Zwei große Gartensalons mit 3 Billards, schlechtes s. g. Wienerbier zu ½ Fl. den Schoppen und Zeitungen, die wie die Aepfel des Tantalus immer verschwanden, wenn man sie fassen wollte".[44] In Beirut war er mehrfach im schweizerischen Casino zu Gast, wo die unverheirateten Deutschen der Stadt zusammenkamen.[45] In Jerusalem verkehrte Fickler dann in der deutschen Gemeinde und machte dort die Bekanntschaft mit dem preußischen Konsul und Orientalisten Georg Rosen.[46]

Den Kontakt zur einheimischen Bevölkerung stellten Führer und Dolmetscher her, die Dragomanen genannt wurden. Sie vermittelten die Unterkünfte und organisierten teilweise die Besichtigungen. Fickler bezeichnete den Dragoman als „eine Art Lohndiener, der sich entweder im Gasthofe anbietet, oder in einem unverdaulichen Gemisch abendländischer Sprachen auf den Straßen sich aufdrängt."[47] In Beirut kamen sie sogar auf das auf der Reede liegende Schiff, um bei den Passagieren für bestimmte Herbergen zu werben.[48] In Damaskus nahmen Fickler und Lorent einen jüdischen Dragoman, der sich Abu Ibrahim nannte.[49]

### Besondere Ereignisse

Bei jeder Reise kommt es zu außergewöhnlichen Erlebnissen, die sich nicht planen lassen. So ging es auch Karl Aloys Fickler, August Lorent und dem Rittmeister. Als die drei Mitte Dezember 1863 in Smyrna waren, brach nachts im so genannten Frankenviertel ein Feuer aus, das 200 Häuser zerstörte und 500 Familien obdachlos machte (Abb. 7).[50] Den Heiligen Abend feierte man wenige Tage später auf See, wobei ein mitreisender amerikanischer Geistlicher Kirchenlieder auf dem Klavier darbot. Zwei Tage später ließ Fickler in Beirut ein Orangenbäumchen mit Kerzen und Äpfeln als Weihnachtsbaum dekorieren und im Hotel aufstellen.[51]

In Damaskus wurden die Reisenden dann von der skandalumwitterten Lady Digby empfangen.[52] Die Tochter eines englischen Vizeadmirals war bereits mehrfach verheiratet gewesen und soll unter anderem die Geliebte von König Ludwig I. von Bayern und König Otto von Griechenland gewesen sein. 1833 hatte sie sich mit Karl Theodor von Venningen vermählt und anschließend kurzzeitig in Mannheim und Weinheim gelebt.[53] Nachdem sie ein Verhältnis mit einem griechischen Aristokraten begonnen hatte, war die Ehe 1842 geschieden worden. Später hatte sie dann einen arabischen Scheich geheiratet und sich mit ihm in Damaskus niedergelassen.[54] Fickler merkte an, dass „ihr Geist" noch „von der gleichen Frische" sei, „wie sie in ihren Jugendjahren ihre Bewunderer entzückte".[55]

Als Pädagoge interessierte sich Fickler verständlicherweise auch für die Bildungseinrichtungen der bereisten Städte. In Damaskus besuchte er eine Koranschule und stellte fest, dass „die liebe Jugend eine frappante Aehnlichkeit mit der in unserer lieben Heimath hatte. Sie sprangen zwar nicht über die Schulbänke, weil keine da waren, bearbeiteten des Nachbars Kopf nicht mit lateinischen Grammatiken, wohl aber, weil der geschriebene Koran kein hinlänglich dauerhaftes Material darbot, mit ihrer Fußbekleidung, mochte diese nun Stiefel oder Sandale heißen."[56] Bewegt berichtete Fickler auch davon, wie er in Damaskus erstmals einen an der durch Lymphstau ausgelösten Missbildung „Elephantiasis" erkrankten Menschen sah.[57]

**Historischer Hintergrund**

Als Fickler und seine Begleiter zu Beginn der 1860er Jahren das Osmanische Reich bereisten, war dies eine Zeit voller Veränderungen. In den Jahren nach dem Krimkrieg war es zu einer Annäherung des Landes an die europäischen Westmächte gekommen.[58] Industrieerzeugnisse aus Europa wurden in großem Umfang ins Osmanische Reich importiert. Ausländische Unternehmen waren am Ausbau der Infrastruktur beteiligt. Christliche Organisationen errichteten Hospitäler und Hospize im ganzen Land. Diese Entwicklungen wurden auch in Ficklers Briefen immer wieder beschrieben. So erwähnte

Abb. 7
Ihre Orientreise führte Fickler und Lorent auch in die Hafenstadt Smyrna, das heutige Izmir. Während ihres Aufenthalts ereignete sich dort ein Großbrand, der ein ganzes Stadtviertel vernichtete.
Holzstich aus dem 19. Jahrhundert im Besitz des Verfassers

er, dass die Straße von Beirut nach Damaskus erst wenige Jahre zuvor von einer französischen Aktiengesellschaft ausgebaut worden war, die dafür das Recht erhalten hatte, für die nächsten 50 Jahre Mautgebühren erheben zu dürfen.[59] In Jerusalem waren erst vor kurzem deutsche Einrichtungen entstanden, wie Fickler mit Begeisterung berichtete.[60] Diese Annäherung wurde von den Einheimischen aber auch mit Sorge verfolgt und mitunter kam es zu Pogromen gegen die örtlichen Christen. Im Juli 1860 hatte es in Damaskus ein mehrtägiges Massaker an der christlichen Bevölkerung gegeben, bei dem rund 2.000 Menschen ermordet worden waren.[61] Dessen Ursache sah Fickler vor allem in der Öffnung der Märkte für ausländische Produkte, die das traditionelle Handwerk verdrängten: „Das, glaube ich, war mehr noch als geheime Aufmunterung von Konstantinopel der Wurm, der an den Gemüthern der seßhaften Türken nagte und den Grimm so blutig gegen die Christen ausbrechen ließ, nicht auch gegen die Juden, die dem Fabrikgeschäft abhold, sich vorzugsweise von Zwischenhandel und kleinen Geschäften nähren, die den Concurrenten nicht erdrücken."[62]

## Das weitere Leben von Fickler und Lorent

Nach der Rückkehr wandte sich Fickler wieder seiner pädagogischen Tätigkeit am Mannheimer Lyzeum zu. Auch in den folgenden Jahren war sein Wissen über die Grenzen der Stadt Mannheim hinaus gefragt. 1865 wurde er korrespondierendes Mitglied des Archäologischen Instituts zu Rom und Berlin.[63] Die städtische Chronik führte Fickler bis ins Jahr 1866 fort. Die Zeit für die Erstellung einer Stadtgeschichte fand er nicht. Nach einem bewegten Leben starb Karl Aloys Fickler am 18. Dezember 1871.[64] Beerdigt wurde er auf dem Mannheimer Hauptfriedhof. Auf seinem Grab ließen Freunde eine Büste von ihm aufstellen, die der Münchener Bildhauer Rudolf Schwanthaler geschaffen hatte.[65] Nach der Auflösung der Grabstätte sollte diese einen Platz im Mannheimer Lyzeum finden.[66] Heute gilt das Kunstwerk als verschollen.[67]

Auch August Lorent konnte seine Arbeit als Fotograf in den nächsten Jahren erfolgreich fortsetzen. Nur wenige Wochen nach der Rückkehr in die Quadratestadt begab er sich erneut auf eine Reise nach Palästina, wo er diesmal zahlreiche Fotografien fertigte.[68] Ab Mitte der 1860er Jahre fotografierte er dann vor allem Baudenkmale in Süddeutschland. Lorent brachte sich auch weiterhin in das kulturelle Leben Mannheims ein. Seit 1864 saß er im Vorstand des örtlichen Kunstvereins. Vorsitzender der Vereinigung war sein Freund Karl Aloys Fickler.[69] 1869 ergriff Lorent die Initiative zur Schaffung einer öffentlichen Bibliothek, an deren Gründung sich auch Fickler beteiligte.[70] Schließlich siedelte er 1873 nach Meran in Südtirol um.[71] Dort starb Jakob August Lorent am 8. Juli 1884.[72] Einen Teil seiner Fotografien hatte er noch zu Lebzeiten dem Mannheimer Altertumsverein geschenkt.[73]

1 Vgl. W. Hilpert: Carl Borromäus Fickler – konservativer Querkopf im Spannungsfeld von Amtspflicht und Neigung, in: Schriften des Vereins für Geschichte und Naturgeschichte der Baar 40 (1997) S. 11-20 und Schriften des Vereins für Geschichte und Naturgeschichte der Baar 41 (1998) S. 84-94, hier S. 11. Ficklers älterer Bruder war der Redakteur Joseph Fickler (1808-1865), der in den Jahren 1848/49 zu den führenden Köpfen der Badischen Revolution gehörte.

2 Vgl. W. Kreutz: 1849-1859 – Von der Konterrevolution zum liberalen Aufbruch, in: M. Caroli/U. Nieß (Hrsg.), Geschichte der Stadt Mannheim, Band 2 – 1801-1914, Heidelberg, Ubstadt-Weiher und Basel 2007, S. 312-353, hier S. 346 und S. 352.

3 Mannheimer Journal, 12. Dezember 1858.

4 Mannheimer Journal, 21. Mai 1859.

5 Vgl. F. Walter: Mannheim und Vergangenheit und Gegenwart, Band 2 – Geschichte Mannheims vom Übergang an Baden (1802) bis zur Gründung des Reiches, Mannheim 1907, S. 551f.

6 Mannheimer Journal, 14. Mai. 1863, vgl. Walter (wie Anm. 5), S. 552.

7 Vgl. F. Waller: Jakob August Lorent: Ein Mannheimer fotografiert die Welt, in: M. Caroli/U. Nieß (Hrsg.), Geschichte der Stadt Mannheim, Band 2 – 1801-1914, Heidelberg, Ubstadt-Weiher und Basel 2007, S. 348f., hier S. 348.

8 Vgl. F. Waller (Hrsg.): Bilder aus Athen – Photographien 1860 bis 1862 von Jakob August Lorent, Mannheim 1994, S. 93.

9 Vgl. Kreutz, wie Anm. 2, S. 346; C. Popp: Der Mannheimer Altertumsverein 1859-1949 (= Mannheimer historische Forschungen 10),

Mannheim 1996, S. 402; Waller, wie Anm. 7, S. 349.

10 Vgl. P. Galli: Für Publikum und Wissenschaft – Das Großherzogliche Antiquarium in Mannheim unter Leitung von C. B. A. Fickler (1855-1871), in: Mannheimer Geschichtsblätter NF 4 (1997), S. 401-432, hier S. 420-422.

11 Mannheimer Anzeiger, 25. November 1863; Mannheimer Journal, 2. Dezember 1863.

12 Mannheimer Journal, 26. und 30. Dezember 1863.

13 Mannheimer Anzeiger, 28. Februar 1863; Mannheimer Journal, 27. Februar 1864.

14 Mannheimer Journal, 4. Januar 1864.

15 Mannheimer Journal, 3. Dezember 1863.

16 Mannheimer Journal, 11. Februar 1864. In seiner städtischen Chronik führte Fickler später die geänderte Reiseroute als Grund an (Stadtarchiv Mannheim, Kleine Erwerbungen, Nr. 37, 2 [Chronik der Stadt Mannheim vom Jahr 1864, S. 28f.]). Franz Waller vermutet dagegen, dass Lorent mit dem gewählten Aufnahmeverfahren nicht zu recht kam (vgl. F. Waller: Jakob August Lorent im Morgenland, in: A. Wieczorek/C. W. Sui [Hrsg.], Ins Heilige Land – Pilgerstätten von Jerusalem bis Mekka und Medina – Photographien aus dem 19. Jahrhundert aus der Sammlung des Forum Internationale Photographie der Reiss-Engelhorn-Museen Mannheim, Mannheim 2006, S. 30-39, hier, S. 35). Diese Annahme scheint wahrscheinlicher zu sein, da Fickler erwähnte, dass sein Gefährte in Konstantinopel schon eine Reihe passender Motive gefunden hatte. Ich danke Franz V. Waller für seine Auskünfte und die Überlassung der Vorlage von Abb. 2.

17 Mannheimer Journal, 27. Februar 1864, zur geänderten Reiseroute siehe auch: Stadtarchiv Mannheim, Kleine Erwerbungen, Nr. 37, 1 (Chronik der Stadt Mannheim im Jahr 1863, S. 155). Den Fluss Asi bezeichnete Fickler mit seinem antiken Namen als Orontes.

18 Mannheimer Journal, 29. Januar 1864. Bei dem Führer handelte es sich um die folgende Publikation: M. Busch: Die Türkei – Reisehandbuch für Rumelien, die untere Donau, Anatolien, Syrien, Palästina, Rhodus und Cypern, Triest 1860. Das Buch erlebte später noch zwei Neuauflagen.

19 Die letztere Wehranlage bezeichnete Fickler in Anlehnung an eine unweit gelegene antike Ruinenstadt als Burg Gorigosch.

20 Mannheimer Journal, 21. Januar und 18. Februar 1864.

21 Mannheimer Journal, 18. Februar 1864.

22 Mannheimer Journal, 2. März 1864.

23 Mannheimer Journal, 29. Februar und 2. März 1863; siehe auch: J. Osterhammel: Die Verwandlung der Welt – Eine Geschichte des 19. Jahrhunderts, München 2009, S. 443.

24 Mannheimer Journal, 2. März 1864.

25 Von Damaskus aus scheinen die drei zunächst wieder nach Beirut zurückgekehrt zu sein, denn Fickler erwähnte in seinem im Rückblick verfassten Bericht über die Hinfahrt, dass sie später drei Tage in einem Dorf im Libanongebirge fest saßen (Mannheimer Journal, 2. März 1864). Von Beirut dürfte die Gruppe auf dem Seeweg nach Jaffa gefahren sein.

26 Mannheimer Journal, 3. Dezember 1864.

27 Mannheimer Journal, 13. Januar 1864.

28 Mannheimer Journal, 21. Januar und 23. Februar 1864.

29 Mannheimer Journal, 7. März 1864.

30 Mannheimer Journal, 16. Februar 1864.

31 Mannheimer Journal, 23. Februar 1864.

32 Mannheimer Journal, 3. Februar 1864.

33 Mannheimer Journal, 30. Januar 1864.

34 Mannheimer Journal, 3. Februar 1864.

35 Mannheimer Journal, 20. April 1864.

36 Mannheimer Journal, 4. Januar 1864. Der Historiker und Archäologe Philipp Anton Dethier (1803-1881) war 1857 zum Direktor der österreichischen Schule in Konstantinopel ernannt worden, die 1850 als erste deutschsprachige Schule der Stadt gegründet worden war (siehe: W. Nemetz: Fünf Jahrzehnte Österreichische Schule in Konstantinopel, in: Mitteilungen des Österreichischen Staatsarchivs 7 [1954], S. 310-335, hier S. 313). Seine Sammlung der byzantinischen Inschriften Konstantinopels gab Dethier im nächsten Jahr gemeinsam mit dem Orientalisten Andreas Daniel Mordtmann (1811-1879) heraus: P. A. Dethier/A. D. Mordtmann: Epigraphik von Byzantion und Constaninopolis von den ältesten Zeiten bis zum Jahr Christi 1453, Wien 1864.

37 Vgl. B. Höhner/B. Päffgen: Vom Rhein an den Bosporus – Der Archäologe Ph. A. Dethier (1803-1881), in: Das Rheinische Landesmuseum Bonn – Berichte aus der Arbeit des Museums 1981, Heft 1, S. 9f., hier S. 10; N. Başgelen: Müze-i Hümayun'dan Günümüze – Istanbul

Arkeoloji Müzesi: Istanbul Archaeology Museum – From imperial times to the present, Istanbul 2010, S. 7.

38 Mannheimer Journal, 3. Februar 1864.

39 Ebenda.

40 Mannheimer Journal, 18. Februar 1864. Heute führt der Fluss den türkischen Namen Eşen Çayi.

41 Mannheimer Journal, 11. und 27. Februar 1864.

42 Mannheimer Journal, 3. März 1864.

43 Mannheimer Journal, 7. März 1864.

44 Mannheimer Journal, 18. Februar 1864.

45 Mannheimer Journal, 27. und 29. Februar 1864.

46 Mannheimer Journal, 16. Februar 1864.

47 Mannheimer Journal, 13. Januar 1864.

48 Mannheimer Journal, 23. Februar 1864.

49 Mannheimer Journal, 7. März 1864.

50 Mannheimer Journal, 21. Januar 1864.

51 Mannheimer Journal, 23. und 27. Februar 1864.

52 Mannheimer Journal, 12. April 1864.

53 Stadtarchiv Mannheim, Polizeipräsidium, Zug. –/1962, Meldeunterlagen (Familienbogen Carls von Venningen von 1834); vgl. C. Oelwein: Lady Jane Ellenborough – Eine Frau beeindruckt ihr Jahrhundert, München 1996, S. 140 und S. 163-166; zu Lady Digby siehe auch: H. Stockert: „... viele adeliche Häuser" – Stadtsitze, Landschlösser und adelige Lebenswelten in Mannheim und der Kurpfalz (= Beiträge zur Mannheimer Architektur- und Baugeschichte 7), Mannheim 2011, S. 70f.

54 Vgl. Oelwein, wie Anm. 53, S. 188f.; S. 231 und S. 237.

55 Mannheimer Journal, 12. April 1864.

56 Mannheimer Journal, 14. April 1864.

57 Ebenda.

58 Vgl. J. Mautz: Das Osmanische Reich – Grundlinien seiner Geschichte, Darmstadt[7] 2012, S. 230-232.

59 Mannheimer Journal, 2. März 1864; siehe auch: Osterhammel, wie Anm. 23, S. 443.

60 Mannheimer Journal, 16. Februar 1864.

61 The Times (London), 14. und 18. August 1860. Die Zahl der Opfer wurde anfänglich höher angegeben, nach ein paar Wochen aber nach unten korrigiert.

62 Mannheimer Journal, 27. Januar 1864. Zur Auswirkung des Imports europäischer Waren auf den heimischen Markt siehe auch den Bericht in der Ausgabe des Mannheimer Journals vom 27. Februar 1864.

63 Stadtarchiv Mannheim, Kleine Erwerbungen, Nr. 37, 3 (Chronik der Stadt Mannheim vom Jahre MDCCCLXV, S. 324).

64 Mannheimer Journal, 19. Dezember 1871.

65 Karlsruher Zeitung, 29. April 1874. Rudolf Schwanthaler (1842-1879) war ein weniger bedeutendes Mitglied der bekannten bayerischen Bildhauerfamilie. Mit dem Grabmal verbunden war eine Schenkung von 100 Thalern (oder 300 Mark) zugunsten des Gymnasiums, mit deren Zinsen bis nach dem Ersten Weltkrieg in unregelmäßigen Abständen ein Geschichtspreis an einen Schüler des Abschlussjahrgangs vergeben wurde. So wurde der Preis im Juli 1907 dem späteren Mannheimer Oberbürgermeister Fritz Cahn-Garnier zuerkannt (Stadtarchiv Mannheim, Karl-Friedrich-Gymnasium, Zug. 40/1970, Nr. 231 und Nr. 232).

66 Im Jahr 1900 wurde die Büste dann tatsächlich im Konferenzzimmer der Schule aufgestellt (Stadtarchiv Mannheim, Karl-Friedrich-Gymnasium, Zug. 40/1971, Nr. 232).

67 Vgl. Hilpert, wie Anm. 1, S. 93.

68 Vgl. Waller, wie Anm. 16, S. 35.

69 Mannheimer Adress-Kalender auf das Jahr 1865, S. 32.

70 Vgl. W. Baier: Jacob August Lorent – Ein Mannheimer Amateurphotograph vor 100 Jahren, in: Mannheimer Hefte 1962, Heft 3, S. 30-36, hier S. 36.

71 Vgl. Waller, wie Anm. 7, S. 349.

72 Karlsruher Zeitung, 15. Juli 1884 (Todesanzeige).

73 Mannheimer Journal, 12. und 23. Januar 1869. Zwei Jahre später erhielt der Mannheimer Altertumsverein von Lorent zudem ein Konvolut historischer Bronze- und Silbermünzen aus Sizilien geschenkt (Mannheimer Journal, 10. Mai 1871).

Ernst Schulin

# Die Mannheimer Familie Kahn und ihre kulturell-wirtschaftliche Ausbreitung

## Ein Beitrag zur deutsch-jüdischen Geschichte im 19. und 20. Jahrhundert

Vor über 30 Jahren machte ich in Athen den glücklichen Fund von Quellen aus einer deutsch-jüdischen Familie, vor allem Briefe. Sie stammten von den acht Geschwistern Kahn aus Mannheim, die zwischen 1861 und 1876 geboren wurden. Einer, Paul Kahn, hatte eine Griechin geheiratet und war nach Athen gezogen. Dorthin schrieben ihm die übrigen Geschwister, und er hob die Briefe sorgfältig auf. Seine Tochter Elsa Mohr zeigte sie mir, zeigte mir auch seine Bibliothek mit vielen literarischen Erstausgaben aus dem Anfang des 20. Jahrhunderts. Ein Jahr später haben meine Frau und mein Sohn die Bücher genau registriert, eigentlich zum antiquarischen Verkauf. Elsa Mohr war aber von unserem Interesse so begeistert, dass sie uns all das 1985 vererbte. Damit verband sie die Hoffnung, dass wir etwas über ihre interessante Familie schreiben würden.

Dies tue ich nun zusammen mit meiner Frau, spät genug. Es wird also eine Familiengeschichte, mit der ich die Ausbreitung und Tätigkeit dieser Familie sichtbar machen möchte: Wie die deutschen Juden im 19. Jahrhundert bei der Industrialisierung mitwirkten und kulturell sowohl in der großen deutschen Tradition der Literatur und Musik lebten als auch an den modernen Richtungen begeistert teilnahmen. Die jüdische Tradition tritt dabei weit zurück, aber auch der Antisemitismus spielt eine geringe Rolle, eine geringere als in allgemeineren Darstellungen dieser Zeit.

Ausgehen lässt sich von der Stadt Mannheim und ihren spezifischen, besonders günstigen Voraussetzungen für die Entwicklung dieser Familie. Dafür werfe ich einen etwas genaueren Rückblick auf die Stadtgeschichte.

Mannheim war im 19. Jahrhundert in besonders ausgeprägter Weise eine Stadt des modernen Bürgertums: großbürgerlich bestimmt und von den anderen Schichten bis zur Arbeiterschaft getragen. Sie war Handels- und Bankenstadt, ab 1850/60 zunehmend Industriestadt. Die Mannheimer liebten ihre ungewöhnlich vitale Stadt, sie mussten sich aber auch seit je für sie anstrengen. Denn eine alte Bürgerstadt war sie nicht, sondern entstand erst im 17. Jahrhundert als ein immer gefährdetes Kunstprodukt: Zuerst war sie calvinistische Festung, die im Dreißigjährigen Krieg und nochmals 1689 total zerstört wurde, jedes Mal wiederaufgebaut unter Anwerbung „aller ehrlichen Leute von allen Nationen", von Calvinisten, Lutheranern, Katholiken und von Juden mit besonderen Konzessionen. 1720 kam es zu einem überraschenden großen Aufschwung, weil der katholische pfälzische Kurfürst seine Residenz von Heidelberg nach Mannheim verlegte, eines der größten Schlösser Europas bauen ließ, außerdem eine Jesuitenkirche mit Kolleg und Bauten für Adel, Beamtenschaft und Garnison. Ein großer Prozentsatz der Bevölkerung arbeitete nun für den Hof. Handel und Gewerbe blühten. Den Fremden fiel der regelmäßige Grundriss der Stadt mit ihren 136 Rechtecken auf und ebenso stark „die Menge der allhier in besonderer Freiheit lebenden Juden" (Uffenbach). Manche nannten die Stadt damals „Neu-Jerusalem". Der Aufschwung in Mannheim war im 18. Jahrhundert nicht nur ein wirtschaftlicher, sondern in erstaunlichem Grade ein kultureller. Kurfürst Carl Theodor (seit 1743) gründete die Kurpfälzische Akademie der Wissenschaften, sammelte Gemälde, förderte die Oper. Die Mannheimer Kapelle galt als das beste Orchester Europas. Die Stadt wurde international bekannt als neue Station der europäischen Kavalierstour. In der Literatur kam es 1775 nach der Herrschaft des Französischen zur Gründung der „Deutschen Gesellschaft" mit ihrer Pflege der deutschen Sprache und Literatur.

Kurz danach, 1777/78, erbte Carl Theodor das Kurfürstentum Bayern und zog mit über 5.000 Personen nach München, entzog Mannheim also einen Großteil seiner materiellen und kulturellen Existenzgrundlage. Sofort zeigte sich, dass das Mannheimer Bürgertum stark genug war, diese Krise zu überstehen. Es wurde, wie Lothar Gall gesagt hat, „zur Flucht nach vorn gezwungen", zur Modernität, zum Großhandel und Frachtverkehr bis in die Niederlande. Statt des Hofjudentums wurden nun jüdische Banken gegründet (Ladenburg,

Hohenemser), die für die kommerzielle und industrielle Entwicklung der Stadt im 19. Jahrhundert große Bedeutung erlangten. Besonders auffallend sind die Bestrebungen, das kulturelle Niveau möglichst beizubehalten. Das gerade erst gegründete Deutsche Hof- und Nationaltheater wurde weitergeführt, 1782 wurden da Schillers „Räuber" uraufgeführt. Man gründete ein Institut für die nichtuniversitäre praxisnahe Ausbildung der Bürgersöhne „aller Religionen und Religionsparteien", zur Vorbereitung auf Berufe aus den Bereichen Militär, Kunst und Handel. Es lässt sich also sagen: Sport, Theaterbesuch und Geschäftskenntnisse sollten gleichermaßen zur neuen allgemeinen Bildung gehören.

Mannheim litt noch einmal schwer unter den politischen Veränderungen Europas an der Wende vom 18. zum 19. Jahrhundert, also unter den Revolutionskriegen bis zur napoleonischen Neuordnung. Die Stadt gehörte dadurch nun am äußersten Nordwestrand zum vergrößerten Großherzogtum Baden. Hierfür war sie willkommen als Ausgangspunkt der Rheinschifffahrt, also als Verbindung mit dem Welthandel. Der deutsche Zollverein 1834 wurde in Mannheim mit einem Volksfest gefeiert. 1840 wurde der Rheinhafen eröffnet und gleichzeitig mit dem Eisenbahnbau begonnen. Nach den Revolutionsjahren 1848/49 entwickelte sich Mannheim zur Industriestadt.

Die Mannheimer Juden bildeten 1833 6,6% der Stadtbevölkerung (1.300 Personen), 1875 erreichten sie mit 8,3% die höchste Prozentzahl, dann nahm die nichtjüdische Bevölkerung viel rascher zu. Der jüdische Einfluss zeigt sich im Vereinsleben der Stadt. Bei der Politisierung 1848 zogen sie mit, standen aber nicht im Vordergrund. Das hat vielleicht damit zu tun, dass allgemein die Juden nicht primär nationalpolitisch eingestellt waren. Mit Recht ist betont worden, dass sie sich in der ersten Hälfte des 19. Jahrhunderts nicht an „das deutsche Volk" assimiliert hätten, sondern an den neuentstandenen Mittelstand. Es war ein Aufstieg im „Kulturdeutschtum". So hat es Jakob Katz formuliert, und Simone Lässig hat eindringlich dargelegt, dass sich die Juden nicht primär an Deutschen oder Christen, sondern an dem selbst noch im Entstehen begriffenen modernen Bürgertum orientierten. Deutschland war ja auch noch kein Staat, sondern etwas mehr Imaginäres: eine Kulturnation. Damit hängt zusammen, dass der Aufstieg der Juden in eine Mehrzahl von bürgerlichen Berufen nicht das erste sein musste: Ihre kulturelle Verbürgerlichung konnte dem vorgelagert sein. „Bildung" mit ihrem übernationalen, offenen Charakter war für sie der Weg, auf dem sich soziale und religiöse Barrieren überwinden ließen. Das Judentum ging dabei nicht ganz verloren, denn zumindest die hebräische Bibel gehörte zur universalen Bildung. Wenn im 19. Jahrhundert orthodoxe Synagogen neben reformierten standen (je eine gab es schon seit 1706 in Mannheim), so waren das im Grunde nur zwei verschiedene Wege zum modernen Judentum, das sich (wie Michael M. Meyer gezeigt hat) in dieser Weise im damaligen Deutschland ausbildete und dann nach Westeuropa und Amerika ausbreitete.

Also Mannheim war durch seine Vergangenheit und seine Modernität ein besonders günstiger Ort, eine „Optimalregion" (Jacob Toury) nicht nur für die soziale, sondern auch für die kulturelle Verbürgerlichung der Juden. Ganz Mannheim war kulturinteressiert. Das zeigte sich im Buchhandel, in Kunstausstellungen, Theater und Konzerten. Jeweils kurz nach den Uraufführungen konnte man hier die neuen Opern Rossinis, Spontinis und Meyerbeers erleben und ebenso früh die neuen Symphonien Beethovens und Mendelssohn-Bartholdys hören. Das ging in der zweiten Jahrhunderthälfte mit Wagner und Brahms weiter. Aber nun kam seit den fünfziger Jahren – übrigens zeitgleich mit der Lähmung des politischen Interesses und mit der Mannheimer Industrialisierung – eine begeisterte Rückwendung auf die ältere Kultur hinzu, auf die deutsche „Klassik" des 18. und frühen 19. Jahrhunderts in Literatur und Musik und auf die europäische bildende Kunst seit der Renaissance. Historisierung und neue Vergegenwärtigung der gesamten Kultur begannen.

Das machten die Mannheimer Juden begeistert mit, und es ist keine Frage, dass die Familie Kahn davon tief geprägt wurde. Geschäft und Politik (zumindest Stadtpolitik) waren ihnen wichtig, aber Bildung, Gelehrsamkeit und Kunstgenuss gingen darüber (Abb.1).

Damit komme ich nun zu dieser Familie selber und versuche, einige Einblicke zu geben. Die Eltern der acht Geschwister waren mit den Großeltern erst 1854 bzw. 1857 nach Mannheim gezogen, die Kahns aus ländlichem Gebiet, aus dem Dorf Stebbach (westlich von Heilbronn), die Eberstadts aus

Ernst Schulin

Worms, der Stadt mit alter jüdischer Tradition. Die Kahns hatten in ihrem Dorf einen sehr erfolgreichen Verkauf von Federbetten organisiert und machten daraus in Mannheim einen Fabrikbetrieb. Bernhard (Abb. 2), der Vater der acht Geschwister, war 1849 nach Teilnahme an der Revolution aus Baden geflohen, bis nach Amerika, und nach der Amnestie 1857 zurückgekehrt. Unter der Bezeichnung „M. Kahn Söhne" führte er die Fabrik mit seinen Brüdern weiter. Ihr Interesse verlagerte sich aber ziemlich bald von den Federbetten zu Bankgeschäften, wie es bei damaligen Industrieunternehmungen zu ihrer Sicherung und Weiterentwicklung häufig zu finden ist. 1867 gründeten Bernhard und Emil ein Privatbankhaus, und wenig später taten es die Brüder Hermann und Leopold in Frankfurt am Main, beide unter dem alten Fabriknamen „M. Kahn Söhne".

Die Eberstadts waren mit sechs Söhnen und vier Töchtern aus Worms gekommen. Der Vater (also der spätere Großvater der acht Geschwister) Falck Ferdinand Eberstadt war Textilhändler und hatte sich für die Liberalisierung des jüdischen Gottesdienstes eingesetzt. 1848-52 war er Bürgermeister von Worms und damit der erste Jude in einer solchen Position in einer deutschen Stadt. Er wurde aber sehr angefeindet, besonders in der folgenden Reaktionszeit, und entschloss sich deshalb zum Umzug in das freiere Mannheim. Seine Söhne wurden

Abb. 1
Die 1906 mit Mitteln der Kahns eingerichtete Bernhard-Kahn-Lesehalle in der Mannheimer Neckarstadt 1920er Jahre
Foto: StadtA MA - ISG

Abb. 2
Bernhard Kahn
Foto: Wikimedia Commons

Geschäftsleute. Interessanter waren seine Töchter. Eine heiratete einen sehr bekannten englischen Anwalt (Sir George Lewis) und führte in London einen Salon, in dem sich die feinen und reichen Leute mit Künstlern und Journalisten trafen. Eine andere Tochter führte als Frau eines Getreidegroßhändlers in Mannheim einen ähnlichen (natürlich kleineren) Salon, in dem u.a. Friedrich Naumann verkehrte, der sie als „Frau Kultur" bezeichnete. Und die Tochter Emma heiratete eben Bernhard Kahn und wurde eine intensive Mutter für ihre acht Kinder. Beide Eltern förderten die möglichst hohe Berufswahl ihrer Söhne.

Damit komme ich auf diese Generation und versuche, die acht Geschwister nach dem Alter einzeln vorzustellen.

1) Franz Kahn studierte Jura, interessierte sich besonders für das internationale Privatrecht, forschte deshalb auch in Paris und London und veröffentlichte wissenschaftliche Abhandlungen, die noch heute das Interesse von Juristen erregen. Er wollte die Universitätslaufbahn einschlagen, obwohl das für ihn als Juden eine unsichere Sache war, ließ das aber, als er lungenkrank wurde, gab auch nach einem Jahr eine Amtsrichterstelle auf und lebte als Privatgelehrter, finanziell getragen von seinem Vater. Neben seiner großen juristischen Bibliothek erwarb er auch viel schöngeistige Literatur, wurde ein guter Goethekenner, machte eine halbe Weltreise bis Indien, Australien und Japan, musste aber auch monatelang zu Kuren nach Davos.

1901 zog er nach Heidelberg, weil dorthin im Vorjahr seine Eltern von Mannheim aus gezogen waren; sie bewohnten eine Villa hoch über dem Schloss und hatten den Umzug vor allem aus Bildungsgründen gemacht; sie wollten im Alter die berühmten Heidelberger Professoren hören, besonders Kuno Fischer. Franz wurde 1904 wieder schwer krank und starb mit 43 Jahren. Das war für die ganze Familie ein Schock, denn er hatte mit seiner Sachlichkeit und Vernünftigkeit die große, vermittelnde Autorität zwischen Eltern und Geschwistern gebildet. Sein Vater starb wenige Monate später aus Gram über seinen Tod, die Mutter anderthalb Jahre später. Franz Kahns juristische Bibliothek wurde die Keimzelle des Kieler Instituts für Internationales Recht.

2) Clara (Abb. 3), die älteste Tochter, sehr belesen, sentimental und depressiv, heiratete mit 21 Jahren den Berliner Juristen Paul Jonas. Damit schuf sie die Verbindung der Kahns zum Kreis der neuen naturalistischen Theaterkunst, denn Jonas wurde Justitiar des Vereins „Freie Bühne", der 1889 zur Umgehung der preußischen Zensur gegründet wurde und Stücke von Ibsen und Gerhart Hauptmann aufführte. In Otto Brahm, den Leiter der Freien Bühne, verliebte sich Clara und hätte 1902 ihren Mann und ihre drei Kinder für ihn verlassen, wenn ihre energische Mutter das nicht verhindert hätte.

Abb. 3
Clara Kahn
Foto: Eberstadt Family Tree, eberstadt.info

Clara blieb bei ihrer Familie, setzte aber auch das Verhältnis zu Brahm bis zu dessen Tod 1912 fort.

3) Robert Kahn (Abb. 4) wurde der Berufsmusiker in der sehr musikalischen Familie Kahn und war wohl auch ihr heiterstes und witzigstes Mitglied. Von den Eltern wurde seine Begabung so früh wie möglich begeistert gefördert, er bekam die besten, hochrangigsten Musiklehrer. Schon 1882, mit 17 Jahren, kam er ohne Abitur an die Berliner Hochschule für Musik. Fünf Jahre später lernte er Johannes Brahms kennen, blieb ein Vierteljahr nur seinetwegen in Wien und kam in engen, täglichen Kontakt mit ihm. Danach wurde er in Berlin sehr gefördert, seine Kompositionen wurden zu Gehör gebracht, meistens Kammermusik und Lieder in Nachfolge der klassisch-romantischen Tradition. Der moderne Opernbetrieb und große Orchestermusik lagen ihm nicht. Er vertonte u.a. Lieder von Gerhart Hauptmann, den er durch seine Schwester kennengelernt hatte. 1899 verbrachten die Brüder Robert und Paul zusammen mit Hauptmann Ferien auf Hiddensee, ein paar Jahre später bot dieser ihm das Du an. 1900 heiratete Robert die Tochter des Malers Hertel. Sie war evangelisch und er trat wohl deshalb aus dem Judentum aus; später bezeichnete er sich als „religionslos". Möglicherweise tat er es auch im Hinblick auf die angestrebte Professorenstelle. 1903 wurde er zum Professor für Komposition an der Berliner Musikhochschule ernannt und behielt die Stelle bis 1933. Zu seinen engsten Schülern gehörte der Pianist Wilhelm Kempff.

4) Otto Hermann Kahn (Abb. 5) wurde von den Eltern nicht so nach seinen Wünschen gefördert wie seine beiden älteren Brüder. Er war zwar auch sehr musikalisch, spielte Geige und Cello besser als Robert und suchte sich als Dichter und Dramatiker zu profilieren, aber die Eltern meinten, einer müsse doch nun auch „die Familiengeschäfte übernehmen", also beruflich dem Vater nachfolgen, der außer der Tätigkeit für die Fabrik eine Bank gegründet hatte. Dem angehenden Dichter Otto wurde also bei einer Familienkonferenz beigebracht, dass seine literarischen Schöpfungen nichts wert seien. Wie er 40 Jahre später erzählt hat, überredete ihn seine Mutter, sie alle ins Feuer zu werfen. Für den Geschäftsberuf sei er viel talentierter. Otto gehorchte, ging ohne Abitur in die Banklehre nach Karlsruhe und nahm sich dabei (nach seiner spä-

Ernst Schulin

Abb. 4
Robert Kahn
Fotografie von Fritz Leyde
Foto: http://edocs.ub.uni-frankfurt.de/volltexte/2003/7808920/

teren Erzählung) zweierlei zum Ziel: "(1) to make money, to be successful; (2) to employ his success to foster the consciousness of art and to give material encouragement to art". Er wollte also die höhere Welt der Künste immer im Auge behalten. Tatsächlich bildete er sich geschäftlich in Karlsruhe, dann in Berlin und London so erfolgreich aus, dass er zwar nicht den elterlichen Wunsch erfüllte, Nachfolger seines Vaters in Mannheim zu werden, aber in New York einer der reichsten Banker wurde (Abb. 6). Er trat in das Bankhaus Kuhn, Loeb & Co. ein. Das war das mächtigste der Bankhäuser deutsch-jüdischer Neueinwanderer, die nach dem Bürgerkrieg so erfolgreich das Investment Banking in New York eingeführt hatten (Lehman war ein anderes.) Otto heiratete die Tochter eines Teilhabers, wurde dessen Erbe und bereicherte das Bankhaus und sich vor allem durch die erfolgreiche Zusammenarbeit mit dem Eisenbahnkönig Edward Harriman. Und er blieb seinen Lebenszielen treu: 1903 wurde er Mitglied des Direktoriums der Metropolitan Opera, und damit begann sein Wirken als Mäzen dieser Oper und anderer New Yorker Bühnen. Mit seinem Geld lockte er Enrico Caruso dorthin und viele andere Berühmtheiten (Abb. 7). Über dreißig Jahre war Otto Kahn einer der bekanntesten und reichsten New Yorker Banker. (Es gibt drei Biographien über ihn.) Als er 1911 seine deutsche Familie wiedersehen wollte, die er finanziell unterstützte, wo es nötig war, mietete er für mehrere Wochen ein englisches Schloss und lud sie dorthin ein.

5) Franziska Elisabeth, genannt Lili (Abb. 8), die zweite Tochter, war von auffallender Schönheit und offenbar sehr anglophil; sie besuchte oft ihre Londoner Tante und deren Salon. Walther Rathenau charakterisierte sie, als er sich in sie verliebte: Sie stünde „allen Dingen und dem Leben als Prinzessin" gegenüber, und aussehen würde sie „wie eine byzantinische Prinzessin, in England erzogen". Mit 24 Jahren heiratete sie den Berliner Industriellen Felix Deutsch, den engsten Mitarbeiter von Emil Rathenau, der mit ihm 1883 die Deutsche Edison-Gesellschaft gegründet hatte, die dann vier Jahre später in AEG umbenannt wurde. Auf diese Weise kam die Kahn-Familie auch mit der Spitze der Berliner Industrie in Verbindung und erlebte die Elektrifizierung, die neue Beleuchtung der öffentlichen und privaten Gebäude, aus nächster Nähe mit. Aus den Erinnerungsaufzeichnungen von Felix Deutsch lässt sich entnehmen, dass auch er nicht unkultiviert war. Sein Vater war Kantor in Breslau gewesen, sang mit seiner schönen Tenorstimme auch weltliche Sachen und einmal sogar unter Richard Wagners Leitung (obwohl er ihn wegen seines Antisemitismus gar nicht mochte) das Liebeslied

Abb. 5
Otto Hermann Kahn
USA
Vor 1923
Foto: Wikimedia Commons

Abb. 6
Die Sommerresidenz von Otto H. Kahn, Oheka Castle in Cold Spring Harbor, Long Island 1919
Foto: Wikimedia Commons

aus der Walküre, viele Jahre vor der Uraufführung. Felix erinnerte Cosima daran, als er in Bayreuth die elektrische Beleuchtung einrichtete. Das Haus „der Deutsche" in Berlin (mit eingebauter Orgel für Felix) machte Lili in Konkurrenz zu ihrer Schwester Clara zu einem Treffpunkt für Literaten und vor allem Musiker, etwa Richard Strauss. Seit 1906 kam es zwischen Lili Deutsch und Walther Rathenau zu einem langdauernden Liebesverhältnis; seine Briefe an sie sind 1928 in der Rathenau-Biographie von Graf Kessler als „Briefe an eine Freundin" veröffentlicht worden. Die Deutsche fanden aber auch nähere Verbindung zu Gerhart Hauptmann, indem sie sich 1907 im Riesengebirge in der Nähe seines Hauses Wiesenstein einen großen Landsitz bauten und diesen zum Treffpunkt von Kunst, Wissenschaft und industriellem Großbürgertum gestalteten. (Auch Werner Sombart wohnte dort in der Nähe.) Man kann sagen, dass Hauptmann, der Dichter der Armen und Elenden, hierdurch in nähere Verbindung mit Vertretern der Industrie- und Finanzwelt kam.

Abb. 7
Otto H. Kahn mit Prominenten seiner Zeit
Foto: Historical Photo Gallery OHEKA.COM

*Left:* Kahn with Douglas Fairbanks and Charlie Chaplin.
*Above:* Kahn with Enrico Caruso.

6) Paul Kahn (Abb. 9), der vierte Sohn, galt als ähnlich wissenschaftlich begabt wie der älteste, wurde von diesem auch in Briefen als „edle zweite Auflage" angeredet, sollte also studieren, litt aber unter Minderwertigkeitsgefühlen gegenüber den älteren Brüdern, verachtete Ottos ordentlichen gehorsamen Berufsweg und blieb beruflich ziellos. Aus langen Tagebuchaufzeichnungen ist das alles zu erkennen. Trotz geduldiger Beratung durch Franz brach er das Studium immer wieder ab, Jura, Chemie, Philosophie. Nach einem Selbstmordversuch kümmerten sich mehrere Familienmitglieder auf langen Reisen um ihn. Felix Deutsch suchte ihn mehrmals in der AEG unterzubringen. Der Vater riet ihm immer, zur eigenen Zufriedenheit beruflich tätig zu werden, betonte aber zugleich,

Ernst Schulin

Abb. 8
Lili Deutsch in Davos 1906
Foto: Aus dem Privatbesitz des Verfassers

dass er ihm auch ohne dies natürlich monatlich genügend Geld überwiese. Zweifellos war Paul in der ganzen Familie besonders beliebt und zugleich das Hauptsorgenkind. In Berlin kam er durch seine Geschwister Gerhart Hauptmann und dessen zweiter Frau Margarete näher und wurde von ihnen immer wieder eingeladen, bei ihnen in Agnetendorf zu wohnen als „Sekretär, Freund und lieber Hausgenosse". Drei oder viermal tat er das auch, aber immer nur wenige Wochen. Als Hauptmann 1907 nach Griechenland gefahren war, übrigens auf Anregung von Walther Rathenau, regte das nun wieder Paul Kahn an, dorthin zu reisen. In einer Pension in Athen traf er eine schöne Frau und schrieb an Frau Hauptmann: „Liebe Frau Grethe, ich bitte um Ihre gnädige Erlaubnis, mein Athener Dienstmädel, Frl. Euphrosyne Margetti aus Skyros geheiratet zu haben... Ich finde, daß Heiraten an sich eine vortreffliche Institution ist, und besonders meine Hochzeitsreise in Kreta – ohne Frau, das arme Ding ist in Athen geblieben – gefällt mir ausgezeichnet." Die Familie Kahn hatte alles unternommen, ihn von dieser Heirat abzubringen, aber vergeblich. Paul versuchte mit seiner Frau zunächst in München zu wohnen, aber sie wollte nicht, sie zwang ihn, auf Dauer nach Griechenland zu ziehen. Jedoch, wovon sollten sie leben? Lili Deutsch machte mit Otto Kahn beim Besuch in dem englischen Schloss aus, dass sie gemeinsam Paul Kahn mit seiner Frau und den drei Töchtern finanziell unterstützen wollten. Paul beschäftigte sich mit Übersetzungen von Dramen Hauptmanns und Schnitzlers ins Neugriechische, hatte aber sonst keinerlei Einnahmen.

Mit den beiden letzten Kahn-Geschwistern kann ich es kurz machen, es ist wenig über sie überliefert.

7) Felix war ein großer Violinspieler und -sammler und folgte seinem Bruder Otto als Bankkaufmann nach London und New York, aber mit weit geringerem Erfolg, sodass er zeitweise von Otto unterstützt werden musste.

8) Hedwig oder Heddel, die jüngste, war hübsch und lebhaft und galt als oberflächlich und frivol. Die Eltern versuchten mit Mühe, sie an den richtigen Mann zu bringen. Es war ein Geschäftsmann aus Hannover, Adolf Meyer. Der Schwager Jonas dichtete für die Hochzeitszeitung über ihre Vergangenheit: „Dabei trieb sie auch sehr viel / Singen und Pianospiel,/ Flirtet', tennist' und lief Eis, / Machte manchem Jüngling heiß. / In der deutschen Litratur / Schwärmt sie fürs Moderne nur. / War Premiere mal bei Brahm, / Gerne nach Berlin sie kam, / Hirschfeld, Schnitzler, Hofmannsthal - Wer die Wahl hat, hat die Qual - / Neben sich als Tischherrn

Abb. 9
Walter Rathenau (links) und Paul Kahn (rechts) am Strand von Sylt
Foto: Aus dem Privatbesitz des Verfassers

haben, / Daran konnte sie sich laben." Sie hatte zwei Kinder, aber der Ehemann war ihr untreu, und so kam es zur Scheidung und zur sofortigen neuen Ehe mit einem anderen Geschäftsmann, Raymond Pollak, den die Familie zunächst ablehnte, dem auch geschäftlich zweimal geholfen werden musste, aber diese Ehe hielt. Pollaks zogen nach London. Eine Tochter wurde unter dem Namen Ellen Pollock eine berühmte Schauspielerin (Abb. 10), vor allem in Stücken von Bernard Shaw.

Der Erste Weltkrieg führte zu neuen Situationen auch bei den Kahns. Lili hatte in ihren Briefen nach Griechenland oft über die lange Entfremdung zu Paul geklagt; sie meinte, dass er der Kinder wegen nach Deutschland übersiedeln müsste, fand aber zuweilen auch, dass er eine bessere, abgeklärtere Welt erwählt habe, und schrieb: „Beinahe beneide ich Dich um die Feierlichkeit Deiner alltäglichen Umgebung." Friedlicher war aber die griechische Welt nicht. Im Oktober 1912 beteiligte sich Griechenland am Balkankrieg gegen die Türkei und eroberte Saloniki. Und zwei Jahre später wurde es auch in den Ersten Weltkrieg hineingezogen.

Die Kahns in Deutschland machten die patriotische Hochstimmung zu Kriegsbeginn 1914 mit (anders als Rathenau). Robert komponierte vaterländische Lieder. Lili schrieb an Paul im Januar 1915: „Wie ein Rad greift das wundervolle preußische Ordnungssystem ineinander, einer hilft dem andern, Theater, Konzerte sind sehr gut besucht, dadurch ist das Elend bei den kleinen Künstlern nicht zu groß geworden. Im Ganzen ist eigentlich in Berlin wirklich nicht viel vom Krieg zu merken; daß alles ernster und dezenter aussieht, sollte immer sein und wäre, wenn es bliebe, schon ein großer Gewinn dieser furchtbaren und doch erlösenden Zeit. Du wirst sehen, mein guter Glaube behält recht, Preußen fliegt auf wie ein Adler und Deutschland ist an der Reihe, seine Herrschaft anzutreten, dies ist ein Wendepunkt in der Geschichte und alle müssen wir mithelfen."

Paul Kahn war sofort Ende August 1914 nach Deutschland gefahren, um sich mit seinen 43 Jahren als Kriegsfreiwilliger zu melden. Aus dem Riesengebirge schrieb ihm Gerhart Hauptmann: „Lieber Paul, Du darfst nicht (falls Du nicht in den Krieg mußt) aus Deutschland hinaus, ohne hier gewesen zu sein. Sonst wehe! Dein Gerhart Hauptmann"

Paul wurde in München gemustert, aber schon nach wenigen Tagen wieder entlassen, offenbar in für ihn beleidigender Form. Anfang Oktober war er schon wieder in Griechenland. In Briefen an einen Freund, der ihm erklärt hatte, Goethe bedeute ihm Höheres als das Deutschtum, protestierte er gegen eine solche Gegenüberstellung: „Goethe ist ja ein ganz wesentlicher Teil des Deutschtums", und dies sei ihm bei dem eben gerade erlebten Enthusiasmus zur „neuen und überraschenden Wahrheit" geworden. Er habe jetzt „Heimweh nach dem Volk, das das Herrlichste hervorgebracht hat, das ich kenne, das heute kämpft und leidet und mit dem ich mich eben verwachsen fühle, so sehr es auch mich, den Juden, mißhandelt und verletzt hat".

Otto Kahn, jenseits des Atlantiks in dem noch neutralen Amerika, dachte ganz anders. Er war empört über diese vom militaristischen Preußen-Deutschland begonnene kriegerische Auseinandersetzung. 1915 führte er darüber mit seinem Schwager Felix Deutsch einen eindrucksvollen Briefwechsel. Deutsch hatte stolz auf die schnelle Umstellung der deutschen Industrie auf die Kriegsbedürfnisse hingewiesen. (Walther Rathenau hatte ja dafür den entscheidenden Beitrag durch die Kriegsrohstoff-Organisation geleistet, aber das

Abb. 10
Die Schauspielerin Ellen Pollock (1902-1997)
1926
Aus dem Programm des Theatre Royal Sidney
Foto: hat-archive.com

Ernst Schulin

erwähnte Deutsch nur indirekt.) Er klagte über die Verlogenheit der britischen Zeitungen und über die „maßlose Unbildung in England und Frankreich, den Mangel an Kenntnis von Deutschland und den Deutschen, deren Stärke, Charakter, Bildung, Organisation, Industrie und vor allem ihre Ethik, die sich im glänzendsten Licht zeigt".

Otto gab die deutsche Tüchtigkeit zu: „Es sind diese und ähnliche Eigenschaften, welche vor dem Kriege Tag für Tag Deutschland der ökonomischen Welt-Hegemonie näher brachten und ihm dieselbe [...] meiner Überzeugung nach ohne Krieg zweifellos gesichert haben würden." Von da aus konnte er überhaupt nicht verstehen, warum Deutschland diese „Methode friedlicher aber nichtsdestoweniger wirklicher Eroberung" über den Haufen geworfen und stattdessen „auf die furchtbare Karte des Krieges" gesetzt habe. Amerika, ein Land „zwar noch nicht von hoher Kultur, aber von hoher Humanität und von einem naiven Idealismus", sei bis zu diesem Kriege nie antideutsch gewesen, könne mit seinen Millionen Juden nicht prorussisch sein und sei auch bis zu diesem Kriege nie proenglisch gewesen. Die Meinungsänderung sei durch die „Vergewaltigung Belgiens" verursacht worden und weil man Deutschland die Hauptschuld zuweise: „Man glaubt, daß wenn es im kritischen Momente sein Schwert für den Frieden in die Wagschale geworfen hätte, keine Nation gewagt haben würde, den Krieg zu beginnen, und daß dann Deutschland mächtiger, bewunderter und einflußreicher dagestanden hätte als je."

Abb. 11
Lili Deutsch
Foto: Aus dem Privatbesitz des Verfassers

Man kann der Beurteilung von Otto Kahn bescheinigen, dass sie sich in vielen Punkten mit der heutigen historischen Einschätzung deckt. Sein letzter, 23-seitiger Brief wurde von der französischen Zensur aufgefangen, gedruckt und als wichtiges Propagandamittel aus Fliegern über der deutschen Front abgeworfen. Daraufhin bekannte sich Otto Kahn öffentlich zu seiner antideutschen Einstellung, nahm die amerikanische Staatsbürgerschaft an (bisher hatte er immer noch die britische, weil er eigentlich nach England zurück und irgendwie ins Oberhaus kommen wollte) und unterstützte im Gegensatz zu der Mehrzahl der Deutschamerikaner den Kriegseintritt der USA 1917.

Ein Jahr vorher, 1916, hatte in Griechenland unter dem Druck der Alliierten die antideutsche Partei des Ministerpräsidenten Venizelos gesiegt. Das führte dazu, dass Paul Kahn als Reichsdeutscher ausgewiesen wurde. Brieflich bat er seinen Bruder Otto in Amerika, finanziell für Frau und Kinder zu sorgen, und fuhr allein nach Deutschland. Felix Deutsch verschaffte ihm eine Stelle bei der AEG, Abteilung Schiffsbau und Heereswesen. Die Familie konnte erst nach dem Kriege, 1919, nachkommen. Zehn, acht und sieben Jahre alt waren damals seine Töchter. Bis 1926 lebten sie bei den „Deutschen", Lili sorgte für die Unterkunft und Erziehung. Von diesen sieben prägenden Jahren in Deutschland hat mir Elsa, die älteste, viel erzählt, von dem sehr kleinen Onkel Felix und von der Tante Lili, die nicht nur für die Kinder sondern auch für die griechische Mutter eine Respektsperson war, eine bewunderte, immer geschmackvoll gekleidete große Dame (Abb. 11). In ihrem Haus gab es internationale Begegnungen. Elsa hat dort den Nuntius Pacelli, den späteren Papst Pius XII., gesehen. 1922 erlebten sie die Ermordung des ihnen so nahestehenden Außenministers Rathenau mit den großen Trauerkundgebungen. Paul wurde von Rathenaus Mutter beauftragt, sich an die Adressaten seiner Briefe zu wenden, für die Ausgabe gesammelter Briefe, die dann 1926 erschien.

Im gleichen Jahr entschloss sich Paul zur Rückkehr mit seiner Familie nach Griechenland. Im Tagebuch der Tochter Dora klingt das wie eine Reise in die Fremde. Noch fünf Jahre später schrieb sie: „Wen soll ich lieben? Dies Land, das nicht meine Heimat ist, diese Menschen, die mir Fremde sind, oder meine Mutter, die mir am meisten fremd ist." Elsa, die Lieblingsnichte von Lili, fuhr sofort wieder zurück und blieb noch bis 1930 fast immer in Berlin, kam auch danach noch bis 1938 oft zu Besuch.

Für diese folgende Zeit habe ich viel weniger Quellen und kann nur ganz kurz die Geschichte der Kahns zu Ende erzählen.

Zu Ende erzählen – das heißt von Todesfällen berichten und in unserer Geschichte außerdem von den Auswirkungen der nationalsozialistischen Diktatur.

Das Ehepaar Jonas war zuerst gestorben, er schon 1916 und Clara Anfang 1922, möglicherweise durch Selbstmord in einer ihrer Depressionen. Felix Deutsch starb 1928, kurz nachdem er sich noch darüber hatte aufregen müssen, dass Briefe seiner Frau an Walther Rathenau in Kesslers Biographie veröffentlicht wurden (zwar ohne Namensnennung, aber Eingeweihte konnten es schon merken).

Im März 1934 starb in New York Otto Kahn, nach vielen Sorgen wegen der Weltwirtschaftskrise. Mit dem britischen Oberhaus war es nichts mehr geworden, aber immerhin, es gab eine gewisse postume Wunscherfüllung. Denn seine damals einjährige Enkeltochter Virginia Ryan heiratete 18 Jahre später den Earl of Airlie; sie wurde eine Lady-in-Waiting der Queen und er Lord Chamberlain in St. James Palace. Auch katholisch war Otto nicht mehr geworden, womit er immer gespielt hatte. Hitler hatte ihn, wie so viele, zum bekennenden Juden gemacht. „Dieser Mann ist der Feind der Menschheit", erklärte er 1933, „aber er greift jeden von uns auf eine persönliche Weise an [...] Dies ist der Augenblick, da ein jeder von uns dem Ruf des Blutes, das in seinen Adern fließt, folgen und sich treu und stolz erheben muß, um sich zu seinen jüdischen Brüdern zählen zu lassen." Die Trauerfeierlichkeiten waren pompös. Toscanini dirigierte zwei Tage nach Ottos Tod Beethovens Eroica in New York und widmete den Trauermarsch dem großen Mäzen.

Robert Kahn war 1933 schon im Ruhestand, er wurde aus der Preußischen Akademie der Künste entfernt und zog sich auf seinen Sommersitz in Mecklenburg zurück. Im Januar 1938 schrieb er von dort an Gerhart Hauptmann: „Es geht uns 'in Anbetracht der Umstände' gut, wenn wir auch, wie Du Dir denken kannst, auf gar vieles verzichten müssen. Die 'Umwälzung' hat auf mich zunächst eine niederdrückende, dann aber die merkwürdige Wirkung gehabt, daß ich in eine produktive Stimmung geraten bin wie noch nie in meinem Leben – trotz der Unmöglichkeit etwas zu veröffentlichen oder aufzuführen. Ich schreibe seit über zweieinhalb Jahren 'Tagebücher in Tönen' für Klavier, ohne Unterbrechung mit immer gleicher Lust und Frische, und es scheint, laus deo, noch lange so fortgehen zu wollen." Ein Jahr später, im Januar 1939, also nach der Pogromnacht vom November 1938, schrieb er ihm auf einer Postkarte die drei Noten des Motivs „Es muß sein!" aus dem letzten Beethovenquartett und teilte ihm mit, daß sie in wenigen Wochen nach England auswandern würden. „Vielleicht – hoffentlich – sehen wir uns einmal drüben. Sonst – herzlichen Abschiedsgruß!" Robert Kahn lebte in Kent noch bis 1951 und überlebte damit außer Hedwig alle seine Geschwister.

Am schwersten traf es Lili Deutsch. Ihr Mann und ihr Lieblingssohn waren tot, der andere, Georg, lebte seit 1933 in England. Ihre Tochter hatte mit 19 Jahren Kinderlähmung bekommen und konnte deshalb nicht Opernsängerin werden. Sie war mit dem Leipziger Generalmusikdirektor Gustav Brecher verheiratet, der 1933 entlassen wurde. Lili hatte zunächst geglaubt, dass man ihr als Witwe eines AEG-Direktors nichts antun könnte. Als die 70-jährige dann wie Robert Anfang 1939 emigrieren wollte, musste sie wochenlang auf Passerlaubnis und andere Formalitäten warten und glaubte schon, nicht mehr heraus zu kommen. In Briefen an Georg sprach sie von dem „schweren Dunkel der Gegenwart": „Wir sind alle am Ende unserer Kraft." Durch Anspielung auf den „herrlichen Chor" aus der Matthäus-Passion: „Sind Blitze, sind Donner" suchte sie anzudeuten, „wie es aussieht in und um uns." In diesem Chor heißt es: „Eröffne den feurigen Abgrund o Hölle, zertrümmre, zerschelle mit plötzlicher Wut den falschen Verräter, das mördrische Blut!"

Im Mai 1939 konnte sie zusammen mit Brechers ausreisen. Ein ganzes Jahr hielten sie sich in Hotels im belgischen Ostende auf, teils in der Warterei auf

Ernst Schulin

Lilis umfangreiches, kostbares Hab und Gut, das nach Luxemburg gegangen war und ihr nie ausgehändigt wurde, teils in der Unentschlossenheit, ob sie nach Südfrankreich oder nach England gehen sollten. Otto Kahns Witwe schickte ihr Geld. Zwei englisch geschriebene Briefe erhielt Georg noch. "We wait and wait, my company is the sea, the voice of the waves. It is hard to end useless after such a life." Schließlich im Mai 1940, als die deutschen Truppen Belgien eroberten, war es zu spät. Die drei Emigranten sind auf unbekannte Weise entweder in Ostende beim deutschen Einmarsch oder bei der Flucht auf See ums Leben gekommen.

Schließlich Paul Kahn. Er war bis 1933 als Verwaltungsrat der griechischen AEG beschäftigt, dann wurde er mit einer Abfindung entlassen, zweifellos aus rassischen Gründen, wenn sich auch die AEG nach dem Kriege geweigert hat, das zu bestätigen; er sei nie politisch verfolgt gewesen. Man muss dazu sagen: Er hatte keinen guten Ruf bei seinen AEG-Kollegen, da er ihnen von seinem allmächtigen Schwager Felix Deutsch in Athen vor die Nase gesetzt worden war, angeblich luxuriös lebte und offenbar nichts tat; er sei immer nur mit einem Band Goethe ins Büro gekommen.

Tatsächlich hat „Paul Israel Kahn", wie er nun amtlich hieß, den Zweiten Weltkrieg nicht gut überstanden. Seit Herbst 1943, seit dem Rückzug der Italiener, war auch Südgriechenland mit Athen von deutschen Truppen besetzt. Dem Abtransport der griechischen Juden entging er. Aber im Oktober 1943 wurde der 72-jährige in der Nähe seines Hauses von deutschen Soldaten als „alter deutscher Jude" überfallen und so misshandelt, dass er bis zu seinem Tode gehunfähig blieb. Tröstlicherweise habe ich erfahren können, dass nicht alle Soldaten so waren. Mit einem stand sich der alte Kahn gut. Es war der spätere Freiburger Orientalist Oluf Krückmann. Der brachte den Kahns Lebensmittel und erfreute Paul mit gelehrten Unterhaltungen. Im Februar 1947 starb Paul Kahn. Auf seiner Sterbeurkunde steht, er sei „unbestimmter Staatsangehörigkeit" gewesen.

Damit bin ich am Ende.

Bis zu seinem Tode hat Paul Kahn die vielen Briefe seiner Familie gut geordnet aufgehoben, zweifellos waren sie ihm kostbar in seinem Leben in der Ferne und der zunehmenden Einsamkeit: als Zeugnisse der Vergangenheit seiner interessanten und gut zusammenhaltenden Familie.

30 Jahre später erfuhr ich von diesen Briefen und benutzte sie zunächst für meine Rathenau-Forschung. Wieder 30 Jahre später versuche ich nun zusammen mit meiner Frau, vor allem aus diesen Quellen die Familiengeschichte zu rekonstruieren, als Einblick in vergangenes soziales und kulturelles Leben, das verblasst ist, das sogar zerstört wurde und nicht leicht wieder aufzudecken ist, das mir aber als ein solches zerstörtes Stück erinnernswert zu sein scheint.

Familie Kahn:
Bernhard Kahn (1827 Stebbach - 1905 Heidelberg), Fabrikant und Bankier in Mannheim, verheiratet mit Emma Eberstadt (1840 Worms - 1906 Berlin)

Deren Kinder:
Franz Kahn (1861 Mannheim - 1904 Straßburg), Rechtsgelehrter
Clara Jonas geb. Kahn (1863 Mannheim - 1922 Berlin), verheiratet mit Paul Jonas (1850-1916 Berlin), Rechtsanwalt, Justitiar der „Freien Bühne" Berlin
Robert Kahn (1865 Mannheim - 1951 Biddende in England), Professor für Musik, verheiratet mit Katharina Hertel (1878-1953)
Otto Hermann Kahn (1867 Mannheim - 1934 New York), Bankier und Mäzen, verheiratet mit Addie Wolff (1875-1949)
Franziska Elisabeth ‚Lili' Deutsch geb. Kahn (1869 Mannheim - 1940 Ostende), verheiratet mit Felix Deutsch (1858-1928, AEG-Direktor)
Paul Kahn (1871 Mannheim - 1947 Athen), AEG-Verwaltungsrat, verheiratet mit Euphrosyne Margetti (1883-1970)
Felix Kahn (1873 Mannheim - 1950 New York), Bankier, verheiratet mit Marianne Kneisel (1880-?)
Hedwig Pollak geb. Kahn (1876 Mannheim - 1952?), verheiratet mit Adolf Meyer, später mit Ramond Pollak (1870-1930)

Ca. 2014 wird erscheinen:
Ernst und Heidi Schulin: Die Kahns. Eine jüdische Familie aus Mannheim im 19. und 20. Jahrhundert, München

Martin Schultz

# Ein seltenes Kajak-Modell der Caribou-Inuit

James Cook, der berühmte Erforscher des pazifischen Ozeans, war vermutlich der Erste, unter dessen mitgebrachten Ethnographica sich Modelle von Kajaks befanden. Diese stammen von den Küstenbewohnern Alaskas und sind aus denselben Materialien gefertigt wie ihre großen Vorbilder. Schon etwa 200 Jahre zuvor gelangte das älteste erhaltene Kajak aus Grönland in eine deutsche Sammlung. Es befindet sich heute unter der Inventarnummer 732 im Staatlichen Museum für Völkerkunde in München. Im Verlauf des 18. Jahrhunderts fanden zahlreiche weitere aus Grönland stammende Kajaks Eingang in europäische Sammlungen.

Neben Grönland und Alaska zählten auch Teile von Labrador und der Hudson Bay zum Siedlungsgebiet verschiedener Inuit-Gruppen. Die in mehrere Untergruppen zerfallenden Caribou-Inuit bewohnen bis heute die Westseite der Hudson Bay und das dahinter liegende Inland. In historischer Zeit wurden nur von dieser Gruppe Kajaks hergestellt, deren Enden nach oben gezogen sind, das hintere stärker als das vordere. Ursprünglich war diese Kajakform in weiten Teilen der Arktis verbreitet. Dies belegen archäologische Funde u.a. aus Alaska. Doch gaben auch die Caribou-Inuit den Bau dieser Kajaks auf, als die Verbreitung von Feuerwaffen und europäischen Booten zu einer Vereinfachung von Jagd, Walfang und Handel und so zu einem Wandel der Kultur führten.

Das Modell eines Caribou-Inuit-Kajaks mit der Inventarnummer V Am 3123 kam 1917 als Teil der Sammlung Gabriel von Max an das damalige Naturkundemuseum im Zeughaus in Mannheim. Von Max hatte es 1896 als Teil einer 55 Objekte umfassenden Sammlung von Inuit-Objekten vom Londoner Ethnographicahändler Webster erworben. Nur ein Jahr später wurde Webster nach der britischen Strafexpedition gegen das Königreich Benin im heutigen Nigeria durch den Verkauf großer Bestände an Elfenbein- und Bronzeobjekten von dort berühmt. Er gilt als der erste Händler, der bebilderte Verkaufskataloge publizierte. Auch die Verkaufsliste von 1896 ist bebildert. Das Kajak wird dort als "very fine old specimen" beschrieben. Zwar gibt es in kanadischen Museen einige frühe Kajaks dieses Typs, in europäischen Sammlungen sind sie jedoch eine große Rarität.

Modell eines Kajaks
Holz, Rohhaut, Tiersehne
L 167 cm, B 13 cm
2. Hälfte 19. Jahrhundert
rem
Foto: rem, Carolin Breckle

Literatur

Arima, Eugene: Caribou and Iglulik Inuit Kayaks, in: Arctic Profiles, Vol 47, Nr. 2, 1994, S. 193-195

Verena Thiemann, Nelly Friedland, Gaëlle Rosendahl

# Neolithische Textilien in den Reiss-Engelhorn-Museen
## Untersuchung und Konservierung archäologischer Textilien aus den Pfahlbausiedlungen in Robenhausen

### Einleitung

Im mitteleuropäischen Alpenumland haben sich in den Ufergebieten entlang von Seen und Mooren archäologische Zeugnisse der so genannten Pfahlbausiedlungen erhalten, die von der Jungsteinzeit bis zur Bronzezeit datiert werden. Unter den besonderen Bedingungen im dauerfeuchten Sediment haben hier unter Luftabschluss ausnehmend viele organische Materialien die Zeit überdauert, ein im mitteleuropäischen Klima eher seltener Umstand. Unter diesen häufig verkohlt vorliegenden Funden finden sich auch zahlreiche textile Erzeugnisse aus pflanzlichen Materialien. Die Vielfalt und Qualität der verwendeten Techniken offenbaren seit der ersten Bergung von Textilien im Jahr 1860 ein bis dahin für diese Zeit nicht angenommenes, technisches und handwerkliches Können der Menschen dieser Epoche. Eine besondere Bedeutung kommt hier dem Altertumsforscher Jakob Messikommer zu, der als einer der Ersten in den Ufersiedlungen gezielt nach Textilien suchte, diese publizierte und an Sammler verkaufte.[1]

### Die Fundstelle

Robenhausen, ein Ortsteil von Wetzikon im Kanton Zürich, liegt etwa 20 km östlich von Zürich am 2,5 $km^2$ großen Pfäffikersee (Abb. 1). An dessen einzigem Abfluss, der Aa, befindet sich das Robenhauserried. Dort entdeckte 1858 Jakob Messikommer die Überreste eines der bedeutendsten Pfahlbaudörfer Europas.

Über Jahrzehnte hinweg leitete Messikommer die Ausgrabungen in Robenhausen und auch an anderen Fundorten. Er starb hochbetagt im Jahre 1917.

Zunächst barg Messikommer Funde aus dem Fluss, öffnete aber auch „Schächte", also größere Flächen. Von Beginn an wandte er dabei Methoden an, die damals noch weitgehend unüblich waren. Zum einen grub er seine „Schächte" Schicht für Schicht ab, anstatt die Fundstelle zu „trichtern", allerdings ohne die Funde nach Straten getrennt aufzubewahren. Zum anderen sammelte er organische Reste und Knochen ebenso wie andere Funde, wobei auch eine Vorform des heute üblichen Schlämmens des Bodenmaterials zum Einsatz kam. Dies waren zum Beispiel Samen, Früchte, Hüttenlehm und Gewebereste. Messikommer maß anders als viele seiner Zeitgenossen diesen „wertlosen" Funden hohe Bedeutung bei und nutzte sie für die Gewinnung von Informationen zum Ackerbau, was ihm als Landwirt sehr am Herzen lag.

Nachdem er schon früh begonnen hatte, Grabungsfunde zur weiteren Finanzierung seiner Forschung zu verkaufen – ein damals üblicher Vorgang –, nahm ab 1865 die methodische Qualität der Untersuchungen ab. Mit seinem Tode kamen die Grabungen ganz zum Erliegen: Erst seit 1991 gibt es wieder Untersuchungen in Form von Unterwasserprospektionen und Sondagen.

Nach Auskunft aller Untersuchungen lag die Siedlung auf einer Fläche von insgesamt ca. 11.000 $m^2$ beiderseits der alten Aa, wobei nicht alle Bereiche gleichzeitigt belegt waren. Sie lag nicht im See, wie Messikommer annahm, sondern im Ried. Es können drei verschiedene Phasen oder „Niederlassungen" beobachtet werden, deren Datierung nicht immer

Abb. 1
Lagekarte der Fundstelle Robenhausen
Karte aus http://de.wikipedia.org/wiki/Datei:Karte_Gemeinde_Wetzikon_2007.png; Autor Tschubby, Creative Commons License
Abgerufen am 24. April 2013

unproblematisch ist. Die älteste datiert in die Pfyner Kultur ab ca. 4000 v. Chr., die zweite gehört der Pfyner-, Horgener- und Schnurkeramikkultur an und die dritte bestand zur Früh- und Spätbronzezeit. Zwischen den Niederlassungen bestanden also immer wieder größere zeitliche Lücken.[2]

In den insgesamt vier Siedlungsschichten fanden sich Spuren von Häusern. In der dritten Niederlassung waren die Fußböden teilweise aus Holz, ansonsten konnten Lagen von Zweigen, Rinde und Stroh festgestellt werden. Auch Lehmböden sind möglicherweise darunter. Aufgehende Bauteile der Häuser sind kaum vorhanden, die zahlreichen Pfähle konnten nur schwer zugeordnet werden. Es sind jedoch Hinweise auf Flechtwände mit Lehmbewurf und Dächer aus Holzschindeln vorhanden. Die Verbindung zwischen den Gebäuden waren Dämme aus Holz.[3]

Von hoher Bedeutung sind die Erkenntnisse zu Umwelt und Wirtschaft in Robenhausen. Unter den Tierknochen wurden mehr als 60 Tierarten festgestellt, auch wenn z. B. die Vögel nicht umfassend bestimmt worden sind. Rinder und Hirsche waren am häufigsten, Wildtierknochen wurden offenbar gezielt auf Haufen gesammelt. Die wenigen Menschenknochen konnten bislang nicht genau interpretiert werden.

Ebenso vielfältig zeigten sich die Pflanzenreste. Verschiedene Getreidesorten wurden angebaut und ebenso wie Äpfel und andere Sammelpflanzen als Vorrat aufbewahrt. Die Vorratsgruben waren so gut gefüllt, dass sogar die Theorie aufkam, die Siedlung sei nach einer Ernte komplett abgebrannt.

Eine wichtige Stellung nahm der Lein ein. Ein Anbau ist für die pfynzeitliche Siedlung belegt. Obgleich Lein auch für die Herstellung von Öl verwendet werden kann, ist es sehr wahrscheinlich, dass in Robenhausen eine umfangreiche Faserproduktion erfolgte. Darauf deuten auch die sehr zahlreichen Textilien sowie Überreste von Webstühlen hin. Es wird sogar eine Spezialisierung auf die Textilherstellung angenommen.[4]

Ein Großteil der Funde stammt aus pfynzeitlichen Schichten. Die Funde sind überwiegend aus Keramik, Stein, Geweih und Holz, darunter Gusstiegel, Äxte, Beile und Pfeilspitzen samt Schäftungen, aber auch Haushaltsgegenstände. Einige wenige Beile aus Kupfer und Bronze stellen die wenigen Metallfunde dar und datieren ans Ende der Besiedlung Robenhausens.

**Sammlungsgeschichte**

Von April 1917 bis Januar 1918 trafen in Mannheim insgesamt sieben Transporte ein, welche die über 50.000 Objekte der Sammlung des zwei Jahre zuvor verstorbenen Malers Gabriel von Max für das Museum (damals das Naturkundemuseum im Zeughaus) anlieferten. Der Ankauf seiner gesamten Sammlung durch eine deutsche öffentliche Einrichtung entsprach dem Wunsch von Gabriel von Max und vereitelte die Pläne vieler großer deutscher Museen und des Verbandes deutscher Völkermuseen, die eine Verteilung der Sammlung unter verschiedenen Institutionen anstrebten. Dieser Kauf war dank des Engagements der Stadt und des Geheimen Kommerzienrates August Röchling, der über ein Drittel der Kaufsumme trug, möglich geworden. Die Sammlung wurde jedoch bald aufgeteilt, und große Bereiche wurden an andere Museen im Rahmen von Tauschaktionen abgegeben.[5] Die archäologischen Sammlungen, darunter ein umfangreiches Konvolut aus den neolithischen und bronzezeitlichen Pfahlbauten samt den dazugehörigen schriftlichen Dokumenten, verblieben in Mannheim.

Der Münchener Maler Gabriel von Max war ein leidenschaftlicher Sammler von Objekten aus vielen Gebieten der Naturwissenschaft, der Urgeschichte, der Völkerkunde und verschiedener antiker Kulturen. Aus diesem Grund stand er mit einer großen Zahl von Händlern in Verbindung, die ihm Objekte anboten oder für ihn suchten. Er nahm vermutlich Mitte 1871, 13 Jahre nach der Entdeckung der Pfahlbausiedlung Robenhausen in der Schweiz, Kontakt mit deren Ausgräber Jakob Messikommer auf, um von ihm Gegenstände aus den Pfahlbauten zu erwerben. Dieser schickte ihm umgehend eine Auswahl von 14 Stücken zu, darunter auch zwei Gewebereste.[6] Jakob Messikommer war ein ebenso leidenschaftlicher Ausgräber wie von Max ein Sammler. Er war ursprünglich Landwirt und verdiente nun seinen Lebensunterhalt, indem er seine Funde veräußerte.[7] Er beklagte sich einmal in einem Brief an von Max vom 29. März 1874: „Wäre ich ein Millionär, ich hätte von meinen Funden nichts verkauft."

Aber er verkaufte viel, und kaum hatte von Max eine Rechnung beglichen, schickte er ihm eine neue Sendung mit immer neuen Gegenständen „zur gefälligen Ansicht und Auswahl" und der Bitte, die nicht gewünschten Gegenstände baldmöglichst an ihn zurückzuschicken. Die Rechnung ging auf: von Max behielt alles. Allein in der zweiten Jahreshälfte 1871 schickte Messikommer nicht weniger als sechs Sendungen, teilweise recht umfangreich, an Gabriel von Max. Auch im Jahr 1874 sandte er mindestens zehn Lieferungen an die „geehrte Adresse". Danach häuften sich die Mahnungen, von Max möge für die Funde bezahlen, und es gingen nur noch wenige Zustellungen nach München.

Jakob Messikommer hat, obschon er niemals Archäologie oder Geschichte studiert hatte, eine neue Ära der Feuchtbodensiedlungsforschung eingeleitet. Anders als viele sammelte er alles, was erhalten war. Dadurch konnten zum ersten Mal weitere Aspekte des urgeschichtlichen Lebens untersucht werden.

Die Publikation der Funde durch Messikomers Freund Ferdinand Keller, Präsident der Antiquarischen Gesellschaft Zürich, sowie die fleißige Verkaufstätigkeit Messikommers selbst machten Robenhausen schnell weltbekannt.[8] Es ist also nicht überraschend, dass von Max sich an ihn wandte, um herausragende Sammelobjekte zu bekommen. Am Anfang schickte ihm Messikommer ausschließlich neolithische Objekte aus den Pfahlbauten zu, darunter befanden sich zahlreiche Textilreste, wie aus seinen Briefen an von Max[9] hervorgeht. Später kamen noch altsteinzeitliche Objekte aus Thayingen und bronzezeitliche Stücke aus Pfahlbauten hinzu. Er fungierte auch als Mittelsmann, um von Max französische Artefakte zu beschaffen. Unter den neolithischen Textilien aus Robenhausen sticht ein besonderes Stück, als „Broderie" bezeichnet, hervor. Es handelt sich vermutlich um das kleine Textilfragment mit eingewebter Verzierung, das in diesem Artikel weiter unten behandelt wird. Die „Stickerei" wurde am 23. Mai 1874 zusammen mit anderen Artefakten versandt.

Die von Messikommer zum Teil gefestigten und zwischen Glasscheiben montierten Objekte aus Robenhausen befinden sich noch heute in den Reiss-Engelhorn-Museen innerhalb einer Sammlung von mindestens 260 neolithischen Textilien.

**Untersuchungen**

Zu Beginn der nachfolgend beschriebenen Maßnahmen befanden sich die Funde überwiegend noch in den von Messikommer angefertigten Montagen, die die Jahrtausende alten Stücke jedoch weniger gut konservierten, sondern inzwischen vielmehr zu charakteristischen Schadensbildern geführt haben. Der gefährdete Zustand der verkohlt vorliegenden Textilien und ihre stark eingeschränkte Lesbarkeit machten daher ein restauratorisches Eingreifen nötig. Im Zuge der Bearbeitung konnten weiterhin Untersuchungen zu den angewandten textilen Techniken und den verwendeten Materialien durchgeführt werden, die eine Übersicht zu Beschaffenheit und Qualität des Robenhausener Bestands in Mannheim erlauben. Als Grundlage für die Entwicklung eines wissenschaftlichen Restaurierungskonzepts setzte dies zunächst eine Auseinandersetzung mit der Textilherstellung im Neolithikum generell sowie Nachforschungen zu den „Konservierungspraktiken" Jakob Messikommers, die zum heutigen Zustand geführt haben, voraus.

**Kontext und Datierung**

Die ältesten bekannten Belege für so genannte Pfahlbauten der Jungsteinzeit datieren um 4300 v. Chr., die jüngsten Seeufersiedlungen wurden wahrscheinlich um 2400 v. Chr. von ihren Bewohnern verlassen.

Eine präzise zeitliche oder kulturelle Einordnung der vorliegenden Altfunde innerhalb dieses Zeitraumes ist nicht mehr möglich. Abgesehen von den beschriebenen Dokumenten des Sammlers sind keinerlei Informationen zum näheren Objektkontext vorhanden. Dies ist allerdings eine gängige Erscheinung bei archäologischen Funden von steinzeitlichen Kulturgruppen der Pfahlbauten im Alpenumland, die Ende des 19. und Anfang des 20. Jahrhunderts ausgegraben wurden. Im Gegensatz zum heutigen Vorgehen wurden damals kaum detaillierte Ausgrabungsberichte angefertigt und die Objekte den verschiedenen Kulturschichten zugeordnet.[10]

Obschon Messikommer bei seinen Ausgrabungen eine sehr systematische und sorgfältige Vorgehensweise an den Tag legte, die seiner Zeit und der der meisten seiner Kollegen voraus war, gingen dennoch viele Informationen aufgrund der sehr starken Ausrichtung der Forschung auf den einzelnen Fund verloren. Die Befundzusammenhänge, die den Objekten einen Hintergrund verleihen, fehlen daher bei den Altfunden. Obwohl Messikommer bereits 1861 zwei übereinander liegende und später noch eine darauf folgende Brandschicht beobachtete, die er als zeitlich aufeinander folgende Besiedlungsphasen deutete, erfolgte keine Trennung der in den verschiedenen Schichten geborgenen Objekte. Informationen bezüglich der stratigraphischen Lage der Objekte, die aus Messikommers Ausgrabungen stammen, sind selten. Vorhandene Dokumentationen erwecken bei heutigen Archäologen den Eindruck, dass der Großteil der Textilien wohl aus den tieferen Schichten der ersten und zweiten Besiedlungsphase stamme, während in der jüngsten Schicht anscheinend keine Textilien gefunden wurden. Messikommer wies selbst mehrmals darauf hin, dass die Funde aus den ältesten Schichten auch die feinsten seien. Eine Zuordnung der Altfunde zu den Schichten und den entsprechenden archäologischen Phasen bzw. Kulturen war jedoch lange Zeit kaum möglich. Die Zeitspanne, über die sich die Funde im Robenhausener Ried verstreuen könnten, reicht über mehrere Jahrtausende. Die Arbeit von Schweizer Archäologen, die ihre eigenen, aktuellen Untersuchungsergebnisse aus Robenhausen mit Messikommers Aufzeichnungen verglichen, zeigte jedoch schließlich deutliche Übereinstimmungen, was die Funddichte innerhalb der unteren Schichten betraf. Weiterhin erbrachte ihre archäologische Datierung eines neuen Befundes, dass jenes untere Drittel wahrscheinlich pfynzeitlich (ca. 3900-3500 v. Chr.) sein könnte. Eine Einschätzung, die durch die 14C-Analyse eines feinen textilen Altfundes untermauert wird. Anhand dieser Sachlage könnte derzeit angenommen werden, dass möglicherweise zahlreiche Textilfunde aus Robenhausen-Wetzikon eventuell ähnlich zu datieren sind.[11]

**Textilherstellung im Neolithikum**

Es wird vermutet, dass die Anfertigung von textilen Produkten im Neolithikum eine saisonale häusliche Tätigkeit war, wobei jeder Haushalt vorwiegend für den eigenen Bedarf produzierte. Entsprechend wird davon ausgegangen, dass für die Textilherstellung benötigtes Wissen und benötigte Fähigkeiten weit verbreitet und die erforderlichen Rohstoffe allgemein zugänglich waren. Gestützt wird diese Annahme durch Grabungsbefunde z. B. vom Bodensee, die eine regelmäßige Verteilung von Spinnwirteln über den ehemaligen Siedlungsbereich und Anhäufungen von Webgewichten in mehreren prähistorischen Hausecken zutage brachten.[12] Auch Messikommer und Ferdinand Keller schlossen bereits 1866 aus der Beobachtung der Anhäufung von Webgewichten und anderen Überresten der Textilproduktion an mehreren Stellen der neolithischen Siedlung in Robenhausen, dass jeder Haushalt selbst für die Herstellung der benötigten Textilien sorgte.[13] Zuweilen wird aufgrund einer besonders hohen Funddichte jedoch auch die Möglichkeit von auf textiles Handwerk spezialisierten und über den Eigenbedarf hinaus produzierenden Siedlungen nicht ausgeschlossen.[14]

Die Funktion der Textilien variiert ebenso wie ihre Herstellungstechniken. Der Großteil der Stücke muss dabei wahrscheinlich als Haushalts- und Gebrauchsgegenstände im weitesten Sinne verwendet worden sein. Schuhe, Mäntel, feine Gewebe und eventuell als Hüte zu deutende, konische Geflechte sprechen aber auch für eine Nutzung als Bekleidung. Besonders fein dekorierte Textilien, wie sie auch in Robenhausen-Wetzikon gefunden wurden, sowie allgemein solche mit Knopflöchern und Knöpfe aus dem späten Neolithikum werden in diese Richtung interpretiert. Die Bedeutung textiler Kleidung wird wahrscheinlich hinter der aus Leder und Fellen zurückgestanden haben. Ein Grund dafür mag unter anderem gewesen sein, dass Textilien aus Bastfasern ihren Träger zwar vor Regen und Feuchtigkeit schützen konnten, ihm jedoch nur ein relativ geringes Warmhaltevermögen boten.[15]

**Materialien**

Schon im Mesolithikum ist die Verwendung von Baumbasten neben der von Gräsern an einigen der raren Textilfunde dieser Zeit nachgewiesen. Für die Textilherstellung im Neolithikum kann Bast wohl schließlich als bedeutendster Rohstoff bis zur beginnenden Bronzezeit angesehen werden. Daneben finden sich auch verstärkt archäobotanische Belege für den Anbau und die Verarbeitung von Lein. Während die Kultivierung von Lein in den ersten Seeufersiedlungen noch eher eine Randerscheinung zu sein scheint, nimmt sie mit der Zeit jedoch zu und erreicht in den mittelneolithischen Pfyner- und Horgener-Kulturen anscheinend ihren Höhepunkt. Auch andere Pflanzenteile wurden gemeinsam mit Bast in textilen Techniken verarbeitet, wie z. B. Gräser, Binsen und feine Ästchen.[16] Als Lieferanten für den Baumbast kamen verschiedene Bäume in Frage, nachgewiesen wurden in neolithischen Textilien bisher Linde (*Tilia L.*), Eiche (*Quercus L.*) und Ulme (*Ulmus L.*). Dominierend ist dabei der Lindenbast, was möglicherweise darauf zurückzuführen ist, dass dieser sich am besten gewinnen und verarbeiten lässt. Weitere möglicherweise als Bastlieferanten genutzte Bäume waren Weide (*Salix L.*) und Pappel (*Populus L.*).[17]

Schon im 19. Jahrhundert wurden die Rohstoffe Lein und Baumbast als Ausgangsmaterialien für textile Fabrikate des Neolithikums erkannt. Ferdinand Keller ging jedoch, wahrscheinlich im Zusammenhang mit der starken Vertretung von Leinen in den archäobotanischen Untersuchungsergebnissen, davon aus, dass alle gesponnenen Fäden aus Leinen gefertigt wurden. Moderne Untersuchungen und Versuche zeigen hingegen, dass auch relativ fein gesponnene Fäden aus Bast hergestellt werden konnten.[18] In der Schweiz belegen Analysen von 1999 in Robenhausen geborgenen Textilfragmenten verschiedener Techniken die Verarbeitung von Leinen und Lindenbast.

Die Verwendung von Wolle und Tierhaaren für die Anfertigung von Textilien konnte für das Neolithikum bisher nicht durch entsprechende Funde belegt werden, erst aus der Früh- und Mittelbronzezeit sind Textilien aus Wolle in diesen Breiten bekannt. Analysen von Knochenfunden zeigen zwar, dass Schafe und Ziegen bereits domestiziert waren, ihr Fell scheint jedoch nicht zur Fasergewinnung genutzt worden zu sein.[19]

**Textile Techniken**

Die am Beginn der Herstellung der meisten Arten von Textilien stehende Anfertigung von Fäden oder Schnüren markiert eine entscheidende Fähigkeit in der Entwicklungsgeschichte des Menschen. Auch in den bekannten neolithischen Fundstellen finden sich zahlreiche Belege dieses ersten Verarbeitungsschrittes (Abb. 2).[20] Der exakte damalige Arbeitsablauf vom frischen Baststrang zum fertigen Faden ist heute noch nicht eindeutig geklärt. Dabei sind die möglichen Schritte bei den Bastschichten vom Leinen oder von Bäumen grundsätzlich ähnlich: Um die Fasern feiner und geschmeidiger zu machen, konnten die Baststränge durch Wasser- oder Tauröste (Zersetzen verholzter Bestandteile durch Mikroorganismen) behandelt werden. Für eine noch feinere Separation wurden die Stränge möglicherweise gehechelt, also mechanisch getrennt und für das spätere Verspinnen bereits parallelisiert. Die Bergung für einen solchen Zweck prinzipiell geeigneter Werkzeuge wie gezahnter Rippenknochen, Bündeln aus Schwarzdornzweigen oder feinen Knochen sowie einem Brettchen mit eingelassenen Dornen wurde zuweilen als Hinweis auf diesen Arbeitsschritt gewertet.[21] Das folgende Verspinnen des Bastes konnte aber auch ohne diese Schritte vorgenommen werden, entweder durch ein Ineinanderdrehen der Faserstränge per Hand („Drillen") oder mit Hilfe einer Spindel. Zu diesem Zweck mussten die Stränge jedoch noch frisch sein oder zum Aufweichen in Wasser gelegt werden, um eine entsprechende Geschmeidigkeit zu erhalten.[22] Der so erzeugte Endlosfaden konnte anschließend noch weiter verzwirnt werden. Baumbaststreifen ließen sich aufgrund ihrer Länge für gröbere Flechtarbeiten allerdings auch gänzlich ohne oder mit nur leichter Drehung verarbeiten.[23]

Die Konstruktion textiler Flächen basierte im Neolithikum auf den drei Grundtechniken Flechten, Maschenbildung und Weben. Besonders viel-

Abb. 2
Sorgfältig gewickeltes Fadenknäuel
REM 35069
Foto: rem, Carolin Breckle

fältig sind die Geflechte, die technisch in Halbgeflechte und echte Geflechte unterschieden werden. Beim Halbflechten wird ausschließlich mit einem aktiven Fadensystem gearbeitet, dabei ist das passive Fadensystem fixiert. Diesem Prinzip folgen das Spiralwulstflechten, die Zwirnbindung und das Flechten in Köperbindung.[24]

Spiralwulstgeflechte werden aus einer rund gelegten Wulst gebildet, die fortlaufend mit einem Baststreifen o. Ä. umwickelt und an der vorangehenden Lage fixiert wird. Aufgrund der runden Form und zum Teil auch der Größe solcher erhaltener Geflechte ist diese Technik zur Anfertigung von Körben oder auch Matten denkbar.[25]

Die Zwirnbindung basiert auf dem festen Einbinden des passiven Fadensystems durch Verzwirnen der Fäden des aktiven Systems (Abb. 3) und erlaubt die Herstellung flacher oder am Stück geflochtener dreidimensionaler Objekte. Zum Teil sehr feine, gewebeähnliche Geflechte wurden möglicherweise auch auf dem Gewichtswebstuhl gefertigt. Sie werden zwirnbindige Kettenstoffe genannt.[26] Große, flache Geflechte wurden auch als Bekleidung verwendet. Dreidimensionale Objekte hingegen wurden freihändig geflochten, wobei sich verschiedene Formen, wie konische Objekte oder Taschen mit ovalem Boden, produzieren ließen. Weiterhin konnten durch Einhängen von Vliesnoppen aus Bastfaserbüscheln während des Flechtens Oberflächen mit einem langen, fellähnlichen Flor erzeugt werden.[27] Konisch geformte Objekte aus solchen Vliesgeflechten werden oft als Hut bezeichnet, wobei diese Verwendung bisher nicht gesichert ist.[28] Durch die Kombination von Zwirnbindung und Wulsthalbflechten ließen sich z. B. auch Siebe mit stabilem Rand herstellen. Die Zwirnbindung ist für die Jungsteinzeit die bis dato am häufigsten gefundene Flechttechnik.

Echte Geflechte sind im Gegensatz zu den Halbgeflechten aus zwei aktiven Systemen geflochten. Bei neolithischen Funden wurde in dieser Technik bisher nur ein Verflechten in Leinwandbindung beobachtet. Mit dieser Technik ließen sich flache Objekte wie Matten, aber auch dreidimensionale Gegenstände, wie zum Beispiel Schuhe, anfertigen.[29]

Die Technik der Maschenbildung wurde zur Herstellung von Netzen angewendet, die in Fadenstärke, Maschenweite und Knotenart variieren konnten. Für das Neolithikum angenommene Formen sind knotenlose Netze, deren Maschen durch einfaches oder mehrfaches Verschlingen gebildet werden, sowie der verschiebbare Pfahlbauknoten (Abb. 4) und der feststehende Filetknoten, meist verwendet für feine Netze. Die Maschenweiten reichen von einigen Millimetern bis zu mehreren Zentimetern.[30] Die Nutzung der Netze, vermutlich für Aufbewahrung, Transport oder Fischfang, wurde durch diese Herstellungsfaktoren beeinflusst. Die Maschenweite konnte zum Beispiel nach der Größe der zu fangenden Fischart gewählt werden. Dabei war sie wahrscheinlich eher möglichst groß gewählt und der Faden fein, um das Netz im Wasser einigermaßen unsichtbar zu halten. Netze mit kleinen Maschenweiten eigneten sich wiederum besser für Tragevorrichtungen.[31]

Gewebe sind im Gebiet der Seeufersiedlungen im Alpenumland seit der Zeit um 3900 v. Chr. nachgewiesen, wobei für die Gewebe der Jungsteinzeit

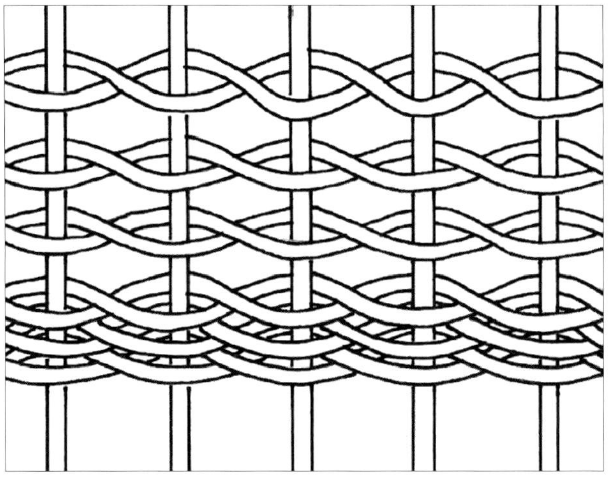

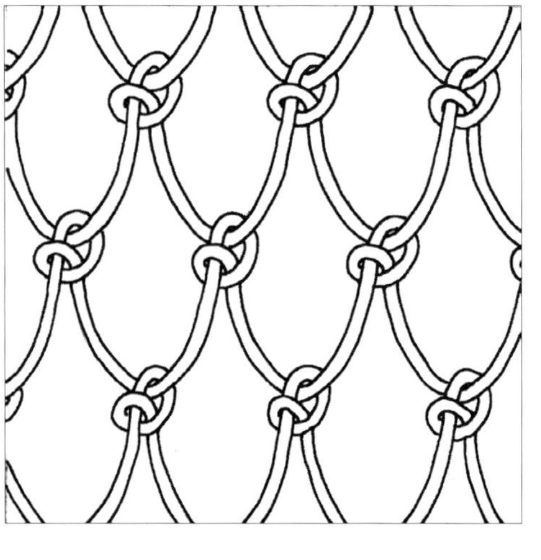

Abb. 3 (links) Schematische Darstellung des zwirnbindigen Flechtens, senkrecht passives Fadensystem, waagerecht aktives Fadensystem, durch unterschiedliche Dichten der Fadensysteme kann das Warenbild variiert werden. Zeichnung: Verena Thiemann

Abb. 4 (rechts) Schematische Darstellung des Pfahlbauknotens bei einem rund geknüpften Netz Zeichnung: Verena Thiemann

bislang nur die Leinwandbindung bekannt ist. Die Webbreiten sind unterschiedlich, es finden sich sowohl relativ schmale bandartige als auch breitere Gewebe. Die Anfangskanten dieser Stücke wurden durch Band- oder später Brettchenweben hergestellt. Die Seitenkanten der Gewebe waren je nach Gebiet und Zeit einfach oder durch eine erhöhte Kettdichte verstärkt gewebt.[32] Gewebte Textilien sind für das Neolithikum bisher nur aus Leinen bekannt. Forscher vermuten heute, dass das Weben möglicherweise aus einer Weiterentwicklung der Fertigung von zwirnbindigen Geflechten auf einer Art Gewichtswebstuhl hervorgegangen sein könnte.[33]

Als Verzierung der Gewebeflächen ist eine Art Perlenstickerei an einem neolithischen Textilfragment bekannt, bei der Samen oder Fruchtsteine als Perlen dienten. Vogt berichtet weiterhin von der Verzierung durch „Broschieren“, wobei wohl eine Technik gemeint ist, die heute auch unter „fliegende Nadel“ bzw. Soumaktechnik bekannt ist und optisch einer Stickerei ähneln kann: Während des Webens wird mit einer Nadel und einem zusätzlichen Faden ein Muster durch entsprechendes Umfassen der Kettfäden gebildet. Neuere Datierungsmethoden lassen vermuten, dass diese Art Verzierung möglicherweise erst in der beginnenden Bronzezeit aufgekommen sein könnte.

Die seitlichen und unteren Abschlusskanten von Geweben und Geflechten konnten zusätzlich mit Fransen oder Fransenborten verziert werden. Die Varianten hierfür sind vielfältig, möglich ist die Weiterverarbeitung der an den Rändern endenden Fadensysteme oder auch das Anknüpfen von Fransen oder Borten.[34]

### Materialkundliche Untersuchungen

Bei der Materialbestimmung bedient man sich grundsätzlich des Umstands, dass die verschiedenen Rohstoffe, die in der Vergangenheit für Textilien verwendet wurden, in der mikroskopischen Längs- und Queransicht jeweils typische Merkmale aufweisen. Der zu untersuchende Faserrohstoff wird mit bekannten Materialien verglichen und so bestimmt. Bei der Erfassung der Robenhausener Textilien wurde dies allerdings durch zwei Faktoren erschwert, nämlich den verkohlten Zustand und die zumeist vorliegende Tränkung mit Festigungsmittel, auf die weiter unten noch genauer eingegangen werden soll. Generell kann bei der Verkohlung die Faserstruktur durchaus gut erhalten bleiben, sie führt allerdings zu Schrumpfungen und zum Verlust der fasertypischen Flexibilität. Der morphologische Feinbau kann daher entweder bereits durch den Verkohlungsprozess selbst oder durch die daraus folgende Empfindlichkeit gegenüber äußeren Einwirkungen, wie mechanischen Erschütterungen, beeinträchtigt sein. Weiterhin erlauben die nicht zu rekonstruierenden Dimensionsveränderungen nur wenig Rückschlüsse auf die Feinheit des Fasermaterials, die als Anhaltspunkt für die Materialidentifizierung dienen könnten.[35] Das die Fasern zum Teil vollständig überziehende Festigungsmittel verdeckt wiederum morphologische Charakteristika, die sonst meist in der mikroskopischen Betrachtung des Faserlängsbildes mehr oder weniger gut zu erkennen sind. Unter Berücksichtigung der Herstellungstechnik und des Erhaltungszustandes wurden daher insgesamt 14 möglichst repräsentative Stücke ausgewählt und beprobt: ein echtes Geflecht, fünf Halbgeflechte, zwei Gewebe sowie fünf Faserbündel. An den Netzen ließ sich kein geeignetes Probenmaterial entnehmen. Bei der Vorgehensweise wurde zwischen nicht gefestigtem und vorgefestigtem Probenmaterial unterschieden. Die Untersuchung ungefestigter Proben erfolgte durch Begutachtung des morphologischen Längsbildes im Rasterelektronenmikroskop. Trotz der Verkohlung war hier die charakteristische Oberfläche bzw. Zellform zu erkennen, so dass sich die Vermutung aufstellen ließ, dass wahrscheinlich Leinenfasern (Abb. 5) und möglicherweise Lindenbast (Abb. 6 und 7) an den beprobten Objekten verarbeitet wurden. Da eine auf die Oberflächentopographie gerichtete Methode wie die Rasterelektronenmikroskopie angesichts der Festigungsmittelschicht auf den Fasern bei gefestigten Proben nicht anwendbar ist, wurden hier für die Analyse Querschnitte hergestellt. Mit rezentem Bast erprobt wurden dafür zunächst verschiedene Einbettungsmethoden in Paraffin und Epoxidharz. Aus der Faservergleichssammlung der rem[36] wurden hierfür Baste von Linde (*Tilia L.*), Eiche (*Quercus L.*), Weide (*Salix L.*), Ulme (*Ulmus L.*) und Pappel (*Populus L.*) ausgewählt, die im Anschluss als Vergleichspräparate für die Untersuchung der Origi-

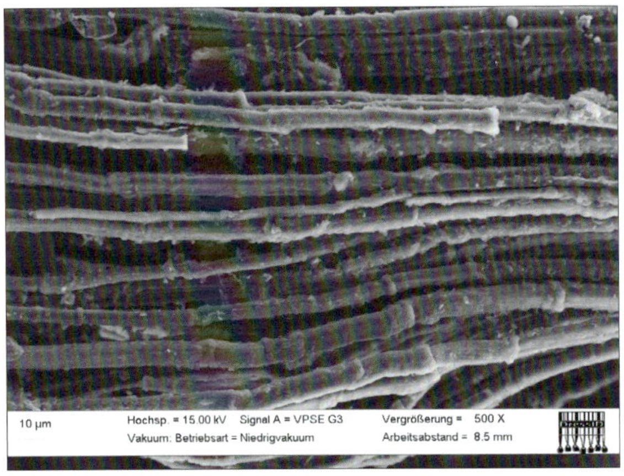


Abb. 5
Probe des Gewebes REM 36636, separierte Bastfasern, vermutlich Leinen
Foto: rem

Abb. 6
Lindenbast
Foto: rem-Fasersammlung Nr. 256

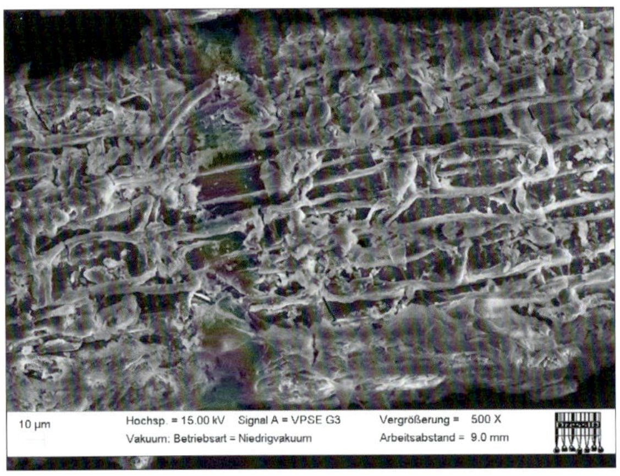


Abb. 7
Probe des Faserflors vom zwirnbindigen Geflecht REM 35129, die lang gestreckten, leicht eckigen und über einander angeordneten Zellen lassen Lindenbast vermuten.
Foto: rem

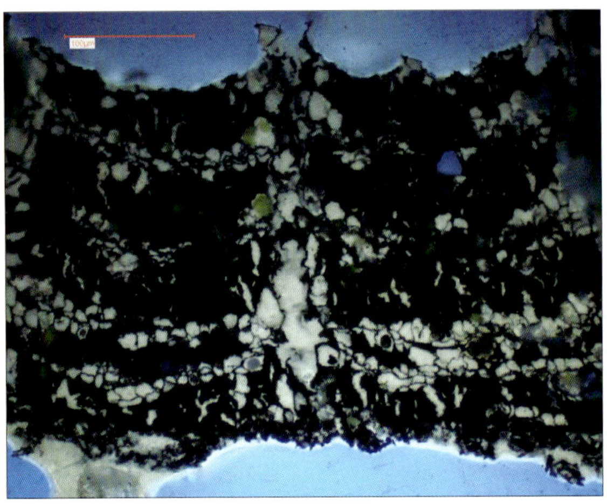

Abb. 8
Probe vom leinwandbindigen Geflecht REM 36739, erkennbar sind mehrere, übereinander liegende Lagen Bastfasern, dazwischen Weichbast, mittig wahrscheinlich die Ausläufer eines Baststrahls.
Foto: rem

nale herangezogen wurden. Nach der Optimierung von Einbettungs- und Schnitt- bzw. Schlifftechnik am rezenten Material wurden die originalen Proben analog behandelt und die angefertigten Dünnschnitte und Anschliffe mikroskopisch untersucht. Dabei zeigte sich, dass die am Schlittenmikrotom angefertigten Paraffinschnitte trotz großer Sorgfalt bei der Herstellung eine unregelmäßige Oberfläche aufweisen, die die Betrachtung im Auflicht erschwert. Durchlichtmikroskopisch erschienen die Schnitte wiederum zu dick für eine detaillierte Ansicht der schwarzen Faserstrukturen. Ursache für dieses mäßige Ergebnis ist wahrscheinlich die Sprödigkeit des Probenmaterials im Vergleich zur Konsistenz des Einbettungsmediums Paraffin. Besser ließ sich die Faserstruktur in den Epoxidharz-Anschliffen erkennen, wobei eine besonders gute Darstellung unter UV-Licht erzielt wurde. Ganze Bastfaserlagen und Teile des umgebenden Weichbastes (Abb. 8) als auch einzeln vorliegende Bastfasern (Abb. 9) konnten so beobachtet werden. Allerdings war auf diese Weise allenfalls eine vage Unterscheidung zwischen Rindenbast, nicht aufgeschlossenen Baststrängen (Abb. 10) und aufgeschlossenen Leinenfasern möglich. Charakteristische Merkmale, die eine artgenaue taxonomische Bestimmung der Baumart erlaubt hätten, konnten nicht festgestellt werden. Weitere Versuchsmöglichkeiten für die Zukunft böten hier Faserlängsschnitte sowie die Anfertigung von – allerdings sehr zeitintensiv herzustellenden – Dünnschliffen.

### Technische Analyse

Zur herstellungstechnischen Analyse wurden alle 36 Einzelobjekte unter Zuhilfenahme eines Stereoauflichtmikroskops untersucht. Betreffend die Feinheiten der Fäden, der Fadendichten und Maschenweiten ist bei der Beurteilung der Techniken wie schon bei der materialkundlichen Untersuchung zu beachten, dass diese nicht 1:1 dem historischen Zustand entsprechen. Die ursprüngliche Gestalt ist durch Schrumpfungen in Folge der Verkohlung und zum Teil möglicherweise auch Trocknung nach der Bergung verloren. So lässt sich auch die Feinheit der textilen Verarbeitung nur begrenzt zur Beurteilung etwa der Qualität der Herstellungstechnik heranziehen. Von Textilforscherinnen durchgeführte, praktische Versuche zur Verkohlung zeigten, dass

Abb. 9 (links)
Probe der Fransenborte von Objekt REM 35177, zu erkennen sind separierte Bastfasern, eingebettet in einer dicken Schicht des von Messikommer aufgetragenen Festigungsmittels.
Foto: rem

Abb. 10 (rechts)
Probe des Bastfaserbündels REM 36738, sichtbar sind mehrere, einzeln liegende Lagen Bastfasern, an den Rändern Reste vom Weichbast.
Foto: rem

die Dimensionsveränderungen der Textilien dabei anscheinend im Zusammenhang mit dem Material und seiner Verarbeitung stehen. Wie stark das Objekt zusammenschrumpft, hängt also auch von der Fadendrehung und der Einbindung der Fäden ab. Eine Faustformel zur Errechnung des Prozentsatzes der Schrumpfung gibt es nicht, die Versuche belegten aber, dass eine Abweichung zur Originalgröße von über 20 % möglich ist.[37]

Die Auswertung der herstellungstechnischen Analyseergebnisse ergab, dass fast alle oben beschriebenen typischen Techniken des Neolithikums auch in den Mannheimer Textilien aus Robenhausen vertreten sind. Kein Beleg fand sich jedoch für die Technik des Wulsthalbflechtens.

Besonders präsent ist in der Objektgruppe mit der Zwirnbindung eine andere Variante des Halbflechtens, die an 13 Fragmenten festgestellt wurde. Bei der vorangegangen Materialanalyse an drei exemplarischen Objekten konnte hier die Verwendung von Leinenfasern im aktiven Flechtsystem und nicht zu definierendem Baumbast bzw. kaum separierten Bastfaserbündeln im passiven System festgestellt werden. Die meisten zwirnbindigen Objekte zeigen heute eine mittlere Feinheit, drei Fragmente stechen indessen durch besondere Merkmale hervor: Das Objekt mit der Inventarnummer REM 35129 zeigt die Einbindung von florbildenden Vliesnoppen, wobei die geringe Größe des Fragmentes jedoch keine weiteren Schlüsse auf die mögliche Verwendung zulässt. Als Rohstoff der Vliesnoppen kann anhand der Materialanalyse Lindenbast vermutet werden. REM 35177 zeigt hingegen einen relativ weiten Abstand der Fadeneinträge und ist mit einer einzeln gearbeiteten und beim Flechten seitlich mit eingebundenen Fransenborte verziert (Abb. 16), die wahrscheinlich aus Leinenfasern besteht. Im Gegensatz dazu weist das Fragment REM 34879 eine sehr dichte Zwirnbindung auf, die scheinbar durch den Eintrag dickerer Fäden mit konträrer Drehung einen musternden Streifen erhielt (Abb. 11). Heute ist dieser Streifen wegen der einheitlich schwarzen Farbe nur noch durch genaue Betrachtung mit optischen Hilfsmitteln zu erkennen, ob er ehemals möglicherweise auch farblich abgesetzt war, lässt sich aufgrund des Erhaltungszustands nicht mehr feststellen.

Das einzige Beispiel für ein echtes Geflecht ist die leinwandbindige Verflechtung von Baststreifen zu einem mattenähnlichen Fragment bei dem Objekt REM 36739. Als Material kam hier wahrscheinlich ungerotteter Baumbast zum Einsatz, dessen Art jedoch nicht festgestellt werden konnte.

Bei sieben Objekten handelt es sich um Gewebe, die zum Teil sehr fein sind und von einer hoch entwickelten Technik zeugen. Die verwendeten Fäden sind dabei alle 2 z/S-gesponnen und in Leinwandbindung verwebt. Die Materialanalysen der

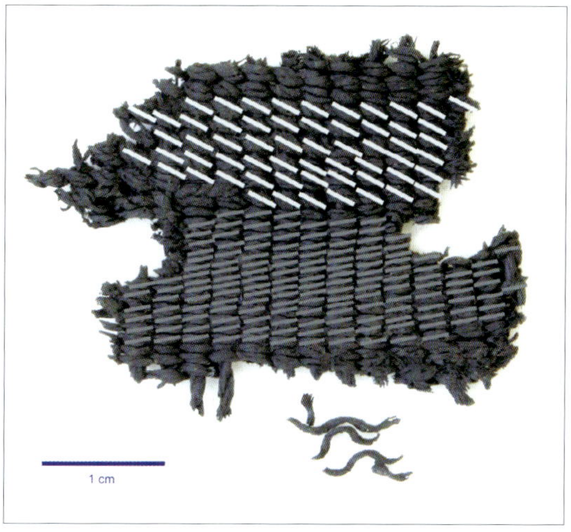


Abb. 11
REM 34879
Zwirnbindiges Geflecht mit Wechsel der Fadendrehung im aktiven Fadensystem, markiert durch die eingezeichneten grauen Balken, dunkelgrau: Fäden mit S-Drehung, hellgrau: Fäden mit Z-Drehung (kein Hinweis auf originale Farben)
Foto: rem

beiden beprobten Gewebe ergaben, dass diese wahrscheinlich aus Leinenfasern gefertigt wurden. Besonders auffällig unter den Geweben ist das Fragment mit der Inventarnummer REM 36625, das besonders regelmäßig gewebt ist und ein diagonal zur Webachse verlaufendes, mit der Soumaktechnik eingetragenes Muster zeigt (Abb. 12 und 13). Dieses wird durch ein ca. 4 mm breites, leiterförmiges Band gebildet, welches sich in übereinander liegenden Zickzack-Linien mit ca. 4 mm Abstand über das Gewebe zieht.

Die Vielfalt der Feinheit und Nutzung von Netzen im Neolithikum lässt sich bereits anhand der drei in der Robenhausener Objektgruppe enthaltenen Fragmente erahnen. Sie zeigen deutliche Unterschiede in Feinheit und Maschenweite. An den Objekten REM 36611 (Abb. 17) und 48780 wurde dabei der Pfahlbauknoten verwendet, an den kleinen Fragmenten von REM 35082 sind Faden und Knoten so fein, dass die Knotentechnik kaum feststellbar ist, möglicherweise handelt es sich hier aber um einen Filetknoten. Das aus relativ dickem Faden und geringem Knotenabstand rund geknüpfte Netz REM 36611 lässt so eine Verwendung als Transport- oder Aufbewahrungsbehältnis vermuten, während die beiden feineren Netze vielleicht dem Fischfang dienten.

Mehrfach vorhanden sind auch Objekte, welche den zur weiteren Verarbeitung vorbereiteten Bast sowie den ersten Schritt in der Verarbeitung zum Textil, die Fadenerzeugung dokumentieren. Sorgfältig aufgewickelte Fadenknäuel wie zum Beispiel REM 35190 oder 36735 und zu Bündeln zusammengelegte Basstränge wurden möglicherweise als Vorrat hergestellt. Bei der Materialanalyse der Proben solcher Bündel konnten Baumbastlagen festgestellt werden, eine artgenaue Bestimmung war jedoch nicht möglich.

## Historische Konservierung

Die Bearbeitung und Konservierung der in Robenhausen geborgenen Objekte wurde nach der Bergung von Jakob Messikommer und Ferdinand Keller persönlich oder zumindest unter ihrer Aufsicht durchgeführt.[38] Dabei wurden die textilen Objekte im Allgemeinen zunächst von anhaftendem Erdreich gereinigt, indem dieses durch Abspülen oder Waschen entfernt wurde. Anschließend wurden die Stücke an der Luft getrocknet. Die sich vielfach durch die textilen Flächen und Gebilde ziehenden Wurzeln und Fasern rezenter Pflanzen wurden dabei jedoch an den Objekten belassen. Sie wurden auch als für Beweis für die Echtheit der Funde betrachtet, welche von der Öffentlichkeit zuweilen angezweifelt wurde.[39] Die getrockneten, verkohlten Fundstücke erschienen schon damals meist sehr fragil und zerfielen den „Konservatoren" zum Teil unter den Händen, wenn sie z. B. Fäden von einem Knäuel zu entrollen versuchten. Aus diesem Grund wurden die trockenen Objekte schließlich mit Festigungsmitteln getränkt. Dabei wurde mit verschiedenen Mitteln experimentiert, um ein zufriedenstellendes Ergebnis zu erhalten: Lösungen aus „Kölner Leim"[40], Mischungen aus Terpentinöl und

Abb. 12 (links)
Leinwandbindiges Gewebe REM 36625 mit Musterung in Soumaktechnik
Foto: rem, Carolin Breckle

Abb. 13 (rechts)
Nachzeichnung und Rekonstruktion des Musters auf Gewebe REM 36625, der Verlauf des Musterfadens ist hellgrau eingezeichnet, die rote Umrandung markiert Form und Größe des Fragmentes.
Foto: rem

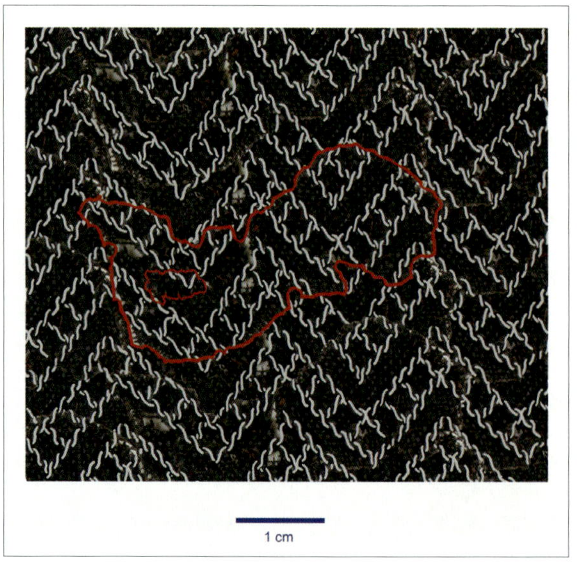

Kopalfirnis, Leinöl und Terpentin, reinem Kopalfirnis oder dem Eintauchen in Kopalfirnis und anschließendem Kochen in Wasserglas (Alkalisilikat).

Diese Festigung sollte nach eigener Aussage konservierend wirken, ohne die äußere Gestalt zu beeinflussen. Glücklicherweise haben sich allerdings auch einige anscheinend nicht gefestigte Fragmente erhalten. Um die empfindlichen Objekte weiterhin vor äußeren und mechanischen Einflüssen zu schützen, wurden sie schließlich mit zwei Glasplatten und Papierklebeband „eingerahmt" und die Montage mit den Herkunftsort ausweisenden Etiketten versehen (Abb. 14). Während in den ersten Jahren außer den Textilien selbst keinerlei Abstandshalter zwischen die Glasscheiben platziert wurden, so dass sie starkem Druck ausgesetzt waren, begann man ab 1860 einen Rahmen einzusetzen, der das Zerdrücken der fragilen Objekte verhindern sollte. Einige der Mannheimer Rähmchen wiesen ebenfalls solche schmalen Streifen aus dicker Pappe auf. Die an den vorliegenden Montagen beobachteten Spritzer am Glas und größeren Ansammlungen des Festigungsmittels unter den Objekten deuten darauf hin, dass diese möglicherweise in großer Eile noch vor dem Auftrocknen bzw. Aushärten des Mittels in die Glasrahmen eingebracht wurden. Da kleinere „Stoffmuster" für eine vielseitige Studiensammlung ausreichend waren, fanden größere Textilfragmente wohl nicht immer Abnehmer, die entsprechende Preise zahlen wollten, und wurden so häufig auch in Stoffmustergröße zerteilt und die Teilstücke in einzelnen Rahmen verpackt.[41] Entsprechende Schnittkanten, die auf ein nachträgliches Zerteilen hinweisen, sind an den hier besprochenen Objekten jedoch nicht zu beobachten.

**Konservierungsmaßnahmen**

Die an den Textilien aus Robenhausen-Wetzikon durchgeführte Konservierung befasste sich vor allem mit der Bearbeitung von Problemen, welche sich aus der Erstkonservierung und der damit einher gehenden Aufbewahrung ergeben haben.

An erster Stelle stand die Problematik der Montagerähmchen. Die Lesbarkeit der archäologischen Textilien war infolge anhaftender Verschmutzungen auf den Glasinnenseiten nicht mehr gegeben und ließ sich ohne eine Entrahmung nicht wieder herstellen. Weiterhin hätte ein Belassen der Objekte in den Rahmen in ihrem jetzigen Zustand die Gefahr von weiterem Substanzverlust durch die mechanische Belastung und durch verschiedentlich festzustellenden mikrobiellen Befall bedeutet. Trotz des sammlungsgeschichtlichen Werts der historischen Montagen war daher eine Entnahme der Textilien für die konservatorische Bearbeitung unumgänglich. Der durch die Sammlungsgeschichte gegebene, gewisse Erhaltungswert der Rahmen musste hier eindeutig hinter dem Erhalt und der Lesbarkeit der Jahrtausende alten Textilien zurückstehen. Der Verlust von Substanz und Betrachtbarkeit der Objekte hätte schließlich auch den Sinn der Rahmen negiert und damit ebenso ihre Bedeutung innerhalb der musealen Sammlung. Der Kompro-

Abb. 14 (links)
Gewebe REM 36625 vor der Bearbeitung im Montagerähmchen mit Etikett zum Ausgrabungsort und unten rechts einer Zeichnung zur Musterungstechnik, eine solche Zeichnung gab es nur bei diesem Objekt.
Foto: rem

Abb. 15 (rechts)
Dicke, wattige Mycelschichten bedeckten vor der Konservierung großflächig die Oberfläche des geflochtenen Baststranges REM 36738.
Foto: rem

miss musste hier daher in einer Konservierung der eigentlichen Objekte und genauen Dokumentation ihrer Sammlungsgeschichte bestehen. Eine Rückführung der Textilien in gereinigte Rahmen stellte keine Möglichkeit dar. Denn als negative Folgen dieser Montageart sind auch an weniger fragilen Objekten die Bildung eines schwer zu kontrollierenden Mikroklimas bei Temperaturschwankungen, die Druckbelastung des Textils sowie die Wechselwirkung zwischen Glas und Objektoberfläche und daraus resultierende Beläge auf den Scheiben, mikrobielle Besiedelungen oder Druckstellen am Objekt bekannt.[42] Selbst mit einem eingebauten Abstandshalter zur Druckvermeidung wäre nur ein Teil der schädigenden Faktoren beseitigt, und die starke Vorbelastung der Stücke ist zu hoch, um ein derartiges Risiko einzugehen.

Der erste Schritt der Konservierung war somit die Öffnung der Glasrahmen und die Entnahme der Objekte. Aufgrund der Schäden, die an einem der beiden Objekte mit bereits geöffneten Rahmen vorlagen, war davon auszugehen, dass die Oberfläche der meisten Stücke beim Aufklappen der Scheiben möglicherweise am Glas haften bleiben und das historische Material dabei brechen könnte. Um diesen Effekt zu vermeiden oder wenigstens zu mindern, wurden zunächst an einer der geöffneten Glasscheiben Versuche zum vorsichtigen, leichten Erweichen der an der Innenseite verbliebenen Klebepunkte durchgeführt. Parallel fanden FTIR-Analysen zu den verwendeten Festigungsmitteln statt,[43] um ihre Eigenschaften besser einschätzen zu können. Da Parameter wie Erweichungstemperatur und Wasserlöslichkeit oder -quellbarkeit organischer Festigungsmittel jedoch auch stark alterungsabhängig sind, waren Versuche hierzu unausweichlich: Die ersten Tests basierten auf der punktuellen Erwärmung und Erweichung des Leims durch den Einsatz des Heizspatels auf der Außenseite der Glasscheiben. Diese Methode wäre wegen des Verzichts auf den Eintrag von zusätzlicher Feuchtigkeit an den durch mikrobiellen Befall belasteten Objekten einem Anquellen mit einem Lösemittel vorzuziehen gewesen. Basierend auf der Erweichung von Glutinleim von Säugetieren, der anhand der Beschreibungen für die Festigungsmittel in Frage kam, wurde die Temperatur des Heizspatels ausgehend von 50°C schrittweise erhöht und jeweils die Konsistenz des Bindemittels auf der Glasinnenseite überprüft. Selbst bei der Erhöhungen der Temperatur auf schließlich 100°C zeigten sich jedoch keinerlei nennenswerte Veränderungen.

Darauf folgende Löseversuche an kleinen Splittern des Tränkungsmittels offenbarten eine Quellbarkeit in Wasser, sodass Tests zum Erweichen des Leims durch kurzzeitige Erhöhung der Luftfeuchtigkeit mit Hilfe eines Ultraschallverneblers durchgeführt wurden. Auf diese Weise konnten die Klebstoffreste tatsächlich nach kurzer Vernebelungszeit mit einem sehr flachen Spatel leichter vom Glas der Testscheibe entfernt werden.

Da neuer Feuchtigkeitseintrag möglicherweise den mikrobiellen Befall an den Objekten reaktivieren könnte, wurde beim tatsächlichen Einsatz schließlich ein Gemisch von Ethanol:$H_2O$ verwendet, das im richtigen Verhältnis zum einen abtötend auf den Schimmel wirkt und andererseits durch die Flüchtigkeit des Ethanols schneller wieder verdunstet.[44] Um das vernebelte Gemisch an die betroffenen Stellen zu bringen, wurden nun jeweils zunächst der Papierstreifen an den Rähmchen umlaufend aufgeschnitten, ohne dabei die Objekte zu berühren, und das nun überstehende Papier nach oben bzw. unten geklappt. Dabei abplatzende Farbschollen und -partikel der Fassung wurden gründlich abgesaugt, um zu vermeiden, dass diese an die Objekte gelangen und durch die beim Vernebeln eingebrachte Feuchtigkeit daran haften bleiben könnten. Durch die entstandene Öffnung zwischen den Glasplatten konnte so punktuell als möglich mittels einer entsprechenden Kanüle das vernebelte Ethanol/Wasser-Gemisch in den Rahmen geleitet werden. Dabei wurden regelmäßig vorsichtige Versuche unternommen, einen sehr flachen Spatel oder eine Skalpellklinge langsam zwischen Glas und Objekt zu schieben und diese so an den Klebepunkten voneinander zu trennen.

Auf diese Weise ließen sich alle mit Festigungsmittel getränkten Objekte aus ihren Montagen lösen und mittels eines breiten, flachen Spatels oder Melinexfolie zur Bearbeitung auf Tableaus aus Museumskarton übertragen.

Die anschließende Reinigung sollte zwei Aufgaben erfüllen: Durch die Entfernung der teils dichten, wattigen Schimmelauflagen (Abb. 15) sollten einerseits die Strukturen und Techniken der Stücke für den Betrachter wieder lesbar gemacht und ein ästhetisch angemessenes sowie ansprechendes Bild erreicht werden. Andererseits sollte die materialschädigende Wirkung auch der inaktiven oder abgestorbenen Überreste der Mycelstrukturen und die erhöhte Gefahr des erneuten Wachstums des Pilzes oder anderen Schädlingsbefalls unterbunden werden.[45] Weiterhin wurden vereinzelt anhaftende sandige Auflagerungen, die durch scharfe Kanten bei Bewegung der Objekte zu mechanischen Schäden an den fragilen verkohlten Fasern führen können, soweit wie möglich abgenommen.

Zur Abnahme der Auflagerungen erfolgte eine mechanische Reinigung mit Hilfe eines feinen, weichen Pinsels und einer Absaugevorrichtung. Fest anhaftende Verschmutzungen wurden vorsichtig mit einer in eine Ahle eingespannten Insektennadel von der Oberfläche abgesprengt. Um die Kontamination des Arbeitplatzes und anderer Objekte zu vermeiden, wurde die abgesaugte Luft über eine Woulff'sche Flasche geleitet, die mit einem Ethanol-Wasser-Gemisch im Verhältnis 70:30 gefüllt war, um ein sicheres Abtöten des Pilzes zu gewährleisten. Damit die feinen, zum Teil kaum sichtbaren Hyphen möglichst umfassend entfernt werden konnten, wurden sämtliche Arbeiten am Stereoauflichtmikroskop durchgeführt.

Als weitere Behandlungsmethode zur Vermeidung künftigen Schimmelbefalls hätte sich eine Nassreinigung mit Ethanol-Wasser 70:30 angeboten. Da dieses Verfahren jedoch nur bei vollständigem Eintauchen der Objekte in die Lösung oder Begasung in einem abgeschlossenen Raum über eine längere Zeitspanne wirklich Erfolg versprechend ist,[46] wurde von einer derartigen Behandlung abgesehen. Ein starkes Quellen und daraus folgende, unkontrollierte Veränderungen von Form und Zusammenhalt des fragilen Gefüges aus Originalmaterial und Festigungsmittel hätte die Folge sein können.

Eine Abnahme des Festigungsmittels mit Hilfe von Lösemitteln kam nicht in Frage. Glatte Bruchkanten an einigen Objekten sowie die Querschnitte der Faserproben zeigten, dass die meisten Textilien durchgehend vom Festigungsmittel durchtränkt sind bzw. wie wenig „Originalsubstanz" nur noch in dem Bindemittel erhalten ist (siehe Abb. 9 und 10). Eine Entfernung des Mittels hätte möglicherweise die völlige Zerstörung der Objekte zur Folge gehabt.

Doch bereits durch die Entnahme aus dem Mikroklima der Rahmen und die mechanische Reinigung konnte die Lesbarkeit der Textilien deutlich verbessert und neuem mikrobiellen Wachstum vorgebeugt werden, auch wenn die vermutete Hauptnahrungsquelle, das Festigungsmittel, an den Objekten verbleibt. Aufgrund ihrer sehr hohen Empfindlichkeit gegenüber mechanischer Einwirkung, besonders bei den vorgefestigten Stücken, ging die Reinigung allerdings auch mit einem gewissen Verlust an Originalsubstanz einher. Häufig waren Fäden oder kleine Partien bereits abgebrochen und lagen nur noch lose auf, so dass sie bei der Berührung mit dem Pinsel sofort herabfielen. Dieser Verlust steht allerdings eindeutig hinter den positiven Aspekten zurück.

Die nach wie vor überaus fragile Struktur der Objekte legte eine Auseinandersetzung mit dem Thema der Nachfestigung bzw. Festigung nahe. Zur Konsolidierung und Konservierung archäologischer Textilien werden generell immer wieder verschiedene Festigungsformen angewendet, von denen individuell für jedes Objekt die passende ausgewählt werden muss. Grundsätzliche Möglichkeiten sind eine vollständige Tränkung in einem Festigungsmittel, das Versprühen oder Vernebeln von Festigungsmittellösungen sowie die Doublierung und die Einzelfadenverklebung. Häufig verwendete Konsolidierungsmittel sind zum Beispiel Polyethylenglykole, halbsynthetische Celluloseether sowie Thermoplaste wie Polyvinylacetate, Polivinylakohole und Acrylate.[47] Eine Anwendbarkeit der verschiedenen Festigungssysteme auf die 36 Fragmente der Mannheimer Sammlung ist jedoch kritisch zu betrachten, ein derartiger Eingriff wäre praktisch gesehen nicht reversibel und steht möglicherweise im Widerspruch zu künftigen Konservierungsmaßnahmen, wie an den nach bestem Wissen und Gewissen ausgeführten Festigungen Messikommers zu sehen ist.

Beim Abwägen des Zustands der Objekte sowie der möglichen Risiken und Nutzen der verschiedenen Festigungstechniken wurde deutlich, dass der Aufbewahrung in einer geeigneten, stabilisierenden Montage vor einem derart massiven Eingriff der Vorzug zu geben ist. Die behandelten Stücke wurden daher abschließend in passgenau eingetiefte Tableaus aus säurefreiem Museumskarton gebettet, wobei die Vertiefung im Vergleich zur realen Größe der Objekte um wenige Millimeter vergrößert wurde, um Faserbrüche durch Anstoßen der offenen Kanten an den Vertiefungsrändern zu vermeiden. Damit die Objekte bei leichten Erschütterungen nicht in den Montagen verrutschen, wurden diese zuvor mit Japanpapier kaschiert, das den Textilien durch seine feinfaserige Oberfläche leichten Halt gibt, ohne dabei zu verhaken.

**Ausblick auf die Ausstellung „Menschenzeit II"**

Um die für so Manchen wohl unerwartete Feinheit und Vielfalt jungsteinzeitlicher Textilien dem Museumsbesucher nahe zu bringen, wurden im Anschluss an die konservatorischen Maßnahmen fünf Robenhausener Objekte verschiedener Herstellungstechniken und Feinheiten ausgewählt, im zweiten Teil der Ausstellung „Menschenzeit" künftig das neolithische Textilhandwerk zu repräsentieren. Ausschlaggebend für die Auswahl war hier neben der Herstellungstechnik der Zustand der Objekte. Gezeigt werden künftig ein Knäuel fein verzwirnten Fadens als Beispiel für den ersten Produktionsschritt, zwei zwirnbindige Geflechte, eines mit geschlossenem Warenbild und eines mit offener Struktur sowie Fransenverzierung (Abb. 16), ein Netzfragment aus kräftigem Faden mit dichter Maschenweite (Abb. 17) sowie ein feines Gewebefragment mit Zickzack-Musterung. Für die Präsentation wurden dabei aus zwei Schichten säurefreiem Karton aufgebaute, eingetiefte Tableaus angefertigt, die mit eingefärbtem Japanpapier kaschiert und mit einem dunklen Passepartout versehen wurden. Auf diese Weise erhalten die Objekte einen angemessenen optischen Rahmen, während sich dem Betrachter die Technik der Textilien ohne Störung durch andere textile Strukturen erschließt. Gleichzeitig werden die fragilen Fragmente in der Montage gestützt und gesichert.

Abb. 16 (links)
Zwirnbindiges Geflecht REM 35177 mit angehängter Fransenborte in der endgültigen Montage
Foto: rem, Carolin Breckle

Abb. 17 (rechts)
Netzfragment mit Pfahlbauknoten REM 36611 in der endgültigen Montage
Foto: rem, Carolin Breckle

1 Leuzinger 2010, S. 18ff.
2 Altorfer 2010.
3 Messikommer 1913.
4 Vogt 1937.
5 von Gagern 1967.
6 Brief vom 11. Juli 1871 von Jakob Messikommer an Gabriel von Max.
7 Altorfer et al. 2000-2001.

8 Altorfer et al. 2000-2001.

9 Briefe von Jakob Messikommer an Gabriel von Max: 11. Juli 1871, 26. Juli 1871, 25. Oktober 1871, 26. November 1871, 7. Dezember 1871, 11. November 1875, 2. Januar 1876.

10 Feldtkeller & Schichtherle 1998, S. 22; Vogt 1937, S. 2.

11 Altorfer 2010, S. 29-32, 167; Altorfer & Médard 2000, S. 38-40.

12 Leuzinger 2010, S. 70ff.

13 Messikommer 1913, S. 68; Keller 1866, S. 248.

14 Altorfer & Médard 2000, S. 68ff.

15 Rast-Eicher 2010a, S. 36; Rast-Eicher 2005a, S. 124f.

16 Rast-Eicher 2005a, S. 117ff.; Rast-Eicher 2010a, S. 41; Feldtkeller & Schichtherle 1998, S. 23.

17 Körber-Grohne & Feldtkeller 1998, S. 138-143; Pfeifer & Oeggl 2000, S. 69.

18 Rast-Eicher 2010b, S. 172f.

19 Altorfer & Médard 2000, S. 49ff., 71; Rast-Eicher 2005a, S. 119f.

20 Rast-Eicher 2010a, S. 39.

21 Rast 1990, S. 119; Messikommer 1913, S. 68, Tafel XXIII; Vogt 1937, S. 46f.

22 Reichert 2007, S. 203.

23 Rast-Eicher 2005b, S. 122.

24 Rast-Eicher 1997, S. 307, 316f.; Seiler-Baldinger 1991, S. 26ff.

25 Vogt 1937, S. 8ff.; Rast-Eicher 2010a, S. 41.

26 Seiler-Baldinger 1991, S. 36ff.

27 Vogt 1937, S. 20ff.; Rast-Eicher 1997, S. 308; Rast-Eicher 2010b, S. 172.

28 Feldtkeller & Schichtherle 1998, S. 26; Feldtkeller & Schichtherle 1968, S. 79.

29 Rast-Eicher 2010a, S. 42ff.; Rast-Eicher 1997, S. 308; Vogt 1937, S. 6ff., 12.

30 Vogt 1937, S. 33ff.; Feldtkeller & Schichtherle 1998, S. 24f; Rast-Eicher 1997, S. 305f.

31 Rast-Eicher 2010a, S. 40; Feldtkeller & Schichtherle 1998, S. 24.

32 Rast-Eicher 2005a, S. 124; Rast-Eicher 2010a, S. 46.

33 Rast-Eicher 1997, S. 322f; Rast-Eicher 2005a, S. 12, S. 123f.

34 Rast-Eicher 1997, S. 309f., 318f.; Vogt 1937, S. 36f., 54ff., 76ff.

35 Cooke 1990, S. 9; Rast-Eicher 1997, S. 313f.; Feldtkeller 2002, S. 20ff.

36 Mitschke 2012, S. 116.

37 Rast-Eicher 1997, S. 313f.; Feldtkeller 2002, S. 20ff.

38 Altorfer 2010, S. 38; Messikommer 1913, S. 10.

39 Messikommer 1913, S. 13, 45, 73.

40 Möglicherweise Lederleim.

41 Altorfer 2010, S. 37f.; Messikommer 1913, S. 10, 73.

42 Weidner 2002, S. 129f.

43 Frau Prof. Dr. Elisabeth Jägers 2012, FH Köln.

44 Meier & Petersen 2006, S. 143f.

45 Meier & Petersen 2006, S. 122ff.

46 Meier & Petersen 2006, S. 144.

47 Worch 2002, S. 70, 74.

Literatur

Altorfer, K. (2010): Die prähistorischen Feuchtbodensiedlungen am Südrand des Pfäffikersees. Eine archäologische Bestandesaufnahme der Stationen Wetzikon-Robenhausen und Wetzikon-Himmerich. Monographien der Kantonsarchäologie Zürich, Zürich

Altorfer, K.; Huber, R.; Médard, F. (2000-2001): Taucher, Thesen und Textilien – Neue Untersuchungen zum jungneolithischen Textilhandwerk in den Feuchtbodensiedlungen von Wetzikon-Robenhausen (Kanton Zürich).- Plattform 9-10, S. 78-93

Altorfer, K.; Médard, F. (2000): Nouvelles découvertes Textiles sur le Site de Wetzikon-Robenhausen (Zürich, Suisse). Sondages 1999, in:

Neolithische Textilien in den Reiss-Engelhorn-Museen

Cardon, Feugère (Hrsg): Archéologie des Textiles des Origines au V siècle. Actes du colloque, Lattes Octobre 1999, Montagnac, S. 35-75

Cooke, B. (1990): Fibre Damage in Archaeological Textiles, in: O`Connor, Brooks (Hrsg): Archaeological Textiles, London, S. 5-13

Feldtkeller, A. (2002): Verkohlungsversuche zu neolithischen Geweben und Netzen aus Pfahlbausiedlungen am Bodensee, in: Archaeological Textiles Newsletter 34, S. 20-23

Feldtkeller, A.; Schichtherle, H. (1968): Jungsteinzeitliche Kleidungsstücke aus Ufersiedlungen des Bodensees, in: Archäologische Nachrichten aus Baden 38/39, S. 74-84

Feldtkeller, A.; Schichtherle, H. (1998): Flechten, Knüpfen und Weben in Pfahlbausiedlungen der Jungsteinzeit, in: Archäologie in Deutschland 1, 1998, S. 22-27

von Gagern, Axel (1967): Vor fünfzig Jahren: Die Erwerbung der Sammlung Gabriel von Max, in: Mannheimer Hefte 1967 Heft 2, S. 20-28

Keller, F. (1866): Pfahlbauten 6, Mittheilungen der Antiquarischen Gesellschaft Zürich, Zürich

Körber-Grohne, U.; Feldtkeller, A. (1998): Pflanzliche Rohmaterialien und Herstellungstechniken der Gewebe, Netze, Geflechte sowie anderer Produkte aus den neolithischen Siedlungen Hornstaad, Wangen, Allensbach und Sipplingen am Bodensee, in: Siedlungsarchäologie im Alpenvorland V, S. 131-242

Leuzinger, U. (2010): Pfahlbausiedlungen zwischen Bodensee und Zürichsee, in: Benguerel, S.; Leuzinger, U. (Hrsg.): Gesponnen, Geflochten, Gewoben. Archäologische Textilien zwischen Bodensee und Zürichsee, Frauenfeld 2010, S. 16-25

Meier, C.; Petersen, K. (2006): Schimmelpilze auf Papier. Ein Handbuch für Restauratoren. Biologische Grundlagen, Erkennung, Behandlung und Prävention, Tönning, Lübeck, Marburg

Messikommer, H. (1913): Die Pfahlbauten von Robenhausen, Zürich

Messikommer, Jakob: Brief an Gabriel von Max vom 11. Juli 1871. Folder 26, Gabriel von Max Archiv in den Reiss-Engelhorn-Museen Mannheim

Messikommer, Jakob: Brief an Gabriel von Max vom 26. Juli 1871. Folder 26, Gabriel von Max Archiv in den Reiss-Engelhorn-Museen Mannheim

Messikommer, Jakob: Brief an Gabriel von Max vom 25. Oktober 1871. Folder 26, Gabriel von Max Archiv in den Reiss-Engelhorn-Museen Mannheim

Messikommer, Jakob: Brief an Gabriel von Max vom 26. November 1871. Folder 26, Gabriel von Max Archiv in den Reiss-Engelhorn-Museen Mannheim

Messikommer, Jakob: Brief an Gabriel von Max vom 7. Dezember 1871. Folder 26, Gabriel von Max Archiv in den Reiss-Engelhorn-Museen Mannheim

Messikommer, Jakob: Brief an Gabriel von Max vom 19. März 1874. Folder 26, Gabriel von Max Archiv in den Reiss-Engelhorn-Museen Mannheim

Messikommer, Jakob: Brief an Gabriel von Max vom 23. Mai 1874. Folder 26, Gabriel von Max Archiv in den Reiss-Engelhorn-Museen Mannheim

Messikommer, Jakob: Brief an Gabriel von Max vom 11. November 1875. Folder 26, Gabriel von Max Archiv in den Reiss-Engelhorn-Museen Mannheim

Messikommer, Jakob: Brief an Gabriel von Max vom 2. Januar 1876. Folder 26, Gabriel von Max Archiv in den Reiss-Engelhorn-Museen Mannheim

Mitschke S. (2012): Textilforschung an den Reiss-Engelhorn-Museen. In: Mannheimer Geschichtsblätter 24/2012, S. 115-117

Pfeifer, K.; Oeggl, K. (2000): Analysis of the Bast used by the Iceman as Binding Material, in: Bortenschlager, Oeggl (Hrsg): The Iceman and his Natural Environment. Palaeobotanical Results. Wien, New York, S. 69-76

Rast, A. (1990): Die Verarbeitung von Bast, in: Die ersten Bauern. Pfahlbaufunde Europas. Ausstellungskatalog, Zürich, S. 119-122

Rast-Eicher, A. (1997): Die Textilien, in: Schibler et al. (Hrsg): Ökonomie und Ökologie neolithischer und bronzezeitlicher Ufersiedlungen am Zürichsee, Zürich, S. 300-328

Rast-Eicher, A. (2005a): Bast before Wool. The first Textiles, in: Bichler, Grömer, Hofmann-de Keijzer, Kern, Reschreiter (Hrsg): Hallstatt Textiles Technical Analysis, Scientific Investigation and Experiment on Iron Age Textiles, Oxford, S. 117-132

Rast-Eicher, A. (2005b): Geflechte und Gewebe, in Altorfer, Consicence (Hrsg.): Züricher Archäologie. Seeufersiedlungen, Zürich, Egg, S. 122-127

Rast-Eicher, A. (2010a): Am Anfang war - der Faden, in: Benguerel, S.; Leuzinger, U. (Hrsg.): Gesponnen, Geflochten, Gewoben. Archäologische Textilien zwischen Bodensee und Zürichsee, Frauenfeld, S. 34-47

Rast-Eicher, A. (2010b): Textilien, in: Altorfer (Hrsg.): Die prähistorischen Feuchtbodensiedlungen am Südrand des Pfäffikersees. Eine archäologische Bestandesaufnahme der Stationen Wetzikon-Robenhausen und Wetzikon-Himmerich, Zürich, Egg, S. 166-174

Reichert, A. (2007): Zwischen Rinde und Holz: Bast – Textiles Material der Steinzeit, in: Fansa, Vorlauf (Hrsg.): Holz-Kultur. Von der Urzeit bis in die Zukunft. Katalog Oldenburg, Oldenburg, S. 203-230

Seiler-Baldinger, A. (1991): Systematik der Textilen Techniken, Basel 1991

Vogt, E. (1937): Geflechte und Gewebe der Steinzeit. Monographien zur Ur- und Frühgeschichte der Schweiz Bd. 1, Basel

Weidner, A. (2002): Montierung textiler Objekte hinter Glas – Zur Problematik der Entstehung von Belägen an der Innenseite von Schutzgläsern, in: Martinus, Ruß (Hrsg.): Historische Textilien. Beiträge zu ihrer Erhaltung und Erforschung, S. 129-138

Worch, M. T. (2002): Wenn Nähen unmöglich wird..., in: Martinus, Ruß (Hrsg.): Historische Textilien. Beiträge zu ihrer Erhaltung und Erforschung, Nürnberg, S. 67-76

Ursula Koch

# Glaubenswandel am nördlichen Oberrhein zwischen Mainz und Mannheim

## Archäologische Zeugnisse des Christentums im 6.-7. Jahrhundert*

### Bischofsstädte

In Worms belegen die Grabsteine von Pauta, Ludino und Grutilo[1] im 5. Jahrhundert eine christliche Gemeinde, was ohne Bischof kaum denkbar ist, da nur ein Bischof taufte. Im letzten Viertel des 5. Jahrhunderts jedoch dürfte in dem Verwaltungszentrum der Civitas Vangionum städtisches Leben zusammengebrochen sein. Deutlich sind die Folgen auf dem Lande zu spüren. Denn als am Rhein weder Militär noch städtische Bevölkerung zu versorgen waren, wurden auch die römischen Villen in der Vorderpfalz und in Rheinhessen endgültig aufgegeben. Dann gab es in Worms bis in die zweite Hälfte des 6. Jahrhunderts ganz sicher keinen Bischof mehr, denn Venantius Fortunatus, der 565 von Italien an den Hof Sigiberts I. reiste und diesen bis 567 als Hofdichter durch die Landschaften an Donau und Rhein begleitete[2], begegnete außer in Köln und Straßburg nur in Mainz einem Bischof[3]. Ein Bischofssitz ist in Worms erst für das Jahr 614 bezeugt, als Berthulfus am Konzil in Paris teilnahm[4]. Schon als Königin Brunichilde († 613 n. Chr.) in ihren letzten Lebensjahren auf der Flucht vor Chlothar II. in Worms Rückhalt fand, könnte es eine Kirche mit einem Bischof gegeben haben, so wie es eine Königin gewohnt war.

In Mainz hatte der Bischof mit dem gallo-römischen Namen Sidonius, dem Venantius begegnete, sicher keinen Vorgänger, denn er leistete hier durch Erneuerung der Kirchen – wie Venantius es ausdrückte – erste Aufbauarbeiten[5]. Venantius Fortunatus bewunderte die wohl gerade fertig gestellte Halle der heiligen Taufe, mit der Sidonius, der offensichtlich die Unterstützung der höchsten merowingischen Kreise hatte, ein Gelübde der Berthoara, Tochter Theudeberts I. einlöste[6]. Und er pries die fromme Berthoara als Pflegerin der Kirchen, großzügig gegenüber den Armen. In den Liedern waren dies übliche Topoi, doch spiegeln sie die Welt des Sidonius, der wie alle damaligen gallischen Bischöfe sicher aus einem alten Adelsgeschlecht stammte und der mit dem Aufbau seiner Stadt, deren Verwaltung und der Versorgung der Armen ausreichend beschäftigt war. Missionierung der ländlichen Bevölkerung zählte noch nicht zu den bischöflichen Pflichten.

### Prestigeobjekte mit christlichen Symbolen

Am nördlichen Oberrhein lebte jedoch der überwiegende Teil der Bevölkerung seit Beginn fränkischer Herrschaft auf dem Lande in neu gegründeten weilerartigen Siedlungen und somit in einer ganz anderen Welt als der aristokratische Bischof.

In Hechtsheim, fünf Kilometer südlich von Mainz, wurde zur Zeit des Sidonius einer vornehmen fränkischen Frau in Grab 180, deren Ausstattung in SD-Phase 6 (555-580 n. Chr.) zu datieren ist, ein außergewöhnlich qualitätvoll gearbeiteter mediterraner Silberlöffel (Abb. 1) mitgegeben[7]. Ein niellierter Rand ziert die Laffe, ein Kreuz ist in die kleine Zwischenplatte eingelegt, der profiliert abschließende Stiel ist im vorderen Teil für die Inschrift JOHANNIS vierkantig geformt. Nachdem das Christentum im weströmischen Reich bereits 392 zur staatstragenden Religion erklärt wurde und sich Anfang des 6. Jahrhunderts der fränkische König Chlodwig der katholischen Kirche zugewandt hatte, ist vorstellbar, dass eine Hofherrin aus Hechtsheim, auch wenn sie weder christlich unterwiesen war noch lesen konnte, die christlichen Symbole auf

Abb. 1
Mainz-Hechtsheim
Grab 180
Silberlöffel mit christlicher Inschrift
L 23,5 cm

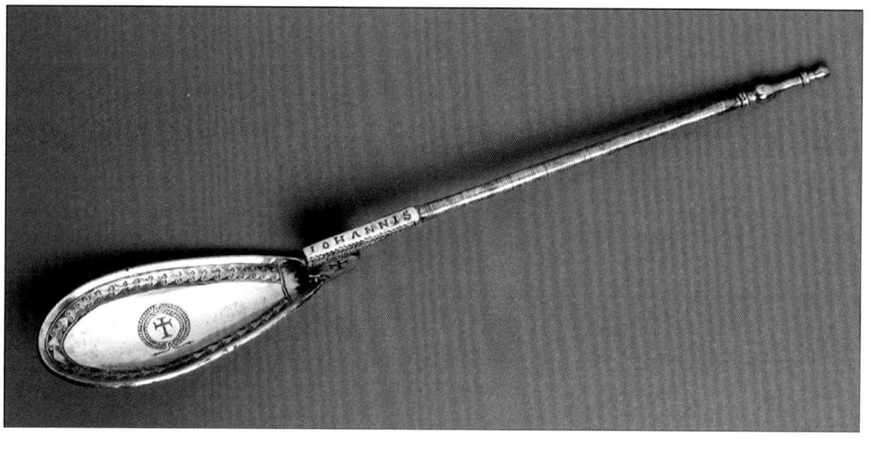

dem kostbaren silbernen Löffel als solche erkannte. Da die christlichen Symbole aber nicht auf Veranlassung der letzten Besitzerin eingraviert wurden, war der im mediterranen Raum produzierte und vermutlich als Teil des Solds von einem Italienfeldzug mitgebrachte Löffel lediglich Prestigeobjekt und kann nicht als Zeugnis für tiefere Kenntnisse der christlichen Lehre herhalten. Auch bei dem in einer oberitalischen Werkstatt gefertigten Elfenbeinkamm mit biblischen Szenen, der in Griesheim, Kr. Darmstadt-Dieburg, Grab 285 gefunden wurde, handelt es sich eher um ein Prestigeobjekt als ein Zeugnis vorhandenen Christentums[8].

Ebenso fraglich ist, ob der fränkische Krieger, der etwa zur Zeit des Bischofs Sidonius von Mainz in Wiesoppenheim, knapp fünf Kilometer südwestlich von Worms, lebte, die theologischen Kenntnisse besaß, um unter anderem Adam und Eva, Christus und Petrus auf der Bronzeverkleidung seines Holzbechers (Abb. 2) zu erkennen[9]. Als die spätrömischen Bleche in sekundärer Verwendung für den konischen Becher zugeschnitten wurden, geschah dies jedenfalls ohne Rücksicht auf einzelne Szenen. Es ist anzunehmen, dass der Krieger den materiellen und ästhetischen Wert seines Bechers schätzte und von der Magie der Bilder gefangen war, auch ohne die Bildinhalte genau zu kennen. Zwar dürfte Dr. Carl Koehl die Zeichnung von Wiesoppenheim Grab 1/1878[10] erst einige Zeit nach der Ausgrabung angefertigt haben, doch gibt es auch einen handschriftlichen Bericht: „Gefunden wurde das interessante Stück in dem Grabe eines fränkischen Kriegers ... der mit Lanze, Streitaxt, Messer, Pfeilspitzen, Schere, Riemenbeschlägen, Tongefäss und einem Glasbecher von seltener Form und Schönheit [ ... ] ausgerüstet war". Erhalten ist in Wiesoppenheim der Rüsselbecher aus hellgrünem Glas mit zwei Reihen zu je drei Rüsseln ohne Kerbbänder, wie sie häufiger gegen die Mitte des 6. Jahrhunderts ins Grab gelangten[11]. In die gleiche Zeit gehört die Rippenschale F 2013, die zu der gedrückt kugeligen Zeichnung auf dem Grabplan passt. Die auf der Grabskizze erkennbare Waffenausstattung mit Bartaxt oder Schaftlochaxt und einer Lanze mit Weidenblatt kommt in Cutry, Dép. Meurthe-et-Moselle, in sechs Gräbern der Phasen BC[12] und CDE[13] entsprechend den SD-Phasen 5 (530-555 n. Chr.) und 6 (555-580 n. Chr.) vor. Ein eiserner Schildbuckel wurde weder in Wiesoppenheim gefunden, noch war er in Cutry in den Gräbern mit Axt üblich. Die Waffenausstattung ist also vollständig und folgte den in der römischen Provinz Belgica I in der Mitte des 6. Jahrhunderts üblichen Sitten. Sollte der Krieger aus dieser Region zwischen Maas und Mosel stammen oder dort gelebt haben, war ihm die neue Religion nicht fremd.

Abb. 2
Worms-Wiesoppenheim
Pressbleche von
einem Holzbecher mit
biblischen Darstellungen

### Konfrontation mit christlichen Symbolen

Dass die mobile Oberschicht seit dem späten 6. Jahrhundert immer häufiger mit christlichen Symbolen und Bildern konfrontiert wurde, belegen weitere Grabfunde. Ein Gefolgschaftskrieger am Herrenhof in Mannheim-Vogelstang, beigesetzt in Grab 170, trug in SD-Phase 7 (580-600 n. Chr.) einen am Oberrhein fremden, aus Gallien stammenden Gürtel[14]. Ein so genannter Salomonsknoten ziert dessen Schnallenbeschlag und auch den Dornschild. Knoten spielen in vielen Religionen eine Rolle[15]. Der aus zwei Strängen gebildete kreuzförmige Knoten, der an die Weisheit König Salomons erinnern soll, ist neben der Rosette ein beliebtes Motiv in Mosaikböden frühchristlicher Kirchen, sowohl im östlichen Mittelmeerraum wie auch in Italien, zum Beispiel in Aquileia, Grado oder Florenz. In Gallien begegnen statt des Knotens häufiger Gesichtsdarstellungen, die so genannten Christusköpfe, auf den Schnallenbeschlägen[16]. Eine solche Schnalle mit rundem Beschlag wurde 1935 als Streufund im Reihengräberfeld von Altlußheim geborgen (Abb. 3).

Auf den langrechteckigen kastenförmigen Beschlägen der Spathagurte vom Typ Weihmörting sollten Schlangen, Masken, zoomorphe und figürliche Darstellungen mit christlichen Motiven die

Krieger des fränkischen Heeres, unter anderem aus Hockenheim, Vogelstang und Straßenheim[17], vor Feinden und Dämonen schützen. Die Garnituren sind am Rhein zwar häufig, aber ganz sicher keine einheimischen Erzeugnisse; sie wurden in der zweiten Hälfte des 6. Jahrhunderts aus Silber oder Bronze in zentralen Werkstätten des Merowingerreiches gegossen[18]. Es muss offen bleiben, welche göttlichen Wesen die Krieger selbst hinter den Bildern erkannten.

Kreuze fanden die Krieger auf den Zierbeschlägen von Waffen und Pferdegeschirr aus italisch-langobardischen Werkstätten. Unübersehbar waren zum Beispiel die gleicharmigen Kreuze auf den kerbschnittverzierten Zaumzeugbeschlägen der SD-Phase 7 in Grab 641 vom Hermsheimer Bösfeld in Mannheim-Seckenheim[19]. Derartige Symbole nehmen im Laufe des 7. Jahrhunderts noch zu. Ein Gabelkreuz ziert den Beschlag vom Sattelzeug, das in Mannheim-Vogelstang Grab 313 mit einem Steigbügel kombiniert ist[20]. Er gehörte einem Hofherrn in SD-Phase 9 (620-650 n. Chr.). Ebenfalls aus SD-Phase 9 haben sich in dem ausgeplünderten großen Kammergrab 22 von Mannheim-Straßenheim die vergoldeten Schildnägel mit graviertem gleicharmigem Kreuz von einem italischen Schildbuckel mit Kuppenzier erhalten[21]. Offensichtlich akzeptierten die fränkischen Krieger im Rhein-Neckar-Gebiet auch dieses eindeutig christliche Symbol, denn es ist nicht bekannt, dass ein solches ausgekratzt oder überarbeitet wurde.

**Christliche Beigabensitte**

Bis SD-Phase 8 (600-620 n. Chr.) gibt es am nördlichen Oberrhein nur wenige Hinweise, dass Menschen christliche Symbole selbst in Auftrag gaben und herstellen ließen. In Eppstein, Stadt Frankenthal, Grab 14 wurde ein aus Goldblech geschnittenes Folienkreuz gefunden, das von einem über dem Kopf des frühadulten Mannes ausgebreiteten Tuch stammt[22]. Das nur unvollständig erhaltene Inventar des beraubten Grabes ist in SD-Phase 7 zu datieren[23]; der soziale Status des Toten ist durch zwei mitbestattete Pferde jedoch eindeutig belegt. Da das Folienkreuz als Grabbeigabe den Stämmen nördlich der Alpen durch Langobarden vermittelt wurde, diese aber erst nach 568 die mediterrane Sitte in Italien kennen lernten[24], kann der Reiter aus Eppstein oder ein naher Angehöriger diese Beigabensitte mit dem Folienkreuz im ausgehenden 6. Jahrhundert nur während eines Italienfeldzuges 575 oder 584-591 kennengelernt haben. Einen etwas älteren Fall gibt es in Klepsau an der Jagst, dort legte, noch bevor die Alamannen den Brauch übernahmen, der aus Italien zurückgekehrte Vater einem früh verstorbenen kleinen Knaben ein Silberkreuz auf die Stirn[25]. In den fränkischen Familien am nördlichen Oberrhein wurden Goldblattkreuze nie üblich. Dieser christliche Brauch ging daher weder von der fränkischen Bischofskirche aus[26], noch ist er mit den irischen Mönchen zu verbinden, die ab 590 unter dem fränkischen Adel an Einfluss gewannen[27].

Abb. 3
Altlußheim
Verzinnte Bronzeschnalle mit Christuskopf
M. 1:1

**Pagane Glaubensvorstellungen?**

Über die Glaubensvorstellungen der Familien, die seit Beginn des 6. Jahrhunderts in den ländlichen Siedlungen am nördlichen Oberrhein lebten, wissen wir fast nichts[28]. Gewiss hat die am Rhein sehr selten auftretende Tierornamentik im germanischen Stil I[29], die ihre Wurzeln im skandinavischen Raum hat, einen paganen Hintergrund. Dagegen haben Vögel und andere zoomorphe Elemente an den Kleinfibeln des 6. Jahrhunderts ihre Vorbilder vielfach in der antiken Welt[30]. Ob es sich nur um Repräsentationsmittel und Modewellen handelt oder auch Bildinhalte vermittelt oder hinzugefügt wurden, bleibt unbekannt. Um Tiere handelt es sich wohl auch bei den oft grimmig dreinblickenden Köpfen (Abb. 4) an den Enden von Bügelfibeln[31];

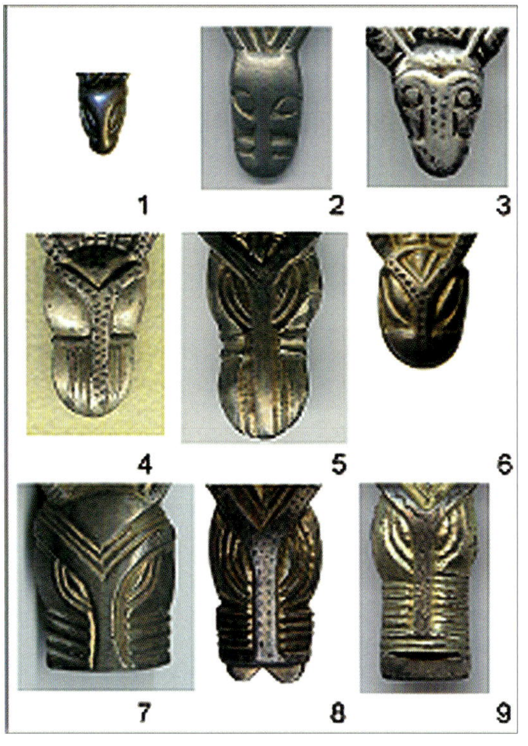


Abb. 4
Tierkopfenden von Bügelfibeln
1 Mörstadt Grab 51 (SD-Phase 4)
2 Westhofen Grab 140 (SD-Phase 5)
3 Hermsheimer Bösfeld Grab 348 (SD-Phase 6)
4 Westhofen Grab 69 (SD-Phase 6)
5 Worms Bollwerk Grab 1/1903 (SD-Phase 6)
6 Westhofen Grab 139 (SD-Phase 6)
7 Worms-Schillerstraße Grab 140 (SD-Phase 6-7)
8 Worms Bollwerk Grab 2 (SD-Phase 7)
9 Mannheim-Sandhofen Grab 231
M. 1:1
(Nachweis: siehe Anm. 31)

ihnen kam vermutlich apotropäischer Charakter zu; insofern dienten sie dem Schutz der Trägerin.

Dass Schuhe und Truhe die Symbole der die Ehe schützenden Gottheit Frigg sind, die südgermanisch Frea oder langobardisch Frija genannt wird[32], ist bekannt, und es ist anzunehmen, dass ein Zusammenhang besteht mit den Schuhen, die im Volksbrauchtum sowie in Märchen bei der Heirat eine Rolle spielen. Doch lässt sich von der außergewöhnlichen Beigabe eines Keramikschuhs (Abb 5,2) in Hechtsheim Grab 39[33] keine Verbindung zur Göttin herstellen. Der einzelne Schuh macht in diesem Grab keinen Sinn – anders als das mit Prothesen kombinierte Paar (Abb. 5,1) in Pleidelsheim Grab 140[34], bei dem es sich um die für den langen Weg ins Totenreich notwendigen gebundenen Hel-Schuhe handeln dürfte[35]. Beide Gräber sind in SD-Phase 5 zu datieren. Da die Hechtsheimer Frau der sozialen Unterschicht angehört, fehlen weitere Beigaben, die mehr über sie aussagen könnten. Auch der im bajuwarischen Kindergrab 247 von Altenerding[36] gefundene einzelne Schuh, dessen hochgezogene Schuhspitze noch durch einen Tierkopf betont wird (Abb. 5,3), führt nicht weiter.

Vorchristliche Vorstellungen könnten einer am nördlichen Oberrhein beheimateten Gruppe von Zierscheiben zugrunde liegen, die mit der Darstellung eines Menschenpaares (Abb. 6) von dem auf Zierscheiben üblichen geometrischen oder zoomorphen Dekor erheblich abweicht. Nicht immer sind die Figuren genauer gezeichnet, doch manchmal sind zwei Männer mit Kopfbedeckung, langärmeliger Tunika oder aufklappbarer Jacke, mit Gürtel und Hose erkennbar, aber keine Krieger, manchmal handelt es sich um Mann und Frau. Wegen der verschlungenen Arme und Beine sowie den eingeknickten Beinen könnte es sich um die Darstellung eines Tanzes handeln[37]; die Darstellung wird auch als Frühlingshochzeit oder Kampf der Jahreszeiten interpretiert[38]. Da auf der Zierscheibe aus Mülhofen im Neuwieder Becken die Körper von einem Mann und einer Frau zu einem Kreuz abgewandelt und zudem in der Mitte mit einem Salomonsknoten verziert wurden[39], der auch auf einer Zierscheibe aus Nierstein[40] die Mitte markiert, ist eine christliche Interpretation des ursprünglich wohl paganen Bildmotives jedoch nicht auszuschließen.

## Amulette

Durch alle Zeiten suchten Menschen vor Übermächtigem und Schädlichem Schutz und Sicherheit bei Amuletten; im frühen Mittelalter betraf dies ausschließlich Frauen und Mädchen[41]. Unter

Abb. 5
Keramikschuhe
1 Pleidelsheim
2 Hechtsheim
3 Altenerding
M. 1:4
(Nachweis: siehe Anm. 33; 34; 36)

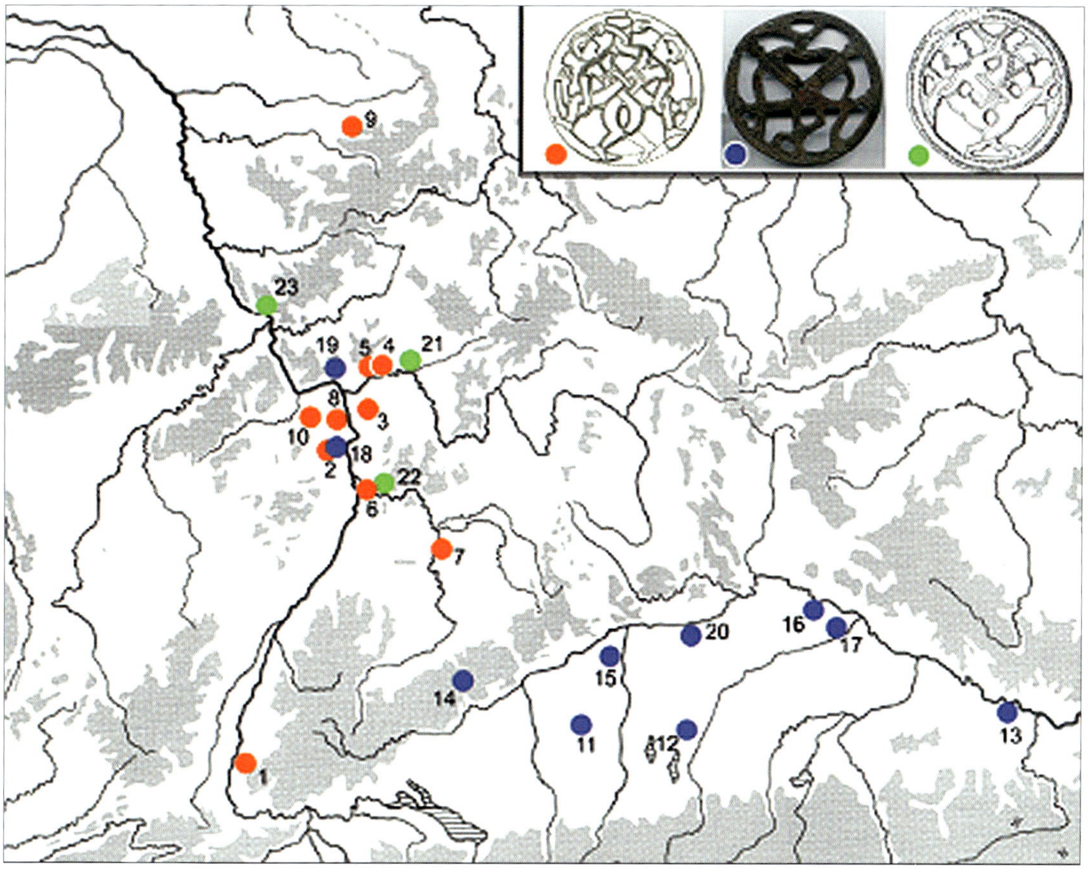


Abb. 6
Zierscheiben mit einem verschlungenen Menschenpaar
Nach Renner, wie Anm. 39, Gruppe XIII mit Ergänzungen

**XIII A Zwei Personen, Köpfe im Profil einander zugekehrt**

**1** Buggingen, Weckersgraben Grab 1 (M. Jansen: Linksrheinische Elemente in einer Gräbergruppe im Gewann „Weckersgraben" in Buggingen, Kreis Breisgau-Hochschwarzwald – Hinweise auf fränkische Herrschaftssicherung?, in: Regio Archaeologica, wie Anm. 103, S. 217-229; 223 Abb. 3)
**2** Dalsheim, Kr. Alzey-Worms: Unterschiedlich gekleidet, mit Helm (Renner Nr. 643; Grünewald-Koch, wie Anm. 10, S. 491)
**3** Darmstadt: Gleich gekleidet, mit Helm (Renner Nr. 644)
**4** Frankfurt Nieder-Erlenbach Doppelgrab 88 (Dohrn-Ihmig, wie Anm. 45, Taf. 26)
**5** Frankfurt-Niederursel: Zwei Männer, langärmelige Jacken, Hosen, Leibgurt, Schuhe mit aufgeworfener Spitze (Renner Nr. 645; Wamers, wie Anm. 37, S. 54f.)
**6** Mannheim-Seckenheim, Hermsheimer Bösfeld Grab 375. rem, unveröffentlicht
**7** Heilbronn Grab 2 (Renner Nr. 646)
**8** Nierstein, Kr. Mainz-Bingen, Einzelfund (Renner Nr. 647; Zeller, wie Anm. 55, Taf. 83,6)
**9** Soest Grab 105 (Renner Nr. 648)
**10** Wonsheim, Kr. Alzey-Worms (Renner Nr. 646. Im Mus. Worms gilt die Fundortzuweisung von F 741 als nicht gesichert.)

**XIII B Zwei gekreuzte Menschen, Köpfe frontal**

**11** Dirlewang Grab 6: Gesichter gezeichnet (Renner Nr. 650)
**12** Gauting Grab 7 (Renner Nr. 651)
**13** Linz-Zizlau Grab 139: Zwei Männer (Renner Nr. 652)
**14** Münsingen: Kleidung angedeutet (Renner Nr. 654)
**15** Nordendorf (Renner Nr. 655; M. Trier: Die frühmittelalterliche Besiedlung des unteren und mittleren Lechtals nach archäologischen Quellen. Materialh. Bayer. Vorgesch. A 84, Kallmünz/Opf. 2002, Taf. 119,10)
**16** Straubing Bajuwarenstraße Grab 442 (H. Geisler: Das frühbairische Gräberfeld Straubing-Bajuwarenstraße I. Internat. Arch. 30, Rahden 1998, Taf. 144,6)
**17** Wallersdorf (Renner Nr. 656)
**18** Westhofen Grab 5: Zwei bärtige Männer, unterschiedliche Kopfbedeckung (Renner Nr. 657; A. Wieczorek / U. Koch / M. Grünewald: Zwischen Römerzeit und Karl dem Großen. Band III Die frühmittelalterlichen Grabfunde aus Westhofen im Museum der Stadt Worms im Andreasstift, Lindenberg/Allgäu 2009, S. 950ff. F 992)
**19** Wiesbaden (Renner Nr. 658)
**20** Zuchering: Fragment (Sammelblatt Hist. Ver. Ingolstadt 99, 1990, 9ff. Abb. 18)

**XIII C Zwei gekreuzte Menschen, in die gleiche Richtung schauend**

**21** Hanau: Unverziert, eine Person mit wehendem Haarschopf und Brüsten; alle Beine und Arme verhakt (Renner Nr. 659; Wamers, wie Anm. 37, S. 532f.)
**22** Heidelberg-Handschuhsheim: Unterschiedlich gekleidet, unterschiedliche Frisuren (Renner Nr. 660)
**23** Mülhofen b. Engers: Flächig verteilte Punktdoppelkreise (Renner Nr. 661)

den zum Aufhängen vorgesehenen Amuletten[42] sind besonders häufig importierte Cypraeen, aus Hirschgeweih geschnitzte prismatische oder konische Anhänger, die auf die antiken Herkuleskeulen zurückzuführen sind, sowie Scheiben aus der Geweihrose. Nicht ganz so häufig kommen gefasste Kugeln aus Mineralien vor, Bronzeschlüssel, selten kleine Bronzeglöckchen oder Bärenzähne. Alte schamanistische Vorstellungen, dass sich Kraft und Fruchtbarkeit übertragen lassen, drücken sich hier aus. Amulette sind nach Dübner-Manthey zwar kein religiöses Problem, doch könnte interessant sein, zu fragen, in welchen Bevölkerungsschichten Amulette getragen wurden, und wie sie sich zu den christlichen Symbolen verhalten.

Amulette wurden in den ländlichen Siedlungen nicht nur den Töchtern der führenden Familien angehängt, sondern sind auch in den Gräbern der breiten Mittelschicht, das heißt bei den Hintersassen, den Bäuerinnen und Frauen der Gefolgsleute sowie deren Töchter, zu finden. Angesichts dieser breiten sozialen Streuung kommen sie relativ selten vor. In Mainz-Hechtsheim[43] trugen von 115 weiblichen Individuen 12 % ein Amulett; in Mannheim-Sandhofen[44] mit insgesamt 49 Frauen und Mädchen waren es 8,1 %, in Nieder Erlenbach[45] sind es 9 % von 55 weiblichen Personen. In dem unter anderen auch vom Altertumsverein geplünderten Mannheim-Vogelstang besaßen nur knapp 6 % von 224 Frauen und Mädchen ein Amulett[46].

Dass sich nur ein sehr geringer Teil der Bevölkerung mit Amuletten zeigte, wird noch deutlicher, wenn allein die erwachsenen Frauen gezählt würden, denn zwischen 30 % und 60 % der Trägerinnen von Amuletten waren unter 16 Jahre alt, teilweise sogar weit unter 16.

Die alte Beobachtung von Ludwig Pauli[47], dass häufiger in Zeiten allgemeiner Unsicherheit oder kollektiver Angst zu Amuletten gegriffen wird, bestätigt sich in Hechtsheim. Hier tauchen in den Gräbern der ersten Generation, die die politische Neuordnung zu Beginn des 6. Jahrhunderts erlebt hatte, besonders viele Amulette auf, nämlich bei 35 % der weiblichen Personen. Nachdem während der folgenden zwei Generationen kaum zu einem Amulett gegriffen wurde, trugen in SD-Phase 7 und 8 wieder über 20 % der weiblichen Personen ein solches. Der merowingische Bruderkrieg, der mit der Ermordung der Königin Brunichilde 613 endete, mag auch am Mittelrhein seine Spuren hinterlassen haben.

In Mannheim-Vogelstang, das in SD-Phase 5 (530-555 n. Chr.) einsetzt, war der Anteil an Gräbern mit Amuletten ebenfalls in der ersten Generation am größten, auch hier taucht keines in der zweiten Generation auf, während sie ab SD-Phase 7 wieder gebräuchlich wurden. Anders als in Hechtsheim bei Mainz sind Amulette im Rhein-Neckarraum und ebenso in Nieder Erlenbach besonders in den SD-Phasen 9 und 10 nachzuweisen. Und diese Periode großer Unsicherheit ist von besonderem Interesse, da sich nun auch christliche Symbole häufen.

Grab 3 von Albisheim, westlich von Worms[48], zeigt mit der Ausstattung einer wohlhabenden Hofbäuerin der SD-Phase 10 (650-670 n. Chr.) eindrucksvoll, dass der mit Kreuzsymbolen gekennzeichnete Zierrat an den Kleidungsaccessoires die Amulette nicht ablöste, sondern hinzutrat. Das Grab enthält einerseits eine Cypraea, ein Paar konischer Anhänger sowie eine gefasste Kristallkugel, andererseits zwei kreuzförmig durchbrochene Scheiben an der Gehängeplatte und eine an der Tasche.

**Kreuzsymbole an einheimischen Trachtaccessoires**

Geometrisch gegliederte Zierscheiben mit Radkreuzen sowie geraden oder getreppten Speichen tauchen an der oberen Donau und in Klepsau an der Jagst bereits in Gräbern der SD-Phase 6 auf[49], offensichtlich gehen sie in einem langobardisch geprägten Milieu auf persönliche Kontakte in den christlichen mediterranen Raum zurück. Welche Vorstellungen mit diesen durchbrochenen Scheiben übermittelt und wie die Symbole verstanden wurden, lässt sich aus Grabfunden oft nicht ablesen; in Klepsau an der Jagst ist wegen des silbernen Kreuzes in Grab 13 jedoch davon auszugehen, dass Familienmitglieder in der zweiten Hälfte des 6. Jahrhunderts Christen waren. Ab SD-Phase 7 dehnte sich die Zierscheibenmode bis in die Rheinlande aus. Zierscheiben wurden hier am unteren Ende der langen, vom Gürtel bis in Höhe der Fußknöchel herabreichenden Bänder getragen, nicht nur von den Frauen der sozialen Oberschicht, sondern auch von Frauen der vermögenden Mittelschicht. Da sich auf runden Scheiben aus zweimal vier gleichmäßig angeordneten Elementen zwangsläufig ein Kreuz ergibt, ist der christliche Bezug vieler Zierscheiben nicht eindeutig, zumal es auch Scheiben mit fünf oder sieben Speichen gibt. Bei der Zierscheibe aus Hechtsheim Grab 60 (Abb. 7) ist das Kreuz bewusster gestaltet; die Treppenspeichen sitzen nämlich nicht wie üblich radial, sondern wurden als Paare jeweils zu einem breiten zweiteiligen

Abb. 7
Mainz-Hechtsheim
Grab 60
Bronzene Zierscheibe mit Elfenbeinring
M. 1:2

Kreuzarm angeordnet. Hechtsheim Grab 60 ist in SD-Phase 9 datiert[50]. Ab SD-Phase 9 sind dann viele Scheiben über die kreuzförmige Gliederung hinaus durch ein Kreuz oder einen Kreuzdurchbruch in der Mitte deutlich markiert, zum Beispiel in Mannheim-Feudenheim[51], Gundersheim Grab 13 (Abb. 8) mit einem griechischen Kreuz[52] oder Rudelsheim, Wüstung bei Ludwigshöhe[53]. In jedem Fall waren die Scheiben mehr als nur eine Zierde. Auch wenn die ursprüngliche christliche Konnotation zeitweilig aufgegeben wurde, wie vermutlich bei den in den SD-Phasen 8-9 auftretenden Zierscheiben mit dem Menschenpaar (Abb. 6), blieb doch der magische amulettartige Charakter erhalten.

In der Mitte und zweiten Hälfte des 7. Jahrhunderts boten die langen Kettengehänge der germanischen Frauentracht gute Möglichkeiten, die christlichen Symbole zur Schau zu stellen. Kreuze sind als Bestandteile von Gürtelgehängen weit verbreitet und schon ab SD-Phase 9 nachzuweisen[54]; kreuzförmig durchbrochene Zwischenplatten bestimmen die rheinhessischen Gehänge mit stabförmigen Gehängegliedern in den SD-Phasen 10 bis 11 (Abb. 9). Die Gehängeplatten mit dem charakteristischen kreuzförmigen Durchbruch in der Mitte wurden von R. Koch 1966 unter Typ Krautheim erstmals zusammengestellt und von Zeller[55] unter Typ St. Alban abgehandelt. Sie waren am nördlichen Oberrhein ein beliebtes Trachtzubehör von wohlhabenden Bäuerinnen, die bronzene Ohrringe, eiserne Scheibenfibeln, bronzene Armringe und bronzene Wadenbindengarnituren trugen.

Wadenbindengarnituren mit bronzenen Riemenzungen und weiteren Beschlägen waren in den Hofgemeinschaften den vornehmsten Frauen vorbehalten. Christliche Symbole finden sich hier bevorzugt auf den im 7. Jahrhundert üblichen Quadratbeschlägen, so ein diagonales Kreuz in Worms-Abenheim Grab 15[56], ein Kreuz mit geschweiften Armen in Abenheim Grab 2[57], ein Hakenkreuz in Frankenthal Grab 41[58]. Auch das in Gallien im späten 6. Jahrhundert häufiger verwendete Motiv des vierpassförmig geflochtenen Salomonsknotens wird in Rheinhessen seit der Mitte des 7. Jahrhunderts immer beliebter. Auf Quadratbeschlägen kommt es in Wonsheim[59], aber auch in Obrigheim Grab 163[60] und Freiweinheim Grab 10[61] vor. In Hockenheim Grab 27[62] befinden sich Vierpassknoten auf den Quadratbeschlägen und Salomonsknoten auf den Riemenzungen (Abb. 10).

Abb. 8
Gundersheim
Bronzene Zierscheibe mit Mittelkreuz
M. 1:2
Foto: Mathilde Grünewald, Museum der Stadt Worms im Andreasstift

Die Frauen der sozialen Oberschicht brachten also ab SD-Phase 9, verstärkt in SD-Phase 10, ihre Annäherung an die neue Religion durch Kleidungsaccessoires zum Ausdruck, dazu gehörten auch goldene, kreuzförmig verzierte Filigranscheibenfibeln. Bei den runden Fibeln wird die christliche Interpretation der kreuzförmigen Anordnung von Steineinlagen oft durch den Kontext bestätigt. In Grab 428

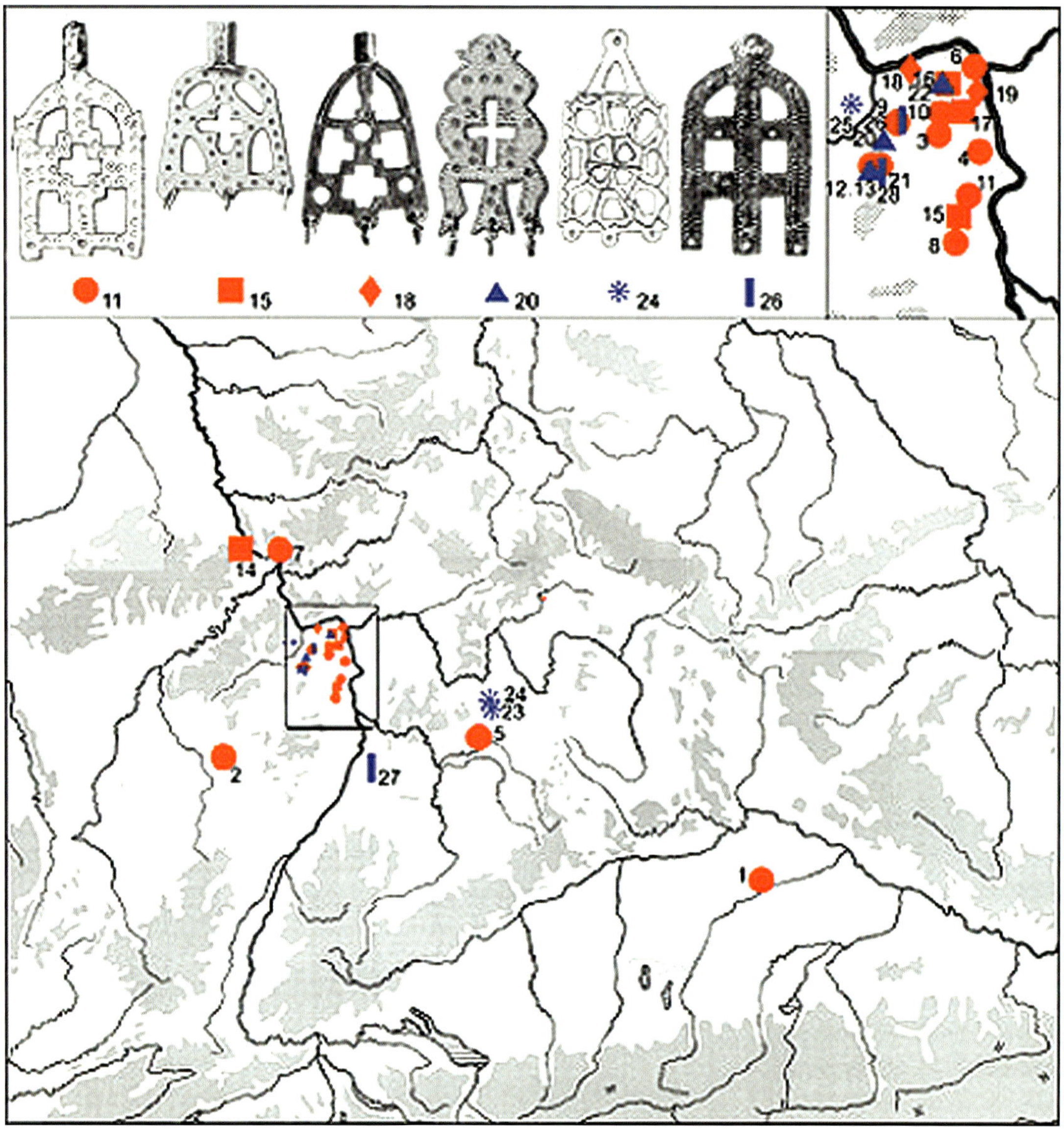


Abb. 9
Stangenkettengehänge mit kreuzförmig durchbrochenen Platten

**A Typ Krautheim/Mainz St. Alban: Durchbrochene bogenförmige Gehängeplatte mit vier abgestuften Feldern um eine kreuzförmig durchbrochene Mitte**

**1** Aich, Kr. Landshut (Das Arch. Jahr Bayern 2000, S. 107)
**2** Bliesbruck (Gallia 18, 1960, S. 231ff. Abb. 43; Zeller, wie Anm. 55, S. 151 Anm. 288)
**3** Gabsheim, Kr. Alzey-Worms (Zeller, wie Anm. 55, S. 151 Anm. 288; Grünewald / Koch, wie Anm. 10, S. 519 F 1058)
**4** Gimbsheim, Kr. Alzey-Worms, Grab 7 (Zeller, wie Anm. 55, S. 151 Anm. 288; Grünewald / Koch, wie Anm. 10, S. 543 F 3021; Ristow, wie Anm. 4, S. 346 Nr. 128)
**5** Krautheim an der Jagst, Hohenlohe-Kreis (R. Koch: Einheimische Erzeugnisse und Importe des 7. Jahrhunderts aus merowingerzeitlichen Reihengräbern Württembergisch-Frankens. Veröff. Hist. Ver. Heilbronn 25, 1966, Abb. 4; Zeller, wie Anm. 55, S. 151 Anm. 288)
**6** Mainz, St. Alban Sarg III/Steinplattengrab (G. Behrens: Das frühchristliche und merowingische Mainz. Kulturgeschichtliche Wegweiser des Römisch-Germanischen Zentralmuseums in Mainz 20, Mainz 1950, 1950, S. 11; 15 Abb. 30,1; Zeller, wie Anm. 55, S. 151 Anm. 288. Taf. 55,1; 105; Ristow, wie Anm. 4, 2007, 389 Nr. 322)
**7** Mülhofen / Bendorf-Mülhofen (Zeller, wie Anm. 55, S. 151 Anm. 288; L. Grunwald, Grabfunde des Neuwieder Beckens von der Völkerwanderungszeit bis zum frühen Mittelalter. Der Raum von Bendorf und Engers. Internat. Archäologie 44, Rahden/Westf. 1998, S. 68f. Taf. 100,10)
**8** Obrigheim, Donnersbergkreis, Grab 300 (Polenz, wie Anm. 48, Taf. 137,1; Zeller, wie Anm. 55, S. 151 Anm. 288; Ristow, wie Anm. 4, S. 407 Nr. 406)
**9** Sprendlingen, Kr. Mainz-Bingen (Zeller, wie Anm. 55, S. 151 Anm. 288. Taf. 55,3; Ristow, wie Anm. 4, S. 418 Nr. 458)

**10** Udenheim, Kr. Mainz-Bingen, Grab I/1875 (Koch, wie bei Nr. 5, unter Dienheim; Zeller, wie Anm. 55, S. 151 Anm. 288; Taf. 55,2; 133,6; Ristow wie Anm. 4, S. 433 Nr. 518)
**11** Westhofen, Kr. Alzey-Worms, Grab 74 (A. Wieczorek / U. Koch / M. Grünewald, Zwischen Römerzeit und Karl dem Großen. Band III Die frühmittelalterlichen Grabfunde aus Westhofen im Museum der Stadt Worms im Andreasstift, Lindenberg/Allgäu 2009, S. 1049 F 3547)
**12** Wörrstadt, Kr. Alzey-Worms, Einzelfund (Zeller, wie Anm. 55, S. 151 Anm. 288 Taf. 55,4; Ristow, wie Anm. 4, S. 438 Nr. 542)
**13** Wörrstadt, Kr. Alzey-Worms, Grab 10 (Zeller, wie Anm. 55, S. 151 Anm. 288;Taf. 135,5)

**B Typ Oberolm: Bogenförmige Gehängeplatte mit vier dreieckigen oder ovalen Durchbrüchen um einen Kreuzdurchbruch – bei Zeller ebenfalls unter Typ St. Alban**
**14** Andernach-Landsegnung/St. Peter Grab 3 (A. Vogel: Die merowingischen Funde aus Andernach, Kr. Mayen-Koblenz, Universitätsforsch. Prähist. Arch. 131, Bonn 2006, Taf. 59)
**15** Dalsheim, Museum Mainz N. 2729 = Nierstein, Rehbacher Steige (AuhV I, 1858 H. 4 Taf. 7,1)
**16** Ober-Olm, Kr. Mainz-Bingen, Grab 59 (Zeller, wie Anm. 55, S. 151 Anm. 288. Taf. 115; Ristow, wie Anm. 4, S. 407 Nr. 404)
**17** Selzen, Kr. Mainz-Bingen (W. und L. Lindenschmit: Das germanische Todtenlager bei Selzen, Mainz 1848/1969, Abb. S. 25)

**C Variante mit zwei Durchbruch-Kreuzen hintereinander**
**18** Freiweinheim Grab 10 (G. Behrens: Fränkische Frauengräber aus Rheinhessen. Mainzer Zeitschrift 35, 1940, S. 13ff. Abb. 4,10; Zeller, wie Anm. 61, Taf. 56,5; 94; Ristow, wie Anm. 4, S. 345 Nr. 124)
**19** Nackenheim Einzelfund 40/Mus.Wiesbaden (Zeller, wie Anm. 55, S. 151 Anm. 288; Teil 2 S. 153)

**D Gehängeplatten mit Kreuz-Durchbruch**
**20** Gumbsheim (Grünewald / Koch, wie Anm. 10, S. 545f. F 3019)
**21** Wörrstadt Grab 1/1905 (Zeller, wie Anm. 55, Taf. 56,2; Ristow, wie Anm. 4, S. 438 Nr. 540)
**22** Ober-Olm Grab 2 (Zeller, wie Anm. 55, Taf. 56,3; 113; Ristow, wie Anm. 4, S. 407 Nr. 403)

**E Typ Waldhilbersheim: Rechteckige durchbrochene Zierplatte, zentrales Kreuz**
**23** Dittigheim Grab 405 (M. Klein-Pfeuffer: Archäologische Zeugnisse des frühen Christentums in Mainfranken, in: Kilian, Mönch aus Irland. Veröff. Bayerische Geschichte und Kultur 19, München 1989, S. 227-245 Abb. 3,9)
**24** Tauberbischofsheim (R. Koch: Bodenfunde der Völkerwanderungszeit aus dem Main-Tauber-Gebiet. German. Denkmäler Völkerwanderungszeit A 8, Berlin 1967, Taf. 56,2)
**25** Waldhibersheim Kr. Bad Kreuznach (Zeller, wie Anm. 55, Taf. 54,6; Ristow, wie Anm. 4, S. 434 Nr. 523)

**F Sonstige Durchbruchscheiben mit Kreuzmuster**
**26** Sprendlingen, Einzelfund: (Zeller, wie Anm. 55, Taf. 56,1; Ristow, wie Anm. 4, S. 418 Nr. 456)
**27** Waghäusel-Wiesental, Kr. Karlsruhe (E. Wagner: Fundstätten und Funde aus vorgeschichtlicher, römischer und alamannisch-fränkischer Zeit im Großherzogtum Baden Bd. 2, Freiburg 1911, S. 185; H. Ament: Frühe Funde und archäologische Erforschung der Franken im Rheinland, in: Die Franken, wie Anm. 1, S. 23-34 Abb. 22,24)
**28** Wörrstadt, Einzelfund (Zeller, wie Anm. 55, Taf. 56,4)

vom Hermsheimer Bösfeld trägt die Filigranscheibenfibel ein Pektorale, das mit einem kreuzförmig durchbrochenen Anhänger abschließt[63]. In Griesheim, Kr. Darmstadt-Dieburg, Grab 400[64] sind die von der Scheibenfibel herabhängenden Bänder mit Metallplatten beschlagen, die eingravierte Kreuze aufweisen.

Eine Gruppe von silbernen Pressblechscheibenfibeln, die von der Vorderpfalz bis in den Kraichgau streut (Abb. 11), ahmt die goldenen Scheibenfibeln mit Filigrandekor und kreuzförmig angeordneter Steineinlage nach. Ihre Trägerinnen waren wesentlich bescheidener ausgestattet als die Damen mit Goldscheibenfibeln. Die Datierung der Fibelgruppe in SD-Phase 10 bestätigt eine in Worms-Pfiffligheim Grab 2 mitgefundene Perlenkette[65]. Die Frau aus Grab 1972 von Oberöwisheim im Kraichgau[66] trug einen bronzenen Armring, einen bronzenen Fingerring und eine lange Halskette; das von der Fibel getragene Brustgehänge endete mit einer kugeligen Amulettkapsel. Der christliche Charakter kugeliger Amulettkapseln ist umstritten[67]. Sicherer ist der christliche Zusammenhang bei der unter Typ Wahlheim zusammengefassten Gruppe mit Ritzdekor um ein gleicharmiges Kreuz. Das gleiche gilt auch für viele der unterschiedlich verzierten Kapseln, wenn sie nämlich wie in Grab 1/1883 von Wonsheim ein griechisches Kreuz aufweisen[68].

Auf der Goldscheibenfibel mit filigrankonturiertem Randwulst aus Worms-Abenheim[69] bilden die radialen schmalen Reliefarme ein Kreuz. Der Wunsch zur Kreuzdarstellung führte letztlich zur Vierpassform, wie bei der Filigranscheibenfibel aus Wonsheim Grab 1/1893[70] oder der aus Schwetzingen Grab 5/1966 (Abb. 12).

Deutlicher noch als die Fibeln selbst zeigen die an den Fibeln befestigten Pektorale mit einem Kreuzanhänger die christliche Einstellung ihrer Trä-

Abb. 10
Hockenheim Grab 27
Bronzene Wadenbinden-garnitur mit Vierpassknoten und Salomonsknoten
M. 1:1

gerinnen (Abb 13). Gegossene gleicharmige Kreuze mit betonter Mitte wurden in Serien produziert. Im Raum zwischen Main und Neckar befinden sie sich auch am Pektorale von Frauen der bäuerlichen Mittelschicht (Abb. 13, rote Punkte Nr. 2-6), die sich nur Bronzeschmuck leisen konnten, in anderen Gegenden wurden entsprechende Kreuze zu Fibeln weiter verarbeitet[71]. Dem Kreuz von Mannheim-Feudenheim entspricht zum Beispiel eine Fibel aus Aesch-Steinacker Grab 50[72], das in SD-Phase 11, das letzte Viertel des 7. Jahrhunderts, zu datieren ist.

Mit dem zentralen und eindeutigen Motiv der christlichen Ikonographie, dem Kreuz, wird erkennbar, dass das Christentum in den ländlichen Siedlungen am Oberrhein ab der Mitte des 7. Jahrhunderts Fuß fasste. Durch Kreuzsymbole an ihrer Kleidung drückten sowohl die Frauen der sozialen Oberschicht als auch die Frauen der bäuerlichen Mittelschicht in dieser Periode ihr Bekenntnis zum Christentum aus.

**Germanischer Tierstil II und christliche Symbole**

Zur gleichen Zeit tritt in dieser Region im gleichen Milieu aber auch der germanische Tierstil II auf. Nach Egon Wamers[73] wurzelt diese gegen Ende des 6. Jahrhunderts im Spannungsfeld mediterraner und germanischer Kulturen geschaffene Ornamentik in der antiken heilsbildlichen und apotropäischen Bildmagie und wurde, wie sakrale Gegenstände zeigen, im 7. Jahrhundert als christlich akzeptiert. Insbesondere das Flechtband diente als schützendes und Unheil abwehrendes Zeichen. In den Gräbern schließen sich Kreuzzeichen und Tierornamentik nicht aus, sie kommen nebeneinander vor und stützen somit die These von christlichen Bildinhalten.

In Riedstadt-Goddelau ist die bichrom tauschierte Scheibenfibel[74] kreuzförmig gegliedert und mit vier kleinen flächig tauschierten Medaillons mit ausgespartem gleicharmigem Kreuz eindeutig gekennzeichnet. Dazu trug die Frau eine 14 cm lange, gegossene bronzene Bügelfibel[75] mit verflochtenem Tierornament. Die Fibel wird dem Typ Griesheim zugeordnet, der nur am nördlichen Oberrhein verbreitet ist[76].

Auf einem etwas kleineren Bügelfibelpaar aus Alsheim[77], das ebenfalls dem Typ Griesheim entspricht, werden die zoomorphen Teile deutlich vom Flechtband dominiert. Zwei Tierleiber sind darin verflochten. Das geöffnete Maul mit der nach außen umgeschlagenen Unterlippe beißt in den Schwanz. Die großen bronzenen Bügelfibeln sind in SD-Phase 9, mehrheitlich in SD-Phase 10 zu datieren und sie wurden in der Umgebung von Mainz und Worms hergestellt. Der neue Tierstil hat somit den nördlichen Oberrhein erreicht.

Bei einer tierornamentierten Bügelfibel aus Worms-Pfiffligheim Grab 15 ist der Befund, dass sie in einem „zwei Fuß von unten ausgemauertem" Grab lag, nicht nur für die Datierung sehr wichtig[78]. Zu den älteren tief eingegrabenen Holzkammergräbern bilden die weniger tiefen, gemauerten Gräber einen deutlichen Gegensatz. Sie stehen in antiker und somit christlicher Tradition, tauchten zunächst im städtischen Umfeld auf und breiteten sich erst im Laufe des 7. Jahrhunderts in den ländlichen Siedlungen aus[79].

Auf einer Scheibenfibel aus Bargen Grab 26 sind vier Tierköpfe mit einem geöffneten Maul und einer

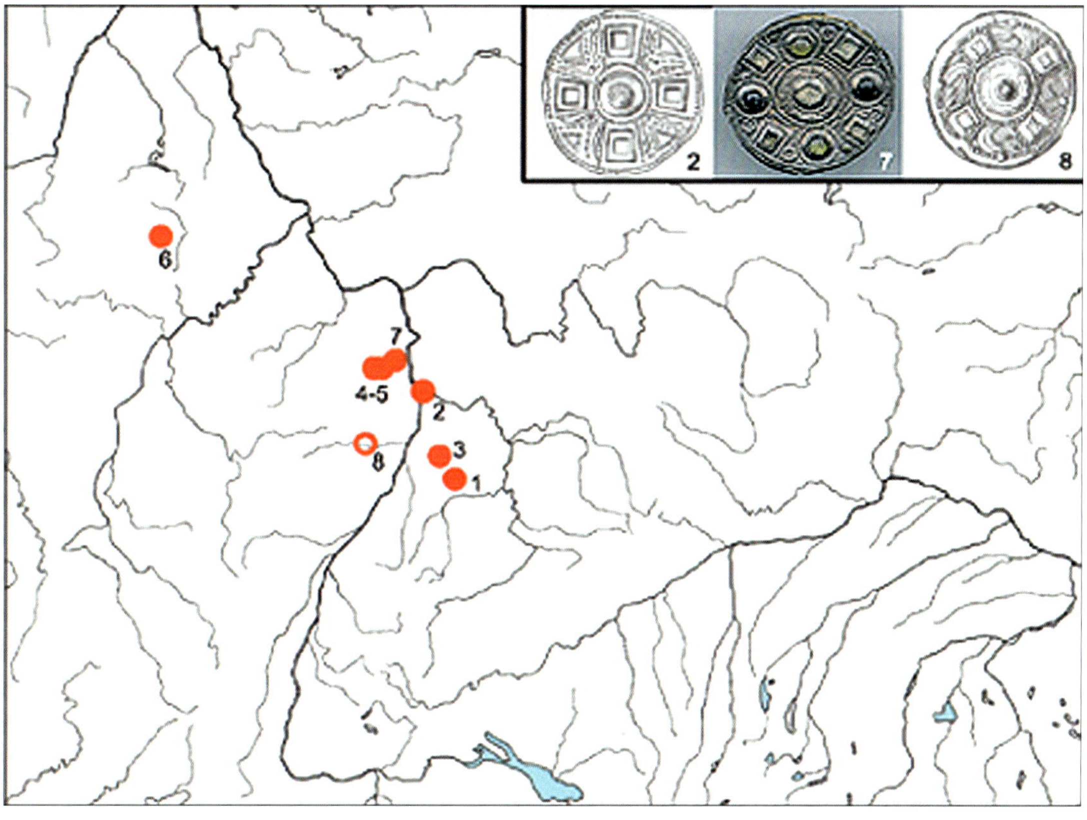


Abb. 11
Pressblechscheibenfibeln Typ Oberöwisheim
Nach F. Damminger: Die Merowingerzeit im südlichen Kraichgau und in den angrenzenden Landschaften. Materialh. zur Archäologie in Baden-Württemberg 61, Stuttgart 2002, S. 92 Anm. 625, mit Korrekturen und Ergänzungen

1 Knittlingen, Bergfeld (Damminger, S. 92f. Abb. 24,3)
2 Mannheim-Seckenheim, Hermsheimer Bösfeld, Grab4/1907 (Koch, wie Anm. 14, S. 59 Abb. 42; S. 134 Abb. 28)
3 Oberöwisheim, Kr. Karlsruhe (Damminger, Taf. 38,2)
4 Obrigheim, Kr. Bad Dürkheim, I Grab 17 (Polenz, wie Anm. 48, Taf. 114,7)
5 Obrigheim I Grab 164 (Polenz, wie Anm. 48, Taf. 129,1)
6 Wallersheim Kr. Bitburg-Prüm, Grab 10 (M. Klein-Pfeuffer: Merowingerzeitliche Fibeln und Anhänger aus Preßblech. Marburger Studien zur Vor- und Frühgeschichte 14, Marburg 1993, S. 218 Abb. 71)
7 Worms-Pfiffligheim Grab 2 (Grünewald / Koch, wie Anm. 10, S. 340f. F 563)
Abgewandelt durch Flechtbandknoten:
8 Landau/Pfalz III Grab 19 (Polenz, wie Anm. 48, Taf. 80,1)

nach außen umgeschlagenen Unterlippe wiedergegeben. Mit der Fibel verbunden war das Pektorale mit dem Kreuz (Abb. 14). In Bargen Grab 26[80] lag die Hofbäuerin der dritten Generation, die den fernab der großen Straßen gelegenen Aussiedlerhof im Kraichgau in SD-Phase 10 bewirtschaftete.

Auch auf einer Scheibenfibel aus Gundersheim, Kr. Alzey-Worms, wirbeln Tierköpfe, von denen einer die umgeschlagene Lippe zeigt, um ein Kreuz[81]. Diese Lippenform und ein stark gebogener Hals charakterisieren wahrscheinlich Pferdeköpfe[82]. Reiter und Pferde sind nördlich der Alpen in christlichem Kontext gesichert, zum Beispiel mit dem Reliquienkästchen von Ennabeuron aus der Mitte des 7. Jahrhunderts und dem Siegelring von Lauchheim aus dem späten 7. Jahrhundert[83]. Die christliche Kirche bediente sich im Fränkischen Reich offensichtlich bekannter Bilder und versah ein ursprünglich heidnisches Pferdemotiv mit neuem Inhalt.

Abb. 12
Schwetzingen Grab 5/1966
Vierpassförmige goldene Filigranscheibenfibel mit Einlagen aus Glas
Dm 4,8 cm

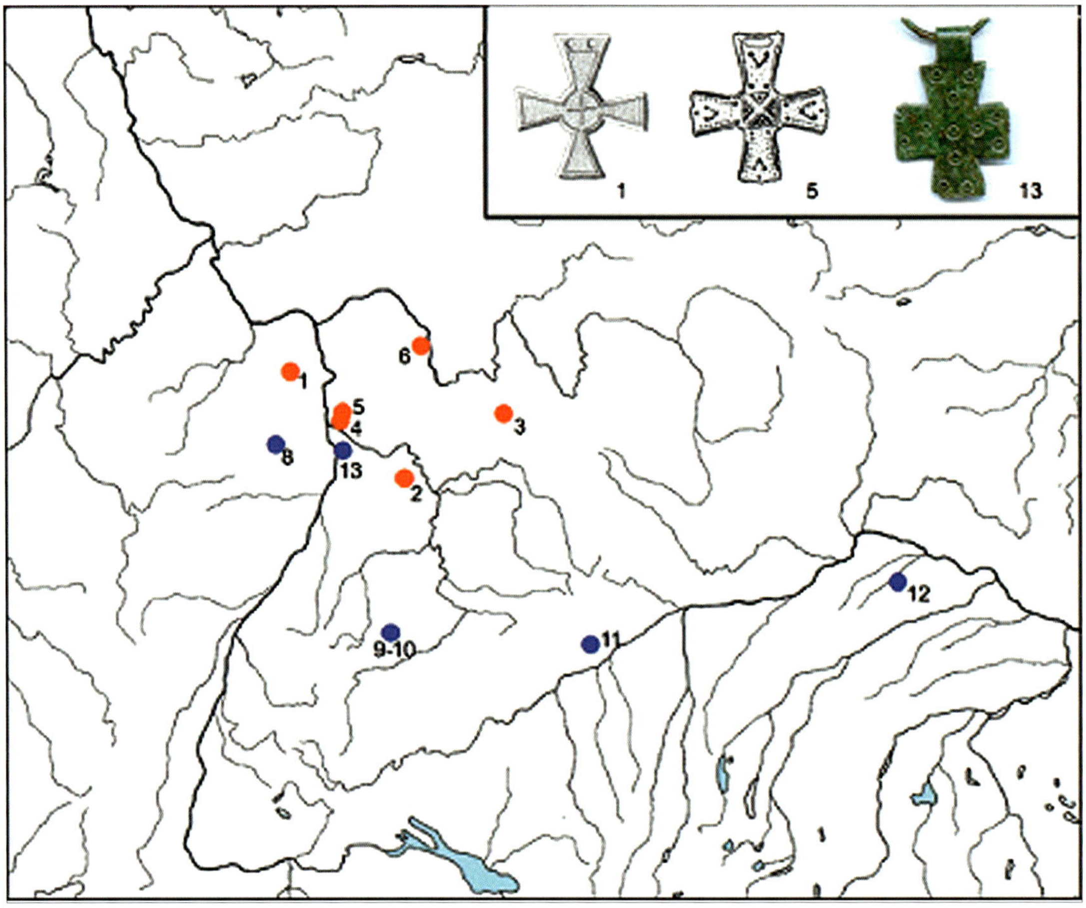


Abb. 13
Bronzene Pektoralkreuze
Nach B. Theune-Großkopf: Ein merowingerzeitlicher Kreuzanhänger von Neudingen, Schwarzwald-Baar-Kreis. Überlegungen zur Trageweise von Kreuzanhängern der jüngeren Merowingerzeit nördlich der Alpen, in: Regio Archaeologica. Festschrift Gerhard Fingerlin. Studia Honoraria 18, Rahden/Westf. 2002, S. 257-268, mit Ergänzungen

**A Mit betontem Zentrum**
**1** Albig, Rheinhessen: Zwei Löcher an einem Kreuzarm; gepunzte Rand begleitende Linien und Kreuz in der Mitte (AuhV II, Mainz 1870, H. 10 Taf. 6,6).
**2** Bargen Grab 26 (Theune-Großkopf Anm. 26, Abb. 8,3).
**3** Dittigheim, Stadt Tauberbischofsheim, Grab 4 (Theune-Großkopf Anm. 26, Abb. 8,6)
**4** Mannheim-Feudenheim (Theune-Großkopf Anm. 26, Abb. 8,4)
**5** Mannheim-Vogelstang Grab 355 (Theune-Großkopf Anm. 26, Abb. 8,5)
**6** Niedernberg, Kr. Miltenberg, Grab 32 zweckentfremdeter römischer Riemenverteiler (Theune-Großkopf Abb. 8,2)
**7** Puidoux, Kt. Waadt, Bronzekreuz mit Kette (Theune-Großkopf Abb. 13), nicht kartiert

**B Ohne Mittelfeld**
**8** Deidesheim I Grab 5: Gleicharmiges Kreuz, in der Mitte Flechtknoten (Polenz, wie Anm. 48, Taf. 21,13)
**9** Herrenberg, Kr. Böblingen, Im Zwerchweg Grab 318 (Theune-Großkopf Anm. 30; Abb. 9,1)
**10** Herrenberg, Kr. Böblingen, Im Zwerchweg Grab 97 (Theune-Großkopf Anm. 30, Abb. 9,2)
**11** Oberstotzingen, Kr. Heidenheim (Theune-Großkopf Abb. 9,5)
**12** Sallach, Kr. Straubing (Theune-Großkopf Abb. 9,3)
**13** Schwetzingen, Rhein-Neckar-Kreis, Grab 5/1966 (Theune-Großkopf Anm. 30 Abb. 9,4 unter Grab 7)

Bei den durchbrochenen Zierscheiben mit gleicharmigem Mittelkreuz aus Oftersheim (Abb. 15) und Vogelstang Grab 425[84] ersetzen vier wirbelartig angeordnete Tierköpfe mit spitzem Kinn und geöffneten Kiefern die üblichen geometrischen Speichen; die Köpfe sitzen zwar auf stark gebogenen Hälsen, gerollte Unterlippen sind jedoch nicht vorhanden; es dürfte sich eher um Schlangen handeln, die auf Zierscheiben ein häufiges und beliebtes Motiv sind[85] und, unter anderem auf einer Zierscheibe aus Großgartach, Kr. Heilbronn, besonders eindrucksvoll mit dem Kreuz kombiniert sind[86]. Die Symbolik der Schlange ist ambivalent[87]. Die sich häutende Schlange wurde in den meisten Mythologien des Altertums einerseits mit dem Ursprung des Lebens, andererseits mit Tod und Zerstörung verknüpft. In der Genesis ist die Schlange das Symbol des Bösen. In den Apokryphen und in der Offenbarung wird

Ursula Koch

1

2

Abb. 14
Bargen, Rhein-Neckar-Kreis, Grab 26
1 Bronzene Scheibenfibel mit Pferdeköpfen
2 Bronzenes Pektoralkreuz
M 1:1

sie mit dem Drachen identifiziert, und der Drache ist Satan, der Widersacher und Feind Gottes. Doch die eherne Schlange, die Moses als apotropäisches Symbol verfertigte, wurde zum Symbol des Kreuzes und der Erlösung durch Christus.

Auf einer Scheibenfibel aus Worms-Abenheim sind vier Raubvogelköpfe mit ihren Leibern kreuzförmig verbunden[88]. Durchbrochene Platten mit Raubvogelköpfen treten bei Gürtelgehängen auf, zum Beispiel in Obrigheim Grab 17[89]. Der Adler ist zum einen das Symbol des Evangelisten Johannes[90], doch ist er auch ein altes Herrschersymbol, das über den Kaiserkult auf Christus als Herrscher überging: in diesem Sinne steht der Adler über dem Kreuz[91]. Köpfe mit Raubvogelschnabel und Köpfe mit nach außen gerollter Unterlippe, also Adler- und Pferdeköpfe, rahmen die aus Bronze gegossene Scheibenfibel in Grab 524 vom Hermsheimer Bösfeld in Mannheim-Seckenheim, deren Mitte mit einem kreuzförmig gegliederten filigranverzierten Goldblech belegt ist, sodass von einem christlichen Kontext auszugehen ist (Abb. 16).

In der Alamannia tritt der Tierstil II häufiger auf als am nördlichen Oberrhein, dort ist er auch früher belegt. Modisch voran schritten Frauen der führenden Familien, wie die Hofherrin in Güttingen, Kr. Konstanz, Grab 7, die bereits in SD-Phase 8 Wadenbinden mit großen Riemenzungen und Stil-II-Tierköpfen daran trug[92]. Heiratsverbindungen und familiäre Beziehungen in die Alamannia dürften zur Ausbreitung der Tierornamentik am nördlichen Oberrhein beigetragen haben. Dies legen eine Nadel mit Adlerkopf aus Worms-Ibersheim[93] sowie die am Oberrhein seltenen Wadenbindengarnituren mit Tierornamentik nahe, zum Beispiel die aus Gimbsheim Grab 1[94]. Auch die Zierscheibe mit einem Kreuz in der Mitte und vier wirbelartig angeordneten Schlangenköpfen aus Oftersheim im Rhein-Neckar-Kreis (Abb. 15) hat ihre Parallelen im alamannischen Donauraum[95].

**Reiter ohne Lanze**

Impulse aus dem Westen, die zur Christianisierung der Familien in den ländlichen Siedlungen am Oberrhein beitrugen, lassen sich im archäologischen Material ebenfalls ausmachen, und zwar mit den Reiterscheiben (Abb. 17). In der zweiten Hälfte des 6. Jahrhunderts tauchten nicht nur im Osten sondern auch im Westen des Merowingerreiches bronzene durchbrochene Zierscheiben auf. Die beiden Gruppen durchbrochener Zierscheiben haben jede ihre eigene Genese und lassen sich deutlich trennen[96].

Jene im Westen sind kleiner als die durchbrochenen Zierscheiben im Osten. Während die großen Scheiben im Osten des Reiches das untere Ende des Gürtelgehänges markieren, wurden sie im Westen

Abb. 15
Bronzene, verzinnte Zierscheibe mit Kreuz und Schlangenköpfen aus Oftersheim Grab 4/1970
M 1:2

Abb. 16
Mannheim-Seckenheim, Hermsheimer Bösfeld Grab 524
Scheibenfibel mit Pferde- und Adlerköpfen am Rand
M. 1:1

stets als Kopfstück eines Gürtelgehänges verwendet und besitzen häufig angegossene Hängeösen. Im späten 6. Jahrhundert verwendeten Frauen zwischen Somme und Maas Zierscheiben, auf denen Reiter ohne Lanze zu erkennen sind (Abb. 17). In Neustrien, dem Kerngebiet der Merowinger in der einstigen Provinz Belgica II mit einem besonders dichten Netz von Bischofsstädten[97], ist davon auszugehen, dass die Reiter mit einer zum Gruß erhobenen Hand als christliches Motiv verbreitet wurden. Das Motiv dürfte seine Wurzeln im spätantiken Kaiserkult gehabt haben, wie dies auch für die in Form, Größe und Darstellung – bis auf die fehlende Schlange und reliefartige Prägung – ähnlichen Scheiben angenommen wird, die im 5. Jahrhundert in Spanien als Trensenknebel verwendet wurden[98].

In Albig nördlich von Alzey gehörte eine westfränkische Reiterscheibe zu den Funden aus zerstörten Gräbern; sowohl die Datierung wie die Trageweise sind also offen.

Ein Vorkommen in Schwetzingen Grab 6/1987 ist erst in SD-Phase 10 zu datieren, denn die Frau besaß neben dem Gehänge mit Reiter-Zierscheibe ein Gehänge aus Stangengliedern mit tierornamentierter Trägerplatte und Zwischenplatte[99]. Während die westfränkischen runden durchbrochenen Zierscheiben unmittelbar unterhalb des Gürtels getragen wurden, hing die Platte mit dem Reiter in Schwetzingen jedoch, wie im Osten des Reiches üblich, in Knöchelhöhe. Es ist sogar recht wahrscheinlich, dass die Zierscheibe selbst gar nicht mehr aus Neustrien stammt, denn das Motiv des Adorantenreiters wurde am nördlichen Oberrhein auch für regional typische Trachtaccessoires übernommen, nämlich für bogenförmige durch-

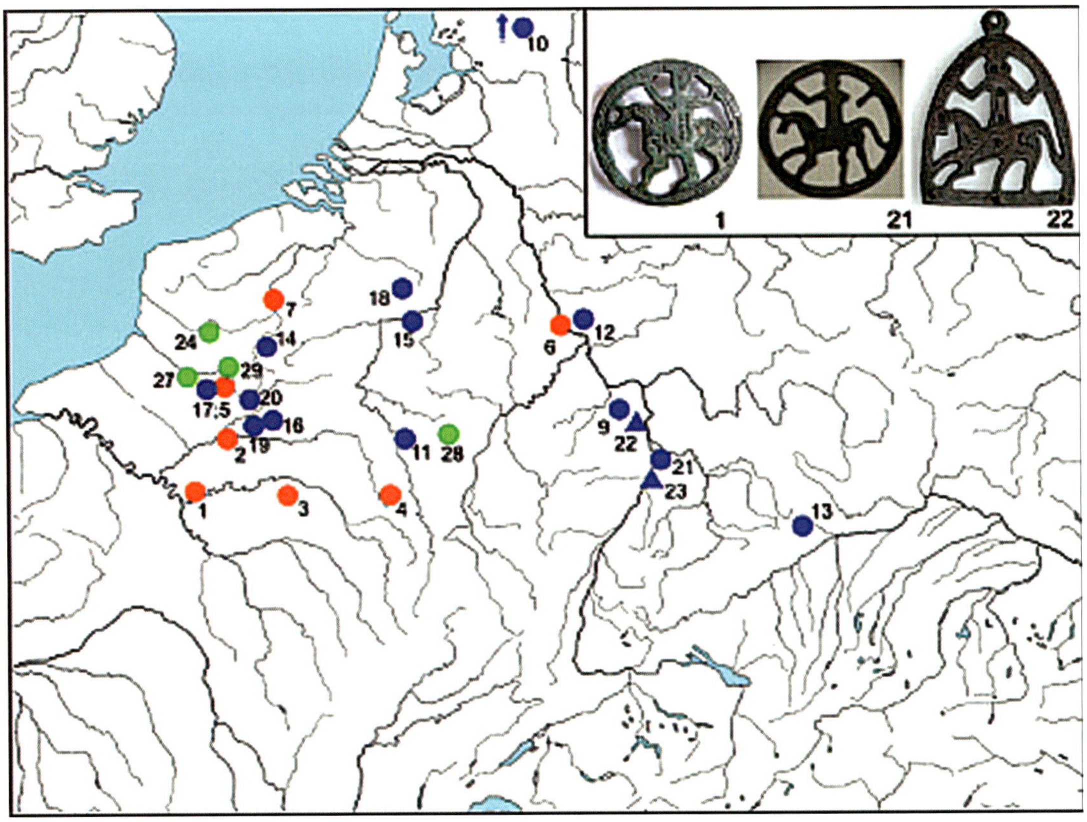


Abb. 17
Bronzene Zierscheiben mit dem Orantenreiter, dem Reiter ohne Lanze
Nach D. Renner: Die durchbrochenen Zierscheiben der Merowingerzeit. RGZM Kataloge vor- und frühgeschichtlicher Altertümer 18, Mainz 1970, Gruppe XII, und A. Frey: Gürtelschnallen westlicher Herkunft im östlichen Frankenreich. Monographien des RGZM 66, Mainz 2006, Liste 33

brochene Trägerplatten großer Gürtelgehänge im rheinhessischen Mörstadt und in Rheinsheim im Kr. Karlsruhe. Dafür spricht auch, dass sich das Pferd der runden Scheibe von Schwetzingen und das der bogenförmigen Trägerplatte von Mörstadt nicht nur sehr ähnlich sind, sondern dass sie die gleichen Brandzeichen tragen.

**Tiefes Kammergrab – zugängliches Steinplattengrab**

Bei den Männern hatte sich bis in SD-Phase 10 nicht viel verändert. Die Hofherren und ihre Krieger erhielten immer noch Waffen mit ins Grab. Im Jenseits genossen offensichtlich Reiter und Krieger das höchste Ansehen. Dem dürften Vorstellungen zugrunde liegen, wie sie aus der altskandinavischen Mythologie bekannt sind, nämlich dass die Aufnahme der Toten bei verschiedenen Gottheiten und ihren mythischen Wohnsitzen vom Rang des Toten abhängt[100].

Je vornehmer der Tote, desto tiefer wurde die Grabgrube angelegt. Dieser Bestattungsaufwand in den Gräbern des 6.-7. Jahrhunderts diente einerseits sicher der Repräsentation gegenüber den

**XII A 1 Reiter mit fast winklig erhobenen Armen in Vorderansicht; Bein und Fuß des Reiters in Seitenansicht**

**1** Chelles Grab 219: Dm 5,8 cm. Auf der Rückseite Ösen (F. Vallet: Collections mérovingiennes de Napoléon III provenant de la Région de Compiègne, Paris 2008, S. 194f. Nr. 15508 Abb. 103; Taf. 38,4)
**2** Compiegne, Dép. Oise: Dm 5,8 cm (Renner Taf. 30,613; Frey Liste 33,10)
**3** Ferebrianges, Dép.Marne: Dm 7 cm (Renner Taf. 30,614; Frey Liste 33,11)
**4** Lavoye, Dép. Meuse, Grab 32: Dm 5 cm (Renner Taf. 30,615; R. Joffroy: Le cimetière de Lavoye. Nécropole mérovingienne, Paris 1974, S. 44ff. Abb. 23; 107 Taf. 3,32,3; Frey Liste 33,13)
**5** Marchelepot, Dép. Somme: Dm 7 cm; Hängeöse (Renner Taf. 30,616)
**6** Bad Niederbreisig, Kr. Ahrweiler: Dm 7 cm; Hängeöse (Renner Taf. 30,617; Frey 2006, Liste 33,1)
**7** Tournai, Prov. Luxembourg, Grab L: Dm 7 cm (Renner Taf. 30,618; Katalog Tournai 1983, 79 Abb. 79; bei Frey Liste 33,24 falsch zitiert Grab 15)
**8** Dép. Aisne oder Somme: Dm 7,2 cm; Hängeöse (Renner Taf. 30,619; Frey Liste 33,29)

**XII A 2 Reiter mit erhobenen Armen in Vorderansicht; Bein und Fuß des Reiters allenfalls graviert**

**9** Albig, Kr. Alzey-Worms (Mainzer Zeitschr. 70, 1975, S. 229 Taf. 53,d)
**10** Ferwerd, Prov. Friesland: Dm 7,1 cm (Renner Taf. 30,620; Frey Liste 33,25)
**11** Brouennes, Dép. Meuse, Ginvry: Dm 6,8 cm; Hängeöse (Renner Taf. 30,621; Frey Liste 33,8)
**12** Gladbach, Kr. Neuwied: Dm 8,8 cm (Renner Taf. 30,622; Frey Liste 33,4)
**13** Heidenheim an der Brenz: Dm 7,6 cm (Renner Taf. 30,624; Frey Liste 33,5)
**14** Hordain, Dép. Nord, Grab 69: Dm 7,4 cm; Hängeöse (Le Nord de la France de Théodose à Charles Martel. Exposition Boulogne sur mer. Lille 1983, 98 Nr. 113b; Frey Liste 33,12)
**15** Huy, Prov. Liège, Grab 2: Dm 5,6 cm; Hängeöse (J. Docquier / R. Bit: La nécropole de Saint-Victor à Huy-Petite (Ve-VIIe s.) Bull. Cercle Arch. Hesbay-Condroz 21, 1989-1990, S. 86ff. Abb. 8.9 T. 2; Frey Liste 33,22)
**16** Luziau, Dép. Aisne: Dm 6,7 cm; Hängeöse ausgebrochen (Renner Taf. 30,625; Frey Liste 33,33)
**17** Marchélepot, Dép. Somme: Dm 7 cm; Hängeöse (Renner Taf. 30,626; Frey Liste 33,14a-b)
**18** Marilles, Prov. Brabant: Dm 7,6 cm; Hängeöse (Renner Taf. 31,627; Frey Liste 33,23)
**19** Quincy-Basse, Dép. Aisne: Dm 4,7 cm; Hängeöse (Renner Taf. 31.628; Frey Liste 33,15)
**20** Séraucourt-le-Grand: Dm 6,7 cm (Renner Taf. 31,629; Frey Liste 33,18)
**21** Schwetzingen, Rhein-Neckar-Kreis, Grab 6/1987 (Archäologisches Landesarchiv Rastatt)

**Bogenförmige Gehängeplatten mit Reitern wie XII A 2**

**22** Mörstadt, Kr. Alzey-Worms, Grab 161: H 8,04 cm (Grünewald / Koch, wie Anm. 10, S. 789 F 3020)
**23** Rheinsheim, Kr. Karlsruhe (Ausstellung Schätze der Reginesheimer im Haus Reginesheim/Rheinsheim 2009; Landesmuseum Karlsruhe)

**XII A 3 Reiter in Vorderansicht, der vordere Arm nach unten gewinkelt, der hintere hoch gewinkelt; Pferd mit zwei, drei oder vier Beinen**

**24** Wanquetin, Dép. Pas.de-Calais: Dm 8,5 cm; Hängeöse (Renner Taf. 31,630; Frey Liste 33,19)
**25** Dép. Aisne oder Somme: Dm 8 cm (Renner Taf. 31,631; Frey Liste 33,30)
**26** Dép. Aisne oder Somme: Dm 6,8 cm (Renner Taf. 31,632; Frey Liste 33,31)

**XII A 4 Reiter in Vorderansicht oder Profil, beide Arme nach unten**

**27** Amiens, Dép. Somme: Dm 7,5 cm (Renner Taf. 31,633; Frey Liste 33,7)
**28** Arlon, Prov. Luxembourg Grab 3: Dm 6,6 cm (Renner Taf. 31,634; Frey Liste 33,20)
**29** Cléry-sur-Somme, Dép. Somme: Dm 7,5 cm (Renner Taf. 31,635; Frey Liste 33,9)
**30** Fort de Chesnel, Dép. Meuse (Fundort nicht lokalisierbar): Dm 6,9 cm (D. Renner: Eine merowingische Zierscheibe mit Reiterdarstellung. Bonner Jahrb. 178. 1978, S. 531-537, hier S. 533 Abb. 1)
**31** Nordfrankreich: Dm 6,6 cm. (Renner Taf. 31,636; Frey Liste 33,32)

Lebenden, beruhte andererseits wohl auch auf der Vorstellung einer Fortsetzung des Lebens im Jenseits. Altgermanische Jenseitsvorstellungen sind nur fragmentarisch überliefert[101]; auffallend sind dabei die Vorstellungen von sehr unterschiedlichen Jenseitsorten. Da die Ausmaße der Grabkammern und Tiefe der Gräber stetig zunahmen, dürfte am nördlichen Oberrhein die Vorstellung von einem Jenseits tief in der Erde eine Rolle gespielt haben. Dass an ein unterirdisches Totenreich geglaubt wurde, belegen die Oboli in den Gräbern der Wohlhabenden, mit denen – wie aus der griechischen Mythologie bekannt – Charon der Fährmann bezahlt werden sollte. Diese Sitte war allerdings, wie besonders deutlich in Hechtsheim zu erkennen[102], nicht in allen Familien üblich und dürfte mit dem Grad der Romanisierung zusammenhängen[103].

Gegen Ende der SD-Phase 10 wurde der Hofherr von Hechtsheim in der Nordostecke des Gräberfelds jedoch nicht mehr tief in der Erde, sondern in einem Steinplattengrab beigesetzt, das sich wieder öffnen und mit einem christlichen Auferstehungsglauben besser vereinbaren lässt als das tiefe Kammergrab unter einem Grabhügel. In die Deckplatte war auf der dem Toten zugewandten Seite ein großes lateinisches Kreuz eingeritzt[104]. Der Hofherr war Christ. Über die Ausstattung ist nichts bekannt, da die Bestattung komplett beraubt war; datiert ist das Grab über die es kreisförmig umgebenden Gräber und die darin enthaltenen Beigaben.

In der folgenden Generation gelangten in Hechtsheim wie in den meisten Gräberfeldern am Rhein zwischen Main und Neckar keine Waffen mehr ins Grab, und bei den Bestattungen der sozialen Oberschicht lösten die gemauerten Gräber die tief in die Erde eingelassenen Gruben ab.

Wie weit das Christentum gegen Ende des 7. Jahrhunderts dann vorgedrungen war, zeigen eindrucksvoll die zahlreichen Brakteatenfibeln und Brateatenanhänger, die am nördlichen Oberrhein von den Frauen aller Bevölkerungsschichten getragen wurden, auch von denen, die in Steinplattengräbern beigesetzt wurden. Die in dünne Gold-, Silber- oder Bronzebleche eingepressten Bilder und Zeichen dienten zweifellos der Verbreitung christlicher Ideen, meist sind es Flechtkreuze[105], Flechtkreuze mit Schlaufentieren[106] oder Adler wie in Heddesheim (Abb. 18,1) und Grab 466 vom Hermsheimer Bösfeld in Mannheim (Abb. 18,2).

1 2

Abb. 18
Christlicher Brakteatenschmuck aus der späten Merowingerzeit
1 Heddesheim
2 Mannheim-Seckenheim, Hermheimer Bösfeld Grab 466
M 1:1

**Zusammenfassung**

Trachtaccessoires mit kreuzförmiger Gliederung und Zeugnisse mit christlichen Symbolen bis hin zu den spätmerowingerzeitlichen Brakteatenfibeln wurden schon wiederholt zusammengestellt. Dieser neue Versuch sollte vor allem die zeitliche Entwicklung in der Konfrontation mit dem Christentum aufzeigen.

Im 6. Jahrhundert tauchten christliche Symbole auf Prestigeobjekten und Erzeugnissen zentraler Werkstätten auf. Zu einer breiten Akzeptanz des Christentums kam es am Oberrhein in den Bistümern von Mainz und Worms erst im Laufe des 7. Jahrhunderts, als auch einheimische Erzeugnisse der Ober- und Mittelschicht christliche Symbole zeigen. Ab der Mitte des 7. Jahrhunderts sind diese dann allgegenwärtig. Um der Bevölkerung in den ländlichen Siedlungen christliche Inhalte zu vermitteln, bedienten sich einige Kreise vor allem in der Alamannia auch heidnischer Bildmotive. Offensichtlich wurde der germanische Tierstil II zur Verbreitung christlicher Inhalte benutzt. Diese Zeit des Umbruchs war eine von Unsicherheit und Angst geprägte Periode, in der die Frauen sich zwar der neuen Religion zuwandten, aber auch zu den alten, bewährten Amuletten griffen. Da Klöster vor dem 8. Jahrhundert am nördlichen Oberrhein ganz offensichtlich keine Rolle spielten[107], können die sich in der Mitte des 7. Jahrhunderts verdichtenden Anzeichen einer Christianisierung der ländlichen Bevölkerung als Auswirkungen der Politik Dagoberts I. (623/629-639 n. Chr.), des letzten mächtigen Merowingerkönigs, verstanden werden. Dagobert betrieb im Osten seines Reiches eine Politik zugunsten einer Reichskirche mit Kontrolle der Bischofsherrschaften.

Ursula Koch

* Überarbeiteter Vortrag, gehalten im Mai 2010 in der AG „Spätantike – Frühes Mittelalter" auf dem Archäologie-Kongress in Nürnberg.

1 W. Boppert, A. Wieczorek: Die Gräber des Ludino und der Pauta aus Worms, in: Die Franken, Wegbereiter Europas. Kataloghandbuch zur Ausstellung Reiss-Museum Mannheim, Mainz 1996, S. 870ff.

2 R. Koebner: Venantius Fortunatus, seine Persönlichkeit und seine Stellung in der geistigen Kultur des Merowingerreiches, Leipzig 1915.

3 E. Ewig: Die Merowinger und das Frankenreich, Stuttgart Berlin Köln 1993$^{2}$, S. 114.

4 S. Ristow: Frühes Christentum im Rheinland. Die Zeugnisse der archäologischen und historischen Quellen an Rhein, Maas und Mosel, Münster 2007, S. 253.

5 Ebenda S. 237ff.

6 H. W. Nopper: Die vorbonifatianischen Mainzer Bischöfe: eine kritische Untersuchung der Quellen zu den Anfängen des Bistums Mainz und zur Zuverlässigkeit der Bischofslisten, Mülheim an der Ruhr 2001, S. 101 Anm. 365.

7 U. Koch: Das frühmittelalterliche Gräberfeld von Mainz-Hechtsheim. Mainzer Archäologische Schriften 11, Mainz 2011, Taf. 58-59; Die Franken, wie Anm. 1, S. 1025f.

8 Die Franken, wie Anm. 1, S. 650 Abb. 519-520.

9 Die Franken, wie Anm. 1, S. 930 Kat. VI.1.14; Ristow, wie Anm. 4, Taf. 73.

10 M. Grünewald / U. Koch: Zwischen Römerzeit und Karl dem Großen. Die frühmittelalterlichen Grabfunde aus Worms und Rheinhessen im Museum der Stadt Worms im Andreasstift, Lindenberg/Allgäu 2009, S. 372ff.

11 U. Koch: Urach VI. Die Glas- und Edelsteinfunde aus den Plangrabungen 1967-1983, Heidelberg/Sigmaringen 1987, S. 167ff.

12 R. Legoux: La Nécropole mérovingienne de Cutry (Meurthe-et-Moselle). Mémoires AFAM 14, Saint Germain 2005, Taf. 109.

13 Ebenda Taf. 109; 120f.; 131; 145; 152; 155f.

14 U. Koch: Mannheim unter fränkischer Herrschaft. Die merowingerzeitlichen Grabfunde aus dem Stadtgebiet, in: H. Probst (Hrsg.), Mannheim vor der Stadtgründung I/2, Regensburg 2007, S. 10-420, hier S. 334 Abb. 10.

15 Der Neue Pauly 6, 1999, 618.

16 A. Frey: Gürtelschnallen westlicher Herkunft im östlichen Frankenreich. Monographien des RGZM 66, Mainz 2006, S. 34ff.

17 H. P. Kraft: Frühe christliche Darstellungen auf fränkischen Bronzen. Arch. Nachr. Baden 1979 H. 22, S. 51ff.; G. Clauss: Ein neuer Reihengräberfriedhof bei Hockenheim, Rhein-Neckar-Kreis. Fundber. Baden-Württemberg 11, 1986, S. 313-358, Abb. 34,1-4; Koch 2007, wie Anm. 14, S. 378 Abb. 11; S. 386 Abb. 24; S. 388 Abb. 27.

18 Verbreitungskarte W. Schwarz: <<Civezzano>> – und kein Ende? Bemerkungen zu Herkunft, Zeitstellung und Verbreitung tauschierter Spathagurte der jüngeren Merowingerzeit, in: Hüben und Drüben. Räume und Grenzen in der Archäologie des Frühmittelalters. Festschrift für Max Martin. Archäologie und Museum 48, Liestal 2004, S. 63-90, hier S. 85 Abb. 14.

19 Koch 2007, wie Anm. 14, S. 163 Abb. 82.

20 Ebenda S. 165 Abb. 86.

21 Ebenda S. 77 Abb. 69.

22 Freundlicher Hinweis C. Engels.

23 C. Engels: Das merowingerzeitliche Gräberfeld Eppstein, Stadt Frankenthal (Pfalz). Dissertation Marburg 2002, Taf. 11; ders.: Reihenweise Gräber aus Eppstein. Erkenbert-Museum der Stadt Frankenthal (Pfalz) 2004, S. 13 Abb. 16.

24 S. Keim: Kontakte zwischen dem alamannisch-bajuwarischen Raum und dem langobardenzeitlichen Italien. Internat. Arch. 98, Rahden/Westf. 2007, S. 127ff. mit Karte 30.

25 U. Koch: Das fränkische Gräberfeld von Klepsau, Hohenlohe-Kreis. Forsch. und Ber. zur Vor- u. Frühgeschichte in Baden-Württemberg 38, Stuttgart 1990, S. 201.

26 Vgl. H.H. Anton in: Die Franken, wie Anm. 1, S. 373-380.

27 Vgl. F. Prinz in: Die Franken, wie Anm. 1, S. 448-451.

28 Ristow, wie Anm. 4, S. 7.

29 Koch 2007, wie Anm. 14, S. 376 Abb. 10.

30 S. Brather-Walter: Schlange – Seewesen – Raubvogel? Die S-förmigen Kleinfibeln der älteren Merowingerzeit. Zeitschr. Arch. Mittelalter 37, 2009, S. 47-110.

31 Koch 2007, wie Anm. 14, S. 129 Abb. 13; S. 141 Abb. 41; Grünewald / Koch, wie Anm. 10, S. 121; 229; 235; 735; 1036; 1161; 1175.

32 J. Amstatt: Südgermanische Religion seit der Völkerwanderungszeit, Stuttgart 1991, S. 43.

33 Die Franken, wie Anm. 1, S. 679 Abb. 549; Koch 2011, wie Anm. 7, Taf. 12.

34 U. Koch: Das alamannisch-fränkische Gräberfeld bei Pleidelsheim, Kr. Ludwigsburg. Forsch. und Ber. zur Vor- und Frühgeschichte in Baden-Württemberg 60, Stuttgart 2001, Taf 61.

35 Vgl. dazu H. Beck in: Reallexikon Germanische Altertumskunde 2. Aufl. 14, 1999, 257ff. s.v. Hel.

36 W. Sage: Das Reihengräberfeld von Altenerding in Oberbayern. German. Denkmäler Völkerwanderungszeit A 14, Berlin 1984, Taf. 205.

37 E. Wamers: Schmuck des frühen Mittelalters im Frankfurter Museum für Vor- und Frühgeschichte. Arch. Schriftenreihe 7, Frankfurt a. M. 1986, S. 52f.

38 R. Seyer-Masuhr: Zur Deutung des verschlungenen Menschenpaares auf völkerwanderungszeitlichen Zierscheiben. EAZ 1, 1960, S. 25-37.

39 D. Renner: Die durchbrochenen Zierscheiben der Merowingerzeit. RGZM Kataloge vor- und frühgeschichtlicher Altertümer 18, Mainz 1970, Taf. 32,661.

40 Ebenda Taf 32,647.

41 L. Pauli: Heidnische und christliche Bräuche, in: Die Bajuwaren von Severin bis Tassilo 488-788. Katalog der Landesausstellungen Rosenheim / Mattsee 1988, S. 274-279; B. Dübner-Manthey: Zum Amulettbrauchtum in frühmittelalterlichen Frauen- und Kindergräbern, in: Werner Affelt, Frauen in Spätantike und Frühmittelalter, Sigmaringen 1990, S. 65-87.

42 Koch 2007, wie Anm. 14, S. 372f. Abb. 1-5.

43 Koch 2011, wie Anm. 7, S. 76-78.

44 Koch 2007, wie Anm. 14, S. 52ff.

45 M. Dohrn-Ihmig / M. Aufleger / G. Zeller / H. Schubert u.a.: Das fränkische Gräberfeld von Nieder-Erlenbach, Stadt Frankfurt am Main. Beiträge zum Denkmalschutz in Frankfurt am Main 11, Frankfurt 1999.

46 Koch 2007, wie Anm. 14, S. 96ff.

47 L. Pauli: Keltischer Volksglaube. Amulette und Sonderbestattungen am Dürrnberg bei Hallein und im eisenzeitlichen Mitteleuropa, München 1975.

48 H. Polenz, Katalog der merowingerzeitlichen Funde in der Pfalz. German. Denkmäler Völkerwanderungszeit B 12, Stuttgart 1988, Taf. 2-4.

49 Koch 1990, wie Anm. 25, S. 164f.

50 Koch 2011, wie Anm. 7, S. 236-238.

51 Koch 2007, wie Anm. 14, S. 39 Abb. 10.

52 Grünewald / Koch, wie Anm. 10, S. 559 F 984.

53 Ebenda S. 843 F 990.

54 F. Damminger: Die Merowingerzeit im südlichen Kraichgau und in den angrenzenden Landschaften. Materialh. zur Archäologie in Baden-Württemberg 61, Stuttgart 2002, S. 104 Anm. 720.

55 G. Zeller: Die fränkischen Altertümer des nördlichen Rheinhessen. German. Denkmäler Völkerwanderungszeit B 15, Stuttgart 1992, S. 150.

56 Grünewald / Koch, wie Anm. 10, S. 253 F 3293.

57 Ebenda S. 247 F 3155.

58 Polenz, wie Anm. 48, Taf. 44,17.

59 Grünewald / Koch, wie Anm. 10, S. 900 F 817-818.

60 Polenz, wie Anm. 48, Taf. 126,10.

61 Zeller, wie Anm. 55, Taf. 94,12.

62 Clauss, wie Anm. 17, Abb. 30.

63 Koch 2007, wie Anm. 14, S. 144 Abb. 47-48.

64 V. Hilberg: Griesheim Grab 400. Die Bügelfibeln der jüngeren Merowingerzeit im Rhein-Main-Gebiet, in: Reliquiae Gentium Teil 1. Festschrift für Horst Wolfgang Böhme. Internat. Arch. Studia honoraria 23, Rahden/Westf. 2005, S. 195-222, Abb. 3.

65 Grünewald / Koch, wie Anm. 10, S. 340f.

66 Damminger, wie Anm. 54, S. 93.

67 U. Schellhas: Amulettkapsel und Brustschmuck – Neue Beobachtungen zur rheinischen Frauenkleidung des 7. Jahrhunderts. Mainzer Zeitschr. 1, 1994, S. 73-155.

68 Grünewald / Koch, wie Anm. 10, S. 885 F 860.

69 Ebenda S. 251 F 3290.

70 Ebenda S. 885 F 739.

71 R. Marti: Zwischen Römerzeit und Mittelalter. Forschungen zur frühmittelalterlichen Siedlungsgeschichte der Nordwestschweiz

Ursula Koch

(4.-10. Jahrhundert). Archäologie und Museum Bd. 41, Liestal 2000, S. 64 Abb. 29 mit Fundliste 4.

72 Ebenda Taf. 19,4.

73 E. Wamers: Salins Stil II auf christlichen Gegenständen. Zur Ikonographie merowingerzeitlicher Kunst im 7. Jahrhundert. Zeitschr. Arch. Mittelalter 36, 2008, S. 33-72.

74 Grünewald / Koch, wie Anm. 10, S. 826ff. F 1127.

75 Ebenda F 1126.

76 Hilberg, wie Anm. 64, S. 207 Abb. 6,1.

77 Grünewald / Koch, wie Anm. 10, S. 455 F 1210-1211.

78 Ebenda S. 348f. F 3305.

79 Koch 2007, wie Anm. 14, S. 395f.

80 U. Koch: Die fränkischen Gräberfelder von Bargen und Berghausen in Nordbaden. Forsch. und Ber. zur Vor- u. Frühgeschichte in Baden-Württemberg 12, Stuttgart 1982, Taf.16.

81 Grünewald / Koch, wie Anm. 10, S. 71 F 560.

82 Koch 2007, wie Anm. 14, S. 384.

83 D. Quast: Merovingian Period Equestrians in Figural Art, in: The Horse and Man in European Antiquity. Archeologia Baltica 11, Klaipèda 2009, S. 330-342, hier S. 337f. Abb. 8-9.

84 Koch 2007, wie Anm. 14, S. 277 Abb. 91.

85 Renner, wie Anm. 39, Gruppe VII.

86 Ebenda Taf 25,525.

87 G. B. Ladner: Handbuch der frühchristlichen Symbolik, Wiesbaden 1996, S. 75ff.

88 Grünewald / Koch, wie Anm. 10, S. 243 F 562.

89 Polenz, wie Anm. 48, Taf. 114,15; 212,2.

90 Ladner, wie Anm. 87, S. 38f.

91 M. Durliat: Die Kunst des frühen Mittelalters, Freiburg/Basel/Wien 1987, Farbtaf. 22.

92 G. Fingerlin: Die alamannischen Gräberfelder von Güttingen und Merdingen in Südbaden. German. Denkmäler Völkerwanderungszeit A 12, Berlin 1971, Taf. 6-7; U. Koch: Hierarchie der Frauen merowingerzeitlicher Hofgesellschaften, in: Dieter Quast (Hrsg.), Weibliche Eliten im ersten nachchristlichen Jahrtausend. Internat. Tagung 13.-14. Juni 2008. RGZM – Tagungen 9 (Mainz im Druck).

93 Grünewald / Koch, wie Anm. 10, S. 324ff, F 3286 mit Verbreitungskarte.

94 Ebenda S. 69 F 963; S. 534ff. mit Verbreitungskarte.

95 Renner, wie Anm. 39, Taf. 23, 477-484 Gruppe VIIB-2.

96 H. Ament: Archäologie des Merowingerreiches Literaturbericht 1971. Ber. RGK 51-52, 1970-71, S. 283-347, hier 300f.

97 Die Franken, wie Anm. 1, S. 375 Abb. 306.

98 C. Eger: Debellator Hostium. Zur Reiterdarstellung auf dem Scheibenknebel von Puente Genil, in: G. Schattner / S. Rovira (Hrsg.), Homage al Dr. Michael Blech. Boletin Asociación Española de Amigos de la Arqueologia 45, 2008-09, S. 263-271, hier S. 263 Abb. 1.

99 Arch. Landesarchiv Rastatt.

100 A. Hultgård in: Reallexikon Germanische Altertumskunde 2. Aufl. 22, 2002, S. 472-477 s.v. Mythische Stätten, Tod und Jenseits, hier S. 473.

101 Ebenda S. 472.

102 Koch 2011, wie Anm. 7, S. 42-44.

103 G. Krause: Zur Münzbeigabe in merowingerzeitlichen Reihengräbern, in: Regio Archaeologica. Festschrift Gerhard Fingerlin. Studia Honoraria 18, Rahden/Westf. 2002, S. 287-300, hier S. 296; H. Steuer In: Reallexikon Germanische Altertumskunde 2. Aufl. 21, 2002, S. 498-515 s.v. Obolus, hier S. 507.

104 G. Zeller: Das fränkische Gräberfeld auf der Hechtsheimer Frankenhöhe, in: Hechtsheim. Archäologische Ortsbetrachtungen 7, Mainz 2005, S. 3-32, hier S. 27 Abb. 15; Koch 2011, wie Anm. 7, Taf. 98.

105 H. W. Böhme: Archäologische Aspekte zur Christianisierung Süddeutschlands, in: Mission und Christianisierung am Hoch- und Oberrhein, Stuttgart 2000, S. 75-109, Abb. 17 Verbreitungskarte.

106 Marti, wie Anm. 71, S. 63 Abb. 28 mit Fundliste 3.

107 F. Prinz: Frühes Mönchtum im Frankenreich, München 1965; Darmstadt[2] 1988, Karte VIIa.

Alexandros Nasikas

# Ölmalereien im Reich der Mitte

Porträt von Ubashi,
Khan der Turgut
Ölfarben auf Maulbeerpapier
H 75 cm, B 58 cm
rem, Inv.-Nr. II As 5849
Unter Ubashi (reg. 1761-1771, gest. 1774) zogen die Turgut von der Wolga zurück in die innerasiatische Steppe. Von Kaiser Qianlong als Heimkehrer begrüßt, erhielt er einen großartigen Empfang. Hier ist er mit einer Drachenrobe zu sehen, die zu tragen ein Privileg des Kaisers und seiner Familie war.
Foto: rem, Martin Schultz

Über die Seidenstraße gelangten bereits seit der Antike Handelswaren und Berichte über ein fremdes Reich im Osten nach Europa. Im 13. Jahrhundert beflügelten die Reiseberichte Marco Polos die Phantasie der Europäer und prägten ihr Bild vom fernen Osten. Der venezianische Kaufmann berichtete von monumentalen Städten und Palästen und von gottgleichen Kaisern, die in ihnen residierten. Im 16. Jahrhundert beherrschten portugiesische Seefahrer den Ostindienhandel. Damit begann ein langanhaltender europäischer Einfluss auf das Reich der Mitte, der einen seiner tragischen Höhepunkte in der Zerschlagung des Boxeraufstandes und der Plünderung Pekings 1901 fand. Viele Schätze aus dem Kaiserpalast gelangten so nach Europa. Zu diesen Schätzen gehören vier Porträts, die 1976 aus dem Besitz des Antiquars Otto Biehn in die Sammlungen des damaligen Reiß-Museums in Mannheim gelangten (Inventarnummern II As 5848, II As 5849, II As 5850, II As 5851).

Die Porträts entstanden während der Regentschaft Kaiser Qianlongs (1711-1799). Qianlong gehörte zur mandschurischen Qing-Dynastie, die von 1644 bis 1911 die Kaiser Chinas stellte. Die vier vorliegenden Porträts wurden vermutlich von Qianlong anlässlich eines erfolgreichen Feldzugs gegen die Stämme im westlichen Sichuan (1771-1776) im Jahr 1775/76 in Auftrag gegeben. Bei den vier Porträtierten handelt es sich um Untertanen, die sich durch besondere Verdienste und Loyalität zu ihrem Kaiser auszeichneten und durch die Anfertigung der Bilder geehrt wurden. Die Pfauenfedern, deren Anzahl ein Indiz für den Rang des Trägers war, der pelzverbrämte Winterhut und das seitlich verschlossene Gewand entsprechen der steppennomadischen Tradition der mandschurischen Qing-Dynastie. Die Bilder sind mit Ölfarben auf Maulbeerpapier gemalt und zeigen keine Signatur des Malers, sondern lediglich den Rang und Namen des Porträtierten in chinesischer und mandschurischer Schrift/Zeichen.

Die Qing-Dynastie betrieb eine strenge Isolationspolitik, die Ausländern starke Reglementierungen auferlegte und einen direkten Kontakt mit dem Hof des Kaisers fast unmöglich machte. Dennoch gab es einen Kreis von Privilegierten, denen es durch Anpassung und aufgrund ihrer Bildung gelang, in die Dienste des Kaisers zu treten und offizielle Ämter zu bekleiden. Zu nennen sind hier vor allem die Jesuiten, die bereits seit dem 16. Jahrhundert eine ständige Mission in China betrieben und unter anderem als ausgezeichnete Maler – zu den bedeutendsten gehörten Giuseppe Castiglione (1688-1766) und Jean Denis Attiret (1702-1768) – am Kaiserhof zu großen Ehren gelangt waren. Aufgrund des strengen Signierverbots offizieller Porträts am Kaiserhof können der oder die Maler nicht zweifelsfrei bestimmt werden. In jedem Fall stellen diese Porträts ein frühes Zeugnis interkulturellen Austausches zwischen Europa und Ostasien dar.

Ulrich Klein und Matthias Ohm

# Prägungen von Kaisern, Kurfürsten und Bischöfen
## Fundmünzen der Jahre 2007 bis 2011 aus Mannheim und dem Rhein-Neckar-Kreis

In den Jahren 2007 bis 2011 führte die Abteilung Archäologische Denkmalpflege und Sammlungen der Reiss-Engelhorn-Museen mehrere Grabungen in der Mannheimer Innenstadt und im Rhein-Neckar-Kreis durch. Bei diesen Unternehmungen in den Quadraten B 4, C 4 und T 2, in Seckenheim (in der Kloppenheimer Straße, im Gewann Pfundgrübe, in der Renchener Straße und am Bahnhof), in Schriesheim beim Bau des Branichtunnels, in Neckarhausen und in den Weingärten bei Ilvesheim wurden 50 numismatische Objekte gefunden: 44 Münzen, drei Marken, zwei Rechenpfennige und die Imitation einer Münze. Diese Objekte stammen aus fast zwei Jahrtausenden: Die älteste Münze wurde in der Mitte des ersten nachchristlichen Jahrhunderts geprägt, das jüngste Stück stammt aus dem frühen 20. Jahrhundert. Es handelt sich vor allem um lokale und regionale Prägungen, aber auch um Stücke aus weiterer Entfernung.

Knapp die Hälfte der gefundenen Münzen, Marken und Rechenpfennige wird – in chronologischer Anordnung – jeweils mit kurzer Beschreibung und mit Abbildungen vorgestellt. Eine vollständige Übersicht über alle Stücke bietet der Anhang.

### 1. Münzen des ersten bis vierten Jahrhunderts n. Chr.

Aus der römischen Kaiserzeit stammen acht Münzen, die in Seckenheim gefunden wurden. Römische Münzen zeigen auf ihrer Vorderseite in aller Regel eine Büste des Kaisers, dessen Namen und Titel in der Umschrift genannt werden. Die Rückseitenbilder waren weniger festgelegt. Hier sind beispielsweise römische Gottheiten, bedeutende Gebäude oder wichtige militärische Siege dargestellt.

Das älteste Stück ist ein barbarisierter As des Claudius (reg. 41-54 n. Chr.), der auf der Rückseite Minerva zeigt. Die Göttin wendet sich nach rechts, mit ihrer linken Hand hält sie einen Schild, mit der rechten einen Speer (Kat. Nr. 1, Abb. 1). Der inoffizielle Charakter der Münze ergibt sich aus ihrer Größe, ihrem Gewicht und ihrem Stil.

Von Domitian (reg. 81-96 n. Chr.) stammen drei Asse. Eine Münze zeigt wie der As des Claudius die Minerva (Kat. Nr. 2), eine weitere die Glücksgöttin Fortuna mit Schiffsruder und Füllhorn in Händen (Kat. Nr. 3, Abb. 2). Der dritte As des Domitian ist auf der Rückseite so stark abgegriffen, dass er nicht mehr genauer bestimmt werden kann (Kat. Nr. 4).

Aus den Krisenzeiten des ausgehenden 2. und frühen 3. Jahrhunderts stammen zwei Münzen (Kat. Nrn. 5 und 6): eine so genannte Limesfälschung und ein stark abgegriffener Denar des Severus Alexander (reg. 222-235 n. Chr.). Als sich das römische Reich an seiner Nordgrenze des immer stärker werdenden Drucks der Germanen erwehren musste, kam nicht mehr genügend Geld, das fast ausschließlich in Rom geprägt wurde, in die Limesregion. Um die Versor-

Abb. 1, a und b
Römisches Reich, Claudius
Barbarisierter As
Mitte 1. Jahrhundert n. Chr.
(Kat. Nr. 1)

Abb. 2, a und b
Römisches Reich,
Domitian,
As
87 n. Chr. (?)
(Kat. Nr. 3)

gung gerade mit Kleingeld sicher zu stellen, goss man vor Ort nach echten Vorbildern Ersatzmünzen. Sie werden als „Limesfälschungen" bezeichnet, müssen aber nicht zwingend in betrügerischer Absicht hergestellt worden sein, sondern kamen möglicherweise mit Duldung der Behörden in Umlauf. Das in Seckenheim gefundene Stück, dessen Vorbild wahrscheinlich eine Münze Trajans (reg. 98-117 n. Chr.) war, zeigt auf der Vorderseite einen Kopf mit Strahlenkrone und auf der Rückseite eine stehende Gestalt (Abb. 3).

Nachdem das Christentum Staatsreligion geworden war, ließ Kaiser Magnentius (reg. 350-353 n. Chr.) eine Doppelmaiorina prägen. Sie zeigt auf der Rückseite als christliche Symbole das Chi-Rho-Monogramm (X-P) zwischen den Buchstaben Alpha und Omega (Kat. Nr. 7, Abb. 4).

Ebenfalls aus römischer Zeit stammt eine Kleinbronze vermutlich des 3./4. Jahrhunderts, die wegen ihrer schlechten Erhaltung nicht mehr bestimmt werden kann (Kat. Nr. 8).

Abb. 3, a und b
Römisches Reich,
„Limesfälschung" nach
einem Vorbild Trajans (?)
2./3. Jahrhundert n. Chr.
(Kat. Nr. 6)

Abb. 4, a und b
Römisches Reich,
Magnentius,
Doppelmaiorina
352 n. Chr.
(Kat. Nr. 7)

Ulrich Klein und Matthias Ohm

## 2. Münzen des ausgehenden 10. bis frühen 16. Jahrhunderts

Die älteste mittelalterliche Münze ist ein Pfennig, der von einem der ottonischen Kaiser in Mainz geprägt wurde (Kat. Nr. 9, Abb. 5). Er zeigt auf der Vorderseite – kaum noch zu erkennen – ein Kreuz mit Kugeln in den Winkeln und auf der Rückseite ein Kirchengebäude. Otto der Große (reg. 936-973) ersetzte auf den Rückseiten der Mainzer Münzen den bisherigen viersäuligen Tempel durch eine einfache (Holz-)Kirche mit einem kleinen Kreuz im Portal. Diese Darstellung wurde von seinen beiden Nachfolgern Otto II. (reg. 973-983) und Otto III. (reg. 983-1002) übernommen, so dass es nicht möglich ist, die Mainzer Münzen aus dem Zeitraum von 962 bis 1002 einem dieser drei Kaiser zuzuweisen (Kluge 2007, S. 96).

Zwei spätmittelalterliche Mainzer Pfennige wurden im Keller des Gebäudes Hauptstraße 379 in Neckarhausen gefunden. Diese beiden Münzen vom Ende des 14. bzw. aus der Mitte des 15. Jahrhunderts wurden an anderer Stelle bereits ausführlich vorgestellt (Ohm 2012).

Aus Wesel am Niederrhein kommt ein einseitiger Heller, den Herzog Johann II. von Kleve und Graf von der Mark (reg. 1481-1521) prägen ließ (Kat. Nr. 10, Abb. 6). Die Münze wurde nach dem Jahr 1511 geschlagen, als das Herzogtum Kleve dem vom Erzbistum Mainz dominierten rheinischen Münzvertrag beigetreten war. Der Heller trägt deshalb einen gespaltenen Schild mit dem Mainzer Rad sowie das Wappen von Kleve (Lilienhaspel) und von der Mark (Schachbrettbalken). Der Buchstabe W über dem Schild verweist auf den Prägeort Wesel.

Abb. 5, a und b
Römisch-Deutsches Reich, Otto I., Otto II. oder Otto III.
Pfennig
962–1002
(Kat. Nr. 9)

Abb. 6
Herzogtum Kleve, Johann II.
Heller
Nach 1511
(Kat. Nr. 10)

## 3. Münzen und Rechenpfennige des 17. und 18. Jahrhunderts

Der Großteil der Fundmünzen stammt aus den anderthalb Jahrhunderten nach dem Dreißigjährigen Krieg. Bei diesen Stücken handelt es sich zum überwiegenden Teil um kleine Nominale mit geringem Durchmesser. Auf den Münzen konnten deshalb nur knappe Angaben zum Wert und zum Prägejahr sowie ein Wappen des Münzherrn angebracht werden. Auf einigen Stücken finden sich auch die Initialen des Münzmeisters.

Die Mannheimer Fundmünzen zeigen, dass es in Deutschland vor den politischen Veränderungen des frühen 19. Jahrhunderts eine Vielzahl von Prägestätten in geistlichen und weltlichen Territorien wie auch in Städten gab, deren Ausgaben in einer bunten Mischung umliefen.

Im Jahr 1652 ließ der Mainzer Erzbischof Johann Philipp von Schönborn (reg. 1647-1673) einen Albus (oder Weißpfennig) schlagen (Kat. Nr. 11, Abb. 7). Die Inschrift auf der Vorderseite nennt das Nominal, das Prägejahr und die Initialen MF für Matthias Fischer, der zwischen 1652 und 1682 Mainzer Münzmeister war. Die Rückseite zeigt einen quadrierten Wappenschild, der neben dem Mainzer das Würzburger Bistumswappen zeigt, weil Johann Philipp von Schönborn auch Bischof von Würzburg war.

Aus Dortmund, der einzigen Reichsstadt in Westfalen, stammt ein zwischen 1658 und 1688 geprägtes 6-Pfennig-Stück (Kat. Nr. 12, Abb. 8). Auf der Vorderseite ist das Dortmunder Wappentier, der einköpfige Adler, mit der Umschrift TREMONIENSIS (lateinisch: aus Dortmund) dargestellt. Auf der Rückseite findet sich die Wertangabe VI PFENNIG.

Weiterhin wurden zwei 6-Kreuzer-Stücke von Kaiser Leopold I. (reg. 1658-1705) gefunden. Das eine stammt aus Kremnitz (dem heutigen Kremnica in der Slowakei) (Kat. Nr. 13, Abb. 9), das andere aus

Prägungen von Kaisern, Kurfürsten und Bischöfen

Abb. 7, a und b
Erzbistum Mainz, Johann Philipp von Schönborn
Albus
1652
(Kat. Nr. 11)

Abb. 8, a und b
Reichsstadt Dortmund
6 Pfennig
1658-1688
(Kat. Nr. 12)

Abb. 9, a und b
Römisch-Deutsches Reich, Leopold I.
6 Kreuzer
1672
(Kat. Nr. 13)

Abb. 10, a und b
Römisch-Deutsches Reich, Leopold I.
6 Kreuzer
1681
(Kat. Nr. 14)

Wien (Kat. Nr. 14, Abb. 10). Während auf der Rückseite der Kremnitzer Münze die Madonna als „Patrona Hungariae" (Schutzherrin Ungarns) dargestellt ist, zeigt das Wiener Exemplar den doppelköpfigen Reichsadler.

Ein 4-Pfennig-Stück des Trierer Erzbischofs Karl Kaspar Reichsfreiherr von der Leyen (reg. 1652-1676) von vermutlich 1676 (Kat. Nr. 15, Abb. 11), ein Kreuzer von Graf Friedrich Casimir von Hanau-Lichtenberg (reg. 1641-1685) aus dem Jahr 1681 (Kat. Nr. 16, Abb. 12) und ein Dreier des Würzburger Bischofs Freiherr Johann Philipp von Greiffenclau zu Vollraths (reg. 1699-1719) von vermutlich 1716 (Kat. Nr. 17) zeigen jeweils auf der Vorderseite einen Wappenschild und nennen auf der Rückseite das Nominal sowie das Prägejahr.

Aus der Stadt Freiburg im Breisgau stammt eine 2-Kreuzer-Münze (Kat. Nr. 18, Abb. 13). Ihre Vorderseite zeigt einen Rabenkopf und trägt die Inschrift MO(neta) NO(va) FR(iburgensis) BR(isgaviae) – neues Geld aus Freiburg im Breisgau – sowie die Wertangabe 2 K(reuzer) und die Jahreszahl 1716. Nachdem die Bürger den Stadtherrn, den Grafen von Freiburg, das Münzrecht abgekauft hatten, findet sich auf den Freiburger Münzen ein Vogelkopf. Er sollte ursprünglich einen Adler darstellen, der allerdings als Rabe verspottet wurde. So verwandelte sich der Kopf des Adlers im Lauf der Jahrhunderte in den eines Raben. Auf der Rückseite der Freiburger Münze ist ein bekrönter Adler dargestellt, die Inschrift lautet: DA PACEM DOMINE IN DIEBUS NOSTRIS – Gib Frieden, Herr, in unseren Tagen.

Ein Kreuzer aus Chur von 1719 zeigt auf der Vorderseite als dort häufig verwendetes Motiv den heiligen Luzius, der im 5. oder 6. Jahrhundert Graubünden missionierte, und auf der Rückseite einen gekrönten Doppeladler mit der Wertbezeichnung auf der Brust (Kat. Nr. 19, Abb. 14).

Drei 1-Kreuzer-Stücke des Landgrafen Ernst Ludwig von Hessen-Darmstadt (reg. 1678-1739) kamen in der Mannheimer Innenstadt zum Vorschein (Kat. Nrn. 20-22). Die Inschriften auf der Vorderseite nennen das Nominal (I KREUTZER), das Prägejahr (1722 bzw. 1723) und die Initialen BIB für Balthasar Johann Bethmann, der von 1707 bis 1732 Münzmeister in Darmstadt war (Schütz 2000, S. 82). Auf der Rückseite ist ein Wappenschild mit dem hessischen Löwen dargestellt, über dem Schild stehen die Buchstaben HD für Hessen-Darmstadt (Abb. 15).

Vom Hanau-Münzenberger Grafen Wilhelm, dem späteren Landgrafen und Kurfürsten von Hessen-Kassel, stammt ein Kreuzer, der auf der Vorderseite das von Akanthusblättern umgebene Hanauer Wappen und die Initialen I. I. E. für Johann Jakob Encke zeigt, den Hanauer Münzmeister der Jahre von 1740 bis 1770 (Schütz 1998, S. 191). Auf der Rückseite finden sich die Angaben zum Wert und zum Prägejahr (Kat. Nr. 23, Abb. 16).

Der Kreuzer von Herzog Carl Eugen von Württemberg (reg. 1744-1793) zeigt auf der Vorderseite ein Porträt des Münzherren und auf der Rückseite das württembergische Wappen mit den drei Hirschstangen (Kat. Nr. 24, Abb. 17).

In Preußen wurden unter König Friedrich II. (reg. 1740-1786) auch Münzen für die westlichen Provinzen (Kleve, Mark, Minden, Ravensberg und Ostfriesland) geprägt. Sie hatten typisch niederrheinische Bezeichnungen wie Stüber oder Deut (Kluge 2012, S. 50f.). Hiervon hat es einen Halbstüber, eine Münze im Wert des 120. Teils eines Talers, nach Mannheim verschlagen (Kat. Nr. 25). Bei der Bestimmung schien das als einziger Bestandteil der Darstellung einigermaßen deutlich erkennbare gekrönte FR-Monogramm zunächst auf einen Kreuzer König Friedrichs (I.) von Württemberg aus den Jahren 1807 bis 1816 hinzuweisen. Doch dann ergab sich bei näherer Betrachtung aus dem unter dem Monogramm erscheinenden Münzstättenzeichen A (für Berlin) folgerichtig, dass es sich um eine preußische Prägung Friedrichs des Großen handelt. Unter dieser Vorgabe ließ sich schließlich auf der anderen Münzseite auch die Wertangabe erahnen. Es überrascht nicht, dass die meisten in Mannheim gefundenen Münzen heimische Gepräge sind, also Münzen der Kurpfalz. Nachdem zu Beginn der Regierung von Karl Philipp (reg. 1716-1742) das kurpfälzische Geld in Heidelberg geprägt worden war, verlegte der Kurfürst im Jahre 1735 die Münzstätte nach Mannheim (Haas 1974, S. 21f.). Alle Mannheimer Fundmünzen – drei ganze und zwei halbe Kreuzer – stammen aus der ersten, der Heidelberger Periode (Kat. Nrn. 26-30). Der abgebildete einseitige Halbkreuzer zeigt drei Wappenschilde, die Wertzahl ½ und die Initialen CP des Münzherrn (Abb. 18).

Von Karl Philipps Nachfolger Kurfürst Carl Theodor (reg. 1742-1777) wurden viertel, halbe und ganze Kreuzer gefunden (Kat. Nrn. 31-36). Der Kreuzer

Abb. 11, a und b
Erzbistum Trier, Karl Kaspar von der Leyen
4 Pfennig
1676 (?)
(Kat. Nr. 15)

Abb. 12, a und b
Grafschaft Hanau-Lichtenberg, Friedrich Casimir
1 Kreuzer
1681
(Kat. Nr. 16)

Abb. 13, a und b
Stadt Freiburg i. Br.
2 Kreuzer
1716
(Kat. Nr. 18)

Abb. 14, a und b
Stadt Chur
1 Kreuzer
1719 (?)
(Kat. Nr. 19)

Abb. 15, a und b
Landgrafschaft Hessen-Darmstadt, Ernst Ludwig
1 Kreuzer
1723
(Kat. Nr. 21)

Abb. 16, a und b
Grafschaft Hanau-Münzenberg, Wilhelm
1 Kreuzer
1765
(Kat. Nr. 23)

Abb. 17, a und b
Herzogtum Württemberg, Carl Eugen
1 Kreuzer
1769
(Kat. Nr. 24)

Prägungen von Kaisern, Kurfürsten und Bischöfen

Abb. 18
Kurpfalz, Karl Philipp
Halbkreuzer
1718
(Kat. Nr. 26)

zeigt auf der Vorderseite einen Wappenschild mit dem pfälzischen Löwen und nennt die Münzherrschaft (CHVRPFALTZ), auf der Rückseite finden sich die Wertzahl und das Prägejahr (Abb. 19).

Eine weitere Münze konnte zwar der Kurpfalz, aber keinem Herrscher zugewiesen werden (Kat. Nr. 37). Während es bei diesem Stück immerhin mög-

Abb. 19, a und b
Kurpfalz, Carl Theodor
1 Kreuzer
1764
(Kat. Nr. 32)

lich war, zumindest die Münzherrschaft zu erschließen, sind bei drei weiteren Fundmünzen keine Aussagen möglich: Eine dünne, leicht schüsselförmige Münze ist mit oxidiertem Eisen verbacken (Kat. Nr. 38). Eine silberne und eine kupferne Münze sind so stark abgegriffen, dass keine Bestimmungen mehr möglich sind (Kat. Nrn. 39-40).

Alle bislang vorgestellten Fundstücke waren Münzen. Die folgenden zwei Objekte sind Rechenpfennige, medaillenartige Platzhalter, die beim Rechnen auf der Linie (auf Rechenbrettern, -tischen oder -tüchern) verwendet wurden. Sie konnten aber auch politische Botschaften transportieren. Die beiden in der Mannheimer Innenstadt gefundenen Rechenpfennige (Kat. Nrn. 41-42) feiern König Ludwig XV. von Frankreich (reg. 1715-1774). Sie stammen aus Nürnberg, dem Zentrum der Rechenpfennigproduktion, und wurden von Johann Friedrich Weidinger (Meister 1710, zuletzt erwähnt 1765) hergestellt.

Das besser erhaltene Stück zeigt auf der Vorderseite die Büste des französischen Königs, die Umschrift nennt seinen Namen und den traditionellen französischen Königstitel: LVD(ovicus) XV D(ei) G(ratia) FR(anciae) ET NAV(arrae) REX – Ludwig XV. von Gottes Gnaden König von Frankreich und Navarra. Auf der Rückseite ist ein nach links schreitender Löwe dargestellt; die Inschrift lautet: PROPRIIS INVICTVS IN ARMIS – in den eigenen Waffen unbesiegt. Im Abschnitt stehen REC(h) ENPFEN(nig) und die Buchstaben IFW, die Initialen Johann Friedrich Weidingers (Abb. 20). Das Bild und die Inschrift der Rückseite dieses Stücks schließen sich an Vorbilder Ludwigs XIV. an, weisen allerdings im Abschnitt eine andere Inschrift auf (Mitchiner 1968, S. 511f., Nrn. 1819-1821).

Abb. 20, a und b
Nürnberger Rechenpfennig des Johann Friedrich Weidinger
18. Jahrhundert
(Kat. Nr. 42)

### 4. Münzen und Marken des 19. und 20. Jahrhunderts

Aus dem Jahr 1813 stammt ein Kreuzer Herzog Ernsts von Sachsen-Coburg-Saalfeld (reg. 1806-1826) (Kat. Nr. 43, Abb. 21). Er zeigt auf seiner Vorderseite ein bekröntes E. Die Rückseite trägt die Wertzahl, das Prägejahr sowie die Aufschriften HSC (für Herzogtum Sachsen-Coburg) und LANDMÜNZE. Als „Landmünzen" wurden Gepräge bezeichnet, deren Umlaufsfähigkeit auf das jeweilige Land beschränkt war und die deshalb nicht den überregionalen Bestimmungen entsprachen. Ihr (Edel-)Metallwert war in aller Regel deutlich geringer war als der aufgeprägte Nominalwert.

Abb. 21, a und b
Sachsen-Coburg-Saalfeld, Herzog Ernst
1 Kreuzer
1813
(Kat. Nr. 43)

Dies galt im 18. und 19. Jahrhundert vor allem für das Kleingeld.

Vermutlich aus dem 19. Jahrhundert stammt die Nachahmung einer osmanischen Goldmünze des Sultans Mahmud II. (reg. 1808-1839). Diese zumeist in Messing ausgeführten Imitationen wurden in England, Frankreich und Deutschland produziert und unter anderem als Faschingsschmuck verwendet (Kat. Nr. 44).

Die jüngste Fundmünze ist ein deutsches 1-Pfennig-Stück aus dem Jahre 1905 (Kat. Nr. 45). Der Buchstabe A verweist – wie bei den heute in der deutschen Hauptstadt geschlagenen Euromünzen – auf die Prägestätte Berlin.

Bei den drei letzten Stücken handelt es sich um Marken, münzähnliche Objekte mit einer eingeschränkten Zahlungsfunktion, die etwa innerhalb eines Betriebes verwendet wurden. Sie sind geprägt, tragen die Bezeichnung WERTH-MARKE und auf beiden Seiten die Wertzahlen 10, 20 und 25 (Kat. Nrn. 46-48). In zwei Fällen ist zusätzlich die Bezeichnung A G eingestempelt (Abb. 22). Ein entsprechendes Stück mit der Wertzahl 100 ist in der Literatur unter den unbekannten Ausgaben eingereiht (Menzel 1993, S. 773, Nr. 14693). Der Fundort legt nahe, dass die Marken nach Mannheim gehören.

Abb. 22, a und b
Marke mit Wertangabe 20
o. J.
(Kat. Nr. 47)

**5. Zur zeitlichen und räumlichen Verteilung der Fundmünzen**

Die römischen Münzen stammen aus rund drei Jahrhunderten und repräsentieren ganz unterschiedliche Phasen der Politik und Wirtschaft des römischen Reiches im Rhein-Neckar-Raum. Unter Domitian war das Gebiet zwischen Rhein und Neckar seit Kurzem in römischer Hand. Der Denar des Severus Alexander und die „Limesfälschung" dienten möglicherweise als Soldzahlungen für die Soldaten, die an der Nordgrenze des Imperiums stationiert waren. Die Münze des Magnentius stammt aus einer Zeit, als es rechts des Rheins nur noch geringe Reste einer römischen Bevölkerung gab.

Dass in Mannheim und Umgebung mit dem ottonischen Pfennig, den beiden Mainzer Münzen aus Neckarhausen und dem Klever Heller nur wenige mittelalterliche Prägungen gefunden wurden, entspricht dem allgemeinen Fundaufkommen.

Während römische und neuzeitliche Münzen häufig vorkommen, sind Prägungen aus dem Mittelalter auch anderenorts nur selten vertreten.

Die Kreuzer, Pfennige und Heller aus dem 17. und 18. Jahrhundert machen das Gros der Fundmünzen aus. Die vielen Prägeherrschaften spiegeln die Zersplitterung im damaligen Deutschland wider. Die tief greifenden territorialen Veränderungen nach 1800 führten auch zu einer starken Reduzierung der Münzherren. Auf dem Gebiet des heutigen Baden-Württemberg prägten um 1765 etwa 25 Münzherren Geld, nach 1806 waren nur der König von Württemberg und der Großherzog von Baden übrig geblieben (Klein 1987, S. 372). Zwei Münzen, drei Marken und die Nachahmung einer Münze stammen schließlich aus dem 19. bzw. 20. Jahrhundert.

Alle acht römischen Münzen wurden in Seckenheim gefunden (Kat. Nrn. 1-8), von dort stammen

Alle Objekte sind mit doppeltem Durchmesser abgebildet.
Bildnachweis: Landesmuseum Württemberg, Stuttgart, Fotos: Dominik Drasdow

zudem fünf Gepräge von ottonischer Zeit bis ins frühe 20. Jahrhundert (Kat. Nrn. 9-11, 43 und 45). Die beim Bau des Branichtunnels gefundenen Münzen datieren ins ausgehende 17. bzw. ins frühe 18. Jahrhundert (Kat. Nrn. 14 und 19). In Ilvesheim wurden eine kurpfälzische Prägung von 1775 sowie die Schmuckmünze nach türkischem Vorbild gefunden (Kat. Nrn. 35 und 44).

31 Stücke – und damit knapp zwei Drittel der Fundmünzen – stammen aus den Mannheimer Quadraten. Acht Funde, darunter der verbackene und nicht mehr bestimmbare Schüsselpfennig (Kat. Nr. 38), wurden im Gebäude bzw. auf der Parzelle B 4, 13 gefunden. Der kurfürstliche Kammerknecht Michael Heffele kaufte im Jahre 1725 dieses Grundstück und begann kurz danach mit dem Bau eines Hauses. Für die folgenden zweieinhalb Jahrhunderte sind mehrere Umbauten und Besitzerwechsel dokumentiert. Vor dem Abbruch im Jahre 2009 wurde das Gebäude bauhistorisch erforscht, nach dem Abriss fand eine intensive Untersuchung der rund 100 m² großen Parzelle statt (Wirth 2010, Teutsch 2010, Dietsche-Pappel 2011).

Aus der Entstehungszeit des Hauses stammen zwei Münzen: der hessische Kreuzer von 1722 und der kurpfälzische von 1724 (Kat. Nrn. 20 und 28). Ebenfalls dem 18. Jahrhundert gehören ein weiterer Kreuzer aus der Kurpfalz sowie ein Rechenpfennig an (Kat. Nrn. 32 und 41), und ins 20. Jahrhundert sind die drei Marken zu datieren (Kat. Nrn. 46-48).

## 6. Überblick der zwischen 2007 und 2011 gefundenen Münzen, Rechenpfennige und Marken

In der nachfolgenden Übersicht sind die Angaben zu den zwischen 2007 und 2011 gefundenen Münzen, Rechenpfennigen und Marken zusammen gefasst. Die erste Zeile nennt Fundort und Fundnummer, an zweiter Stelle sind die Münzherrschaft, der Münzherr, das Nominal und das Prägejahr angegeben, an der dritten das Material, der Durchmesser und das Gewicht. In der letzten Zeile ist schließlich ein einschlägiges Literaturzitat nachgewiesen.

**Abkürzungen**

Æ aes, unedles Metall (Kupfer, Bronze)
AR argentum, Silber
FE ferrum, Eisen

Kat. Nr. 1, Abb. 1
Mannheim-Seckenheim, Mittelfeld, Gewann Am Bahnhof, BW2008-11-00-100
Römisches Reich, Claudius, barbarisierter As, Mitte 1. Jahrhundert n. Chr. oder später
Æ, 24 mm, 8,45 g
Vgl. RIC I (1964), S. 128, Nr. 100 oder S. 130, Nr. 116

Kat. Nr. 2
Mannheim-Seckenheim, Mittelfeld, Gewann Am Bahnhof, BW2008-11-00-103
Römisches Reich, Domitian, As, 82 n. Chr.
Æ, 27 mm, 11 g
RIC II/1 (2007), S. 271, Nr. 110

Kat. Nr. 3, Abb. 2
Mannheim-Seckenheim, Mittelfeld, Gewann Am Bahnhof, BW2008-11-00-13
Römisches Reich, Domitian, As, 87 n. Chr. (?)
Æ, 29 mm, 9,08 g
RIC II/1 (2007), S. 302, Nr. 544

Kat. Nr. 4
Mannheim-Seckenheim, Mittelfeld, Gewann Am Bahnhof, BW2008-11-00-101
Römisches Reich, Domitian, As
Æ, 27 mm, 9,64 g
Nicht mehr näher bestimmbar

Kat. Nr. 5, Abb. 3
Mannheim-Seckenheim, Mittelfeld, Gewann Am Bahnhof, BW2008-11-00-102
Römisches Reich, „Limesfälschung" nach einem Vorbild Trajans (?), 2./3. Jahrhundert n. Chr.
Æ, 21 mm, 2,10 g (Bruchstück)

Kat. Nr. 6
Mannheim-Seckenheim, Hermheimer Bösfeld, Gewann Pfundgrübe, BW2007-14-00-16
Römisches Reich, Severus Alexander, Denar, ca. 222-225 n. Chr.
AR, 16 mm, 1,71 g
Nicht mehr näher bestimmbar

Kat. Nr. 7, Abb. 4
Mannheim-Seckenheim, Hermheimer Bösfeld, Gewann Pfundgrübe, BW2007-14-00-17
Römisches Reich, Magnentius,
Doppelmaiorina, Trier, 352 n. Chr.
Æ, 30 mm, 7,75 g
RIC VIII (1981), S. 163, Nr. 318

Kat. Nr. 8
Mannheim-Seckenheim, Mittelfeld, Gewann Am Bahnhof, BW2008-11-00-16
Römisches Reich
Kleinbronze, 3./4. Jahrhundert
Æ, 18 mm, 2,53 g
Nicht mehr näher bestimmbar

Kat. Nr. 9, Abb. 5
Mannheim-Seckenheim, Renchener Straße 12, BW2011-03-13-100
Römisch-Deutsches Reich, Otto I., Otto II. oder Otto III.
Pfennig, Mainz, königliche Münzstätte, ca. 962–1002
AR, 17 mm, 0,70 g
Dannenberg 1876, S. 301f., Nr. 776f.; Kluge 1991, S. 134f., Nr. 31

Kat. Nr. 10, Abb. 6
Mannheim-Seckenheim, Kloppenheimer Straße, BW 2009-73-70-100
Herzogtum Kleve, Johann II., Heller, Wesel, o. J. (nach 1511)
AR, 12 mm, 0,17 g
Noss 1931, S. 185, Nr. 242

Kat. Nr. 11, Abb. 7
Mannheim-Seckenheim, Kloppenheimer Straße, BW 2009-73-18-100
Erzbistum Mainz, Johann Philipp von Schönborn, Albus, 1652
AR, 18 mm, 0,64 g
Slg. Walther 1971, S. 43, Nr. 298

Kat. Nr. 12, Abb. 8
Mannheim, Innenstadt, C 4, 8, BW2008-16-67-100
Reichsstadt Dortmund,
6 Pfennig, o. J. (1658-1688)
AR, 16 mm, 0,47 g
Berghaus 1978, S. 86, Nr. 228

Kat. Nr. 13, Abb. 9
Mannheim, Innenstadt, T 2,15, BW2010-127-34-100
Römisch-Deutsches Reich, Leopold I.,
6 Kreuzer, Kremnitz, 1672
AR, 26 mm, 3,19 g
Jungwirth 1975, S. 35, Nr. 12i

Kat. Nr. 14, Abb. 10
Schriesheim, Branichtunnel, BW2009-72-101
Römisch-Deutsches Reich, Leopold I.,
6 Kreuzer, Wien, 1681
AR, 25 mm, 3 g
Jungwirth 1975, S. 52, Nr. 12a

Kat. Nr. 15, Abb. 11
Mannheim, Innenstadt, C 4, 8, BW2008-16-94-196
Erzbistum Trier, Karl Kaspar von der Leyen,
4 Pfennig, 1676 (?)
AR, 15 mm, 0,27 g
v. Schrötter 1908, S. 56, Nr. 589

Kat. Nr. 16, Abb. 12
Mannheim, Innenstadt, C 4, 8, BW2008-16-00-102
Grafschaft Hanau-Lichtenberg, Friedrich Casimir,
1 Kreuzer, 1681
AR, 15 mm, 0,51 g
Vgl. Suchier 1897, S. 100, Nr. 654–656

Kat. Nr. 17
Mannheim, Innenstadt, C 4, 8, BW2008-16-94-197
Bistum Würzburg, Johann Philipp von Greiffenclau zu Vollraths, 1 Dreier, 17(15) (?)
AR, 15 mm, 0,24 g
Helmschrott/Helmschrott 1977, S. 205, Nr. 526

Kat. Nr. 18, Abb. 13
Mannheim, Innenstadt, C 4, BW2008-16-344-101
Stadt Freiburg i. Br., 2 Kreuzer, 1716
AR, 18 mm, 0,78 g
v. Berstett 1846, S. 114, Nr. 261; vgl. auch Volle 1983, S. 9, Nr. 62 (von 1715)

Kat. Nr. 19, Abb. 14
Schriesheim, Branichtunnel, BW2009-72-102
Stadt Chur, 1 Kreuzer, 1719 (?)
AR, 15 mm, 0,61 g
Divo/Tobler 1974, S. 349, Nr. 911h

## Prägungen von Kaisern, Kurfürsten und Bischöfen

Kat. Nr. 20
Mannheim, Innenstadt, B 4, 13, BW2007-10-238-100
Landgrafschaft Hessen-Darmstadt, Ernst Ludwig,
1 Kreuzer, 1722
AR, 14 mm, 0,21 g
Schütz 2000, S. 126, Nr. 2887.1

Kat. Nr. 21, Abb. 15
Mannheim, Innenstadt, C 4, 8, BW2008-16-11-205
Landgrafschaft Hessen-Darmstadt, Ernst Ludwig,
1 Kreuzer, 1723
AR, 14 mm, 0,26 g
Schütz 2000, S. 126, Nr. 2888

Kat. Nr. 22
Mannheim, Innenstadt, C 4, 8, BW2008-16-12-200
Landgrafschaft Hessen-Darmstadt, Ernst Ludwig,
1 Kreuzer, 1723
AR, 15 mm, 0,28 g
Schütz 2000, S. 126, Nr. 2888

Kat. Nr. 23, Abb. 16
Mannheim, Innenstadt, C 4, BW2008-16-206-100
Grafschaft Hanau-Münzenberg, Wilhelm,
1 Kreuzer, 1765
AR, 14 mm, 0,49 g
Schütz 1998, S. 317, Nr. 2064

Kat. Nr. 24, Abb. 17
Mannheim, Innenstadt, C 4, BW2008-16-94-201
Herzogtum Württemberg, Carl Eugen,
1 Kreuzer, 1769
AR, 16 mm, 0,59 g
Klein/Raff 1992, S. 194, Nr. 434

Kat. Nr. 25
Mannheim, Innenstadt, C 4, 8, BW2008-16-94-198
Königreich Preußen, Friedrich II., Halbstüber (für die westlichen Provinzen), Berlin, 1772
AR, 14 mm, 0,16 g (Bruchstück)
Kluge 2012, S. 272f., Nr. 280.1

Kat. Nr. 26, Abb. 18
Mannheim, Innenstadt, C 4, BW2008-16-344-102
Kurpfalz, Karl Philipp, Halbkreuzer, Heidelberg, 1728
AR, 14 mm, 0,31 g
Behr 1979, Nr. 43.75.28

Kat. Nr. 27
Mannheim, Innenstadt, C 4, BW2008-16-206-116
Kurpfalz, Karl Philipp, Halbkreuzer, Heidelberg, 1723
AR, 14 mm, 0,20 g (ausgebrochen)
Behr 1979, sinngemäß Nr. 43.75.23 (der Jahrgang 1723 ist bei Behr nicht nachgewiesen)

Kat. Nr. 28
Mannheim, Innenstadt, C 4, 8, BW2008-16-344-100
Kurpfalz, Karl Philipp,
1 Kreuzer, Heidelberg, 1724
AR, 15 mm, 0,35 g
Behr 1979, Nr. 43.71.24

Kat. Nr. 29
Mannheim, Innenstadt, B 4, 13, BW2007-173-101
Kurpfalz, Karl Philipp,
1 Kreuzer, Heidelberg, 1724 (?)
AR, 16 mm, 0,39 g
Behr 1979, Nr. 43.71.24

Kat. Nr. 30
Mannheim, Innenstadt, C 4, BW2008-16-323-100
Kurpfalz, Karl Philipp,
1 Kreuzer, Heidelberg, 1726
AR, 15 mm, 0,22 g (in zwei Teile zerbrochen)
Behr 1979, Nr. 43.71.26

Kat. Nr. 31
Mannheim, Innenstadt, C 4, 8, BW2008-16-11-204
Kurpfalz, Carl Theodor,
1 Kreuzer, Mannheim, 1763
AR, 16 mm, 0,41 g
Haas 1974, S. 56, Nr. 164

Kat. Nr. 32, Abb. 19
Mannheim, Innenstadt, B 4, 13; BW2007-10-00-01
Kurpfalz, Carl Theodor,
1 Kreuzer, Mannheim, 1764
AR, 15 mm, 0,55 g
Haas 1974, S. 56, Nr. 165

Kat. Nr. 33
Mannheim, Innenstadt, C 4, 8, BW2008-16-11-201
Kurpfalz, Carl Theodor, Halbkreuzer, Mannheim, 1764
Stehender oder schreitender Löwe in Einfassung
AR, 13 mm, 0,29 g
Haas 1974, S. 57, Nr. 175 (korrigiert)

Kat. Nr. 34
Mannheim, Innenstadt, C 4, 8, BW2008-16-11-200
Kurpfalz, Carl Theodor, 1 Kreuzer, Mannheim, 1775
AR, 15 mm, 0,61 g
Vgl. Haas 1974, S. 56, Nr. 170 (1776)

Kat. Nr. 35
Ilvesheim, Weingärten, BW 2009-08-00-100
Kurpfalz, Carl Theodor (?),
Viertelkreuzer, Mannheim (?), 1775 (?)
Æ, 21,5 mm, 1,50 g (ausgebrochen)
Haas 1974, S. 57, Nr. 182f.

Kat. Nr. 36
Mannheim, Innenstadt, C 4, 8, BW2008-16-11-202
Kurpfalz, Carl Theodor,
Viertelkreuzer, Mannheim, 1786
Æ, 21 mm, 2,01 g
Haas 1974, S. 117, Nr. 359

Kat. Nr. 37
Mannheim, Innenstadt, C 4, BW2008-16-94-202
Kurpfalz, Pfennig, 17. Jahrhundert (?)
AR, 12 mm, 0,17 g

Kat. Nr. 38
Mannheim, Innenstadt, B 4, 13, BW2007-173-102
dünne, leicht schüsselförmige Münze, vermutlich mit FE-Oxyd verbacken
1,59 g

Kat. Nr. 39
Mannheim, Innenstadt, C 4, BW2008-16-94-200
AR, 16 mm, 0,39 g
Unbestimmt (undeutlicher Wappenschild)

Kat. Nr. 40
Mannheim, Innenstadt, C 4, 8, BW2008-16-11-203
Æ, 24 mm, 4,29 g
Nicht mehr zu bestimmen (völlig abgeschliffen)

Kat. Nr. 41
Mannheim, Innenstadt, B 4, 13, BW2007-10-173-100
Nürnberger Rechenpfennig des Johann Friedrich Weidinger, 18. Jahrhundert
Æ, 26 mm, 1,71 g
Mitchiner 1968, S. 520, Nr. 1847

Kat. Nr. 42, Abb. 20
Mannheim, Innenstadt, C 4, BW2008-16-266-100
Nürnberger Rechenpfennig des Johann Friedrich Weidinger
18. Jahrhundert
Æ, 19 mm, 1,02 g

Kat. Nr. 43, Abb. 21
Mannheim-Seckenheim, Kloppenheimer Straße, BW 2009-73-32-100
Sachsen-Coburg-Saalfeld, Herzog Ernst,
1 Kreuzer, 1813
AR (Billon), 14 mm, 0,51 g
Arnold/Küthmann/Steinhilber 2011, Nr. 149

Kat. Nr. 44
Ilvesheim, Weingärten, BW 2009-08-00-101
Schmuckmünze
(Imitation nach türkischem Vorbild)
Æ, 18mm, 0,46 g (ausgebrochen)

Kat. Nr. 45
Mannheim-Seckenheim, Kloppenheimer Straße, BW 2009-73-11-100
Deutsches Reich,
1 Pfennig, Berlin, 1905
Æ, 17,5 mm, 1,85 g
Jaeger 2009, S. 60, Nr. 10

Kat. Nr. 46
Mannheim, Innenstadt, B 4, 13, BW2007-10-00-03
Marke mit Wertangabe 10, o. J.
Æ, 19 mm, 1,60 g
Vgl. Menzel 1993, S. 773, Nr. 14693 (Wertzahl 100)

Kat. Nr. 47, Abb. 22
Mannheim, Innenstadt, B 4, 13, BW2007-10-00-04
Marke mit Wertangabe 20, o. J.
Æ, 20 mm, 2,05 g
Vgl. Menzel 1993, S. 773, Nr. 14693 (Wertzahl 100)

Kat. Nr. 48
Mannheim, Innenstadt, B 4, 13, BW2007-10-00-05
Marke mit Wertangabe 25, o. J.
Æ, 20 mm, 1,93 g
(unteres Viertel abgeschnitten)
Vgl. Menzel 1993, S. 773, Nr. 14693 (Wertzahl 100)

Prägungen von Kaisern, Kurfürsten und Bischöfen

Literatur

Arnold/Küthmann/Steinhilber 2011: P. Arnold, H. Küthmann, D. Steinhilber: Großer Deutscher Münzkatalog von 1800 bis heute, neu bearbeitet und erweitert von D. Fassbender, 26. Auflage, Regenstauf

Behr 1979: H. Behr: Heidelberger Münzstätten. Münzgeschichte und Kataloge der Münzprägungen von 1160-1735. Manuskript Heidelberg

Berghaus 1978: P. Berghaus: Die Münzen von Dortmund, Dortmund

V. Berstett 1846: A. v. Berstett: Münzgeschichte des Zähringen-Badischen Fürstenhauses und der unter seinem Scepter vereinigten Städte und Landschaften, Freiburg im Breisgau

Dannenberg 1876: H. Dannenberg: Die deutschen Münzen der sächsischen und fränkischen Kaiserzeit 1, Berlin

Dietsche-Pappel 2011: D. Dietsche-Pappel: B 4, 13: Bauaufnahme – Spiegel des „Lifestyles" einer kleinen Welt über fast drei Jahrhunderte, in: Mannheimer Geschichtsblätter 21, S. 81-98

Divo/Tobler 1974: J.-P. Divo, E. Tobler: Die Münzen der Schweiz im 18. Jahrhundert, mit einem geschichtlichen Überblick von B. Schneider, Zürich

Haas 1974: R. Haas: Die Prägungen der Mannheimer Münzstätten, ca. 1390, 1608-1610, 1735-1826, Mannheim

Helmschrott/Helmschrott 1977: K. Helmschrott, R. Helmschrott: Würzburger Münzen und Medaillen von 1500-1800, Kleinrinderfeld

Jaeger 2009: K. Jaeger: Die deutschen Münzen seit 1871 mit Prägezahlen und Bewertungen, bearbeitet von H. Kahnt, 21. Auflage, Regenstauf

Jungwirth 1975: H. Jungwirth: Corpus nummorum Austriacorum 5: Leopold I. - Karl VI. (1657-1740), Wien

Klein 1987: U. Klein, Die territoriale Gliederung des deutschen Südwestens in napoleonischer Zeit am Beispiel der Münzen, in: Baden und Württemberg im Zeitalter Napoleons 1/1. Ausstellungskatalog Stuttgart 1987, Stuttgart, S. 372f.

Klein/Raff 1992: U. Klein, A. Raff: Die Württembergischen Münzen von 1693-1797. Ein Typen-, Varianten- und Probenkatalog, Stuttgart

Kluge 1991: B. Kluge: Deutsche Münzgeschichte von der späten Karolingerzeit bis zum Ende der Salier (ca. 900 bis 1125), Sigmaringen

Kluge 2007: B. Kluge: Numismatik des Mittelalters 1: Handbuch und Thesaurus Nummorum Medii Aevi, Berlin (Sitzungsberichte der Österreichischen Akademie der Wissenschaften, Philosophisch-Historische Klasse 769; Veröffentlichungen der Numismatischen Kommission der Österreichischen Akademie der Wissenschaften 45)

Kluge 2012: B. Kluge: Die Münzen König Friedrichs II. von Preußen 1740 – 1786. Auf der Grundlage der Werke Friedrich Freiherr von Schrötters neu bearbeitet unter Mitarbeit von E. Bannicke und R. Vogel, Berlin

Menzel 1993: P. Menzel: Deutsche Notmünzen und sonstige Geldersatzmarken 1840-1990 II: M-Z, Gütersloh

Mitchiner 1968: M. Mitchiner: Jetons, medalets & tokens 1: The medieval period and Nuremberg, London

Noss 1931: A. Noss: Die Münzen von Jülich, Kleve, Berg und Mörs 4: Die Münzen der Grafen und Herzöge von Kleve, München

Ohm 2012: M. Ohm: Zwei Mainzer Räder in Neckarhausen. Die Fundmünzen aus dem Gebäude Hauptstraße 379, in: Ein Beitrag zur Archäologie des ländlichen Raumes im Rhein-Neckar-Kreis. Untersuchungen eines Gehöfts in Neckarhausen (Hauptstraße 379), Edingen-Neckarhausen, S. 189-196

RIC I (1964): The Roman Imperial Coinage I: From 31 BC to AD 69, bearbeitet von C. H. V. Sutherland, 2. Auflage, London

RIC II/1 (2007): The Roman Imperial Coinage II/1: From AD 69 to AD 96. The Flavians – Vespasian to Domitian, bearbeitet von I. A. Carradice und T. V. Buttrey, 2. Auflage, London

RIC VIII (1981): The Roman Imperial Coinage VIII: The family of Constantine I: AD 337–364, bearbeitet von J. P. C. Kent, London

V. Schrötter 1908: F. v. Schrötter: Die Münzen von Trier 2: Beschreibung der neuzeitlichen Münzen 1556–1794, Bonn

Schütz 1998: A. Schütz: Die hessischen Münzen des Hauses Brabant IV: 1670–1866, Anhang: Königreich Westfalen, Frankfurt

Schütz 2000: A. Schütz: Die hessischen Münzen des Hauses Brabant V: Hessen-Rheinfels, Hessen-Darmstadt, Hessen-Homburg 1567-1871, Frankfurt

Slg. Walther 1971: Sammlung Dr. Rudolph Walther, Mittelrhein I: Mainz. Dr. Busso Peus Nachf. Münzhandlung, Auktion 275, Frankfurt

Suchier 1897: R. Suchier: Die Münzen der Grafen von Hanau, Hanau

Teutsch 2010: F. Teutsch: B 4, 13: Der einzigartige Bauzeuge der „kleinen Leute" seit der Barockzeit, in: Mannheimer Geschichtsblätter 20, S. 87-93

Volle 1983: H. Volle: Freiburger Münzen und Medaillen, Freiburg (Museum für Ur- und Frühgeschichte. Die kleine Ausstellung 2)

Wirth 2010: K. Wirth: Archäologie und Bauforschung in Mannheim B 4, 13, in: Mannheimer Geschichtsblätter 19, S. 152-154

Bei strahlendem Spätsommerwetter wurde am 5. September 2013 die zweite Ausstellung der Länder Baden-Württemberg, Rheinland-Pfalz und Hessen „Die Wittelsbacher am Rhein. Die Kurpfalz und Europa" (8. September 2013 bis 2. März 2014 in den Reiss-Engelhorn-Museen und im Barockschloss Mannheim) mit einer feierlichen Zeremonie eröffnet.

Die Ausstellung nimmt in zwei Teilen, einem im Museum Zeughaus der Reiss-Engelhorn-Museen und einem im Barockschloss Mannheim, die Dynastie der Wittelsbacher in den Blick, die ab 1214 für fast 600 Jahre die Geschicke der Kurpfalz lenkte. Gemeinhin meistens ausschließlich mit den Bayern verbunden, bezeugen rund 600 herausragende Exponate aus zahlreichen europäischen Museen und Sammlungen die enorme Wirkmächtigkeit und Verwurzelung der Wittelsbacher in der Region Rhein-Neckar. Ausdruck dessen ist auch die Beteiligung von über 45 Orten rund um Mannheim am Wittelsbacherjahr 2013, das über das Ausstellungsprojekt hinaus ins Leben gerufen wurde.

Rund 1.000 Gäste fanden sich zur Eröffnungsfeier in der Mannheimer Jesuitenkirche ein, die mit ihrer barocken Ausgestaltung nicht nur erneut einen wunderbaren Rahmen für die Veranstaltung bot, sondern dieses Mal sogar in enger inhaltlicher Verbindung zur Ausstellung stand. Sie wurde im Zuge des Ausbaus der Mannheimer Residenz unter den wittelsbachischen Kurfürsten Karl Philipp und Carl Theodor in den Jahren 1733 bis 1756 erbaut und zeugt somit vom bis heute greifbaren Wirken dieser Dynastie in unserer Region.

Schon auf dem Vorplatz zur Kirche wurden die Gäste von Mitgliedern des Mannheimer Traditi-

Abb. 1
Prof. Dr. Alfried Wieczorek (links) und Dr. Alexander Schubert (rechts) freuten sich besonders über das Kommen von Curt und Heidemarie Engelhorn (zweiter und dritte von links) sowie SKH Herzog Franz von Bayern und Prinz Ludwig von Bayern (dritter und zweiter von rechts).
Foto: rem, Carolin Breckle

Abb. 2 und 3
Dekan Dr. Karl Jung, Erzbischof Dr. Robert Zollitsch, Prälat Prof. Dr. Traugott Schächtele und Dekan Dr. Ralph Hartmann (von links nach rechts) beim ökumenischen Gottesdienst zum Auftakt der Eröffnungsfeier; Blick von der Empore der Jesuitenkirche auf die Eröffnungsfeier
Fotos: rem, Maria Schumann

onscorps wie von einer Palastwache empfangen. Die Uniformen des Corps lehnen sich an die der Mannheimer Ranzengarde aus dem 18./19. Jahrhundert an und nicht von ungefähr darf dabei der Federbusch in den weiß-blauen Farben der Wittelsbacher nicht fehlen.

Zu unserer großen Freude konnte jedoch auch ein echter Wittelsbacher, der Schirmherr des Gesamtprojektes SKH Herzog Franz von Bayern (Abb. 1), der Eröffnung beiwohnen. Gemeinsam mit seinem Enkel Prinz Ludwig von Bayern reiste er extra aus München an, um die Geschichte seiner Vorfahren in der Kurpfalz einmal aus einem neuen Blickwinkel zu betrachten.

Die Ausrichtung der Zeremonie in der Jesuitenkirche bedurfte eines dem Ort angemessenen Auftaktes. Wie schon zur Eröffnung der Staufer-Ausstellung vor drei Jahren konnte daher dankenswerterweise erneut der Erzbischof der Diözese Freiburg und Vorsitzende der Deutschen Bischofskonferenz Dr. Robert Zollitsch dafür gewonnen werden, gemeinsam mit Prof. Dr. Traugott Schächtele, dem Prälaten für den Kirchenkreis Nordbaden der Evangelischen Landeskirche in Baden, sowie den Vertretern der Mannheimer Kirchen Dekan Dr. Ralph Hartmann und Dekan Dr. Karl Jung, einen ökumenischen Gottesdienst zu zelebrieren (Abb. 2 und 3). Die gemeinsame Feier katholischer und evangelischer Geistlicher stand nicht zuletzt auch sinnbildlich für die Religionspolitik der Wittelsbacher, die häufig zwischen den Konfessionen wechselte. Der Gottesdienst setzte sich mit der Einbettung von Geschichte und Kunst in die christlichen Glaubensvorstellungen und den jeweils damit verbundenen zeitgenössischen Fragestellungen auseinander und schuf damit bereits einen thematischen Übergang zur sich anschließenden Eröffnungsfeier.

Diese wurde von Herrn Oberbürgermeister Dr. Peter Kurz eingeleitet, der die Gäste offiziell im Namen der Stadt Mannheim begrüßte. Er betonte die identitätsstiftende Wirkung der gemeinsamen kurpfälzischen Geschichte für die Region, die auch heute noch in vielen Bereichen sehr lebendig ist und durch die Ausstellung nun sogar in einer Vielzahl einzigartiger Exponate greifbar wird.

Dass Mannheim und die Wittelsbacher in Berlin auch keine unbekannten Größen mehr sind, zeigte die Anwesenheit von Staatsminister Bernd Neumann, der in seinem Grußwort die Attraktivität der Metropolregion Rhein-Neckar nicht nur auf ihre wirtschaftliche Kraft, sondern vor allem auf ihren Reichtum an Kulturschätzen zurückführte. Auch die erneute Zusammenarbeit der drei Bundesländer Baden-Württemberg, Rheinland-Pfalz und Hessen wurde auf Bundesebene als vorbildhaft gewertet.

Die Schirmherrschaft für die Ausstellung liegt denn auch gemeinsam bei den drei Landesoberhäuptern, Ministerpräsident Winfried Kretschmann (Baden-Württemberg), Ministerpräsidentin Marlu Dreyer (Rheinland-Pfalz) und Ministerpräsident Volker Bouffier (Hessen), die leider nicht persönlich anwesend sein konnten, aber selbstverständlich über ihre Vertreter ihre Unterstützung zum Ausdruck brachten (Abb. 4).

Der stellvertretende Ministerpräsident und Minister für Finanzen und Wirtschaft Baden-Württemberg Dr. Nils Schmid zeigte sich in seiner offiziellen Eröffnungsrede ebenfalls sehr erfreut über die Zusammenarbeit über die Landesgrenzen hinweg, die Projekte in der Größenordnung der Wittelsbacher-Ausstellung überhaupt erst ermöglichte. Ingmar Jung, Staatsekretär im hessischen Ministerium für Wissenschaft und Kunst, und Walter Schumacher, Staatssekretär im Ministerium für Bildung, Wissenschaft, Weiterbildung und Kultur Rheinland-Pfalz, teilten diese Einschätzung, und alle waren sich über den hohen Stellenwert von Kunst und Kultur für unsere Gesellschaft einig, der trotz schwieriger wirtschaftlicher Verhältnisse nicht vernachlässigt werden dürfe.

Vom Vermächtnis der Wittelsbacher in der Kurpfalz konnten sich die Vertreter aus der Politik dann zusammen mit Herzog Franz von Bayern und weiteren Ehrengästen bei einer exklusiven Führung durch die Ausstellung im Anschluss an die Eröffnungszeremonie persönlich überzeugen, bevor die Feierlichkeiten mit einem gesetzten Abendessen im authentischen Ambiente des Mannheimer Barockschlosses ausklangen.

Parallel war für alle Gäste der Ausstellungsteil im Zeughaus der Reiss-Engelhorn-Museen geöffnet, wo sie bereits mit einem Umtrunk begrüßt wurden. Trotz des großen Andrangs nutzten viele Teilnehmer die Möglichkeit zu einem ausgiebigen Besuch. Noch erfreuter waren wir allerdings über die zahlreichen begeisterten Stimmen derjenigen, die versprachen wiederzukommen, um die wundervollen Objekte noch einmal mit mehr Ruhe genießen zu können.

Für alle Beteiligten war dies ein gelungener Auftakt, der vielversprechend ist für die kommenden Monate.

Alexandra Berend und Alfried Wieczorek

Abb. 4
Vor der Jesuitenkirche empfing Prof. Dr. Alfried Wieczorek den stellvertretenden Ministerpräsidenten von Baden-Württemberg Dr. Nils Schmid zusammen mit Daniela Franz, Oberbürgermeister Dr. Peter Kurz, Bürgermeister Michael Grötsch und dem Geschäftsführer der Staatlichen Schlösser und Gärten Baden-Württemberg Michael Hörrmann (von links nach rechts).
Foto: rem, Carolin Breckle

# Von Feuerzauber und Gralsgesang – Emil Heckel

Wer sich – nicht nur im Wagner-Jahr 2013 – auf Richard Wagner und den Kreis, der sich um ihn scharte, und den er um sich scharte, einlässt, muss wissen, worauf er sich einlässt. Es geht um den im 19. Jahrhundert virulenten Antisemitismus, der sowohl im Buch von Anja Gillen (siehe Hinweis am Ende des Textes) als auch in der Ausstellung thematisiert wird, weil man an Emil Heckels Judenfeindlichkeit nicht vorbeikommt. Da stand er dem unheiligen Paar Richard und Cosima Wagner in Luzern und später in Bayreuth und dem Kreis um dieses in nichts nach.

Es liegt auf der Hand, dass wir heute von den unsäglichen Geschehnissen aus, die der Nationalsozialismus hervorgebracht hat, zurückdenken. Und da wird einmal mehr deutlich, dass es unterschwellige und latent vorhandene Animositäten gegen jüdische Mitbürger schon lange gegeben hatte, die in Mannheim aufgrund der Polarisierung um das Werk Richard Wagners zum Teil offen und ungehemmt gerade im Theater zutage traten. Es ist dies nicht das Thema des Buches und der Ausstellung, aber es ist auch eines der Themen. Insofern ist dem Filmregisseur Hans Jürgen Syberberg sehr dafür zu danken, dass er den Ausstellungsverantwortlichen entgegenkommender Weise gestattet hat, gleich zu Beginn der Präsentation seine fünfeinhalbstündige Dokumentation „Winifred Wagner und die Geschichte des Hauses Wahnfried" aus dem Jahr 1975 zu zeigen, und dies im retromäßigen Ambiente des Heckel-Wagner-Gedenkzimmers im Haus Heckel, das sich in O 3, 10 befunden hat. Sie ist ebenso verblüffend wie erschreckend. Zu sehen ist sie hier, weil sie den Bogen schlagen kann vom Antisemitismus des 19. Jahrhunderts zu dem monströsen und dann wieder so furchtbar banal einherkommenden nationalsozialistischen Gedankenungut, wie es Winifred Wagner in zum Teil irritierender Arglosigkeit, aber auch schlitzohriger Schlauheit zum besten gibt. Winifred Wagner ist aber auch der Angelpunkt für den Mannheimer Nachlass von Emil Heckel. Denn sie war es, die in den 1960er Jahren nach einem kleinen Erwerbungskrimi den Nachlass Mannheim gelassen und sich mit Fotokopien davon für das Richard-Wagner-Archiv in Bayreuth beschieden hat. Insofern hat ihr Mannheim durchaus einiges zu verdanken. Und ihre teilweise gnadenlose Offenheit, die sie in der Syberberg'schen Dokumentation fast ein wenig kokett zur Schau stellt, trägt einiges zur Aufklärung der damaligen Verhältnisse bei, als die Wagners, Bayreuth und die Festspiele abgrundtief in den braunen Sumpf des Nationalsozialismus verstrickt waren.

Abb. 1
Blick in die Ausstellung „Von Feuerzauber und Gralsgesang" im Museum Weltkulturen D 5
Foto: rem, Carolin Breckle

# und Richard Wagner in Mannheim und Bayreuth

Die Ausstellung ist bei aller optischen Offenheit (Abb. 1 und 2), die sich zunächst darbietet, durchaus gegliedert, und zwar in zehn Themenschwerpunkte:

1. Biographisches zu Emil Heckel
2. Der Nachlass Emil Heckels im Mannheimer Stadtarchiv - Institut für Stadtgeschichte
3. Karl Ferdinand Heckel und die Gründung seines Musikalien- und Instrumentenhandels im Jahr 1821 in Mannheim
4. Emil Heckel und die Gründung des weltweit ersten Richard-Wagner-Vereins im Juni 1871 in Mannheim
5. K(r)ampf um Richard Wagner – Mannheimer Musiktheaterverhältnisse im 19. Jahrhundert
6. Erste Mannheimer „Ring"-Aufführungen 1879 bis 1885
7. Das Wagner-Konzert am 20. Dezember 1871 im Großen Konzertsaal des Mannheimer Nationaltheaters
8. Richard Wagner, Emil Heckel und die Bayreuther Festspiele – Die Verdienste Emil Heckels um das Zustandekommen des Festspielhausbaus in Bayreuth und der ersten Festspiele 1876 sowie des „Parsifal" der zweiten Festspiele 1882
9. „Wagner-Heckel-Dämmerung" thematisiert das beginnende Ende der Beziehung zur Wagnerfamilie, das sich einerseits durch Richard Wagners unerwarteten Tod in Venedig anbahnte, andererseits durch das sich peut à peut abkühlende Verhältnis zwischen Emil Heckel und der neuen Festspielleiterin am Grünen Hügel, Cosima Wagner.

Im 10. und letzten Kapitel wird noch an das weltweit erste öffentliche, überlebensgroße Denkmal für Richard Wagner erinnert: Emil Heckel ließ es seinem Heroen 1887 an seinem Mannheimer Wohn- und Geschäftshaus setzen, in den Kriegswirren ist es verschollen. Zuletzt soll es im Mannheimer Rathaus geborgen worden sein...

In der Ausstellung wird aber auch an das Denkmal erinnert, das Emil Heckels Sohn, der Musikschriftsteller Carl Heckel, seinem Vater setzte, indem er mit der tatkräftigen Unterstützung von Emil Heckel 1899, immerhin bei S. Fischer in Berlin, die Briefe Richard Wagners an Emil Heckel kommentiert herausgab. Wohlgemerkt nur die Briefe Wagners und seines Umkreises. Insofern ist und bleibt es ein Desiderat, den vorhandenen Briefwechsel von Emil Heckel und Richard Wagner zusammen mit Emil Heckels „Erinnerungen", die der Sohn nur sehr behutsam und deutlich entschärft in seine Kommentare einfließen ließ, insgesamt ausführlich kommentiert herauszugeben.

Ein Ansatz der Präsentation ist es, die ganze Geschichte vor allem um die Entstehung der Bayreuther Festspiele gleichsam mit den Augen Emil Heckels zu sehen. Und so lag es nahe, auch diejenigen Kunsterzeugnisse erlebbar zu machen, mit denen die Wagners, aber auch die Heckels direkt in Beziehung traten, das sind beispielsweise die Originalbühnenbildentwürfe zur Bayreuther Erst- und Uraufführung des „Rings des Nibelungen" von Josef Hoffmann oder die beiden Originalbühnenbildmodelle zur Uraufführung des Bühnenweihfestspiels „Parsifal" aus dem bedeutenden Theater-Atelier der Brüder Brückner, Coburg. Dies war nur möglich durch ein erhebliches Entgegenkommen der Kollegen und Kolleginnen vom Richard Wagner Museum in Bayreuth und der Theaterwissenschaftlichen Sammlung der Universität zu Köln. Außerdem bietet die Präsentation noch einen besonderen Höhepunkt, nämlich ein Gralsglockenklavier aus dem Jahr 1927, das ein ungewöhnlicher Zufall als Leihgabe von Privat ins Haus brachte. In einer Medienstation wird ausführlich in Wort und Ton die außergewöhnliche Geschichte dieses Instruments aus der Bayreuther Klavier-Manufaktur Steingraeber erzählt. Es wurde offenbar auch längere Zeit für die Wandelmusik des 1. und 3. Aufzugs in den Bayreuther „Parsifal"-Aufführungen ab 1927 eingesetzt.

Eine weitere Besonderheit der Ausstellung ist, dass in ihr zwar Themenfahnen, aber keine Einzelobjektbeschriftungen zu finden sind. Letztere werden durch ein ausführliches „Hand-out" ersetzt, das sozusagen mobil durch die Ausstellung leitet. Da aus konservatorischen Gründen die Beleuchtungsstärke für die einzelnen dokumentarischen Objekte erheblich eingeschränkt sein muss, sollen die individuell begleitenden Texte das Lesen erleichtern. Dies wird bewusst durch ausreichend vorhandene Sitzgelegenheiten in der Ausstellung unterstützt.

Abb. 2
Blick in die Ausstellung „Von Feuerzauber und Gralsgesang", auf der roten Wand befinden sich die Bühnenbildentwürfe von Josef Hoffmann.
Foto: rem, Carolin Breckle

Es ist charakteristisch für den in der Wagner-Rezeption nach wie vor eher unbeachtet gebliebenen Mannheimer Musikalienhändler und -verleger Emil Heckel, dass er gleichsam vom „Saulus zum Paulus" wurde, vom Verächter Wagner'scher Musik zum missionarischen Eiferer, zum rigorosen Netzwerker für Wagners Ideen. Sein Erweckungserlebnis ereilte ihn in einem von Wagner persönlich dirigierten Konzert in Karlsruhe, in dem er erstmals dessen „Walkürenritt" aufgeführt erlebte. Und als er dann noch 1868 Zeuge einer offenbar vorbildlichen „Meistersinger"-Aufführung in München wurde, war es vollends um ihn geschehen. Seinen „Erinnerungen" vertraute er an: „Diese Aufführung hat mich vollständig umgewandelt – einen größeren Enthusiasten für dieses Werk konnte es nicht mehr geben. Von diesem Augenblick an war ich Wagner verschrieben wie Faust dem Mephisto sich verschrieben."

Liselotte Homering

**Von Feuerzauber und Gralsgesang –**
**Emil Heckel und Richard Wagner in Mannheim und Bayreuth**
Eine Ausstellung der Reiss-Engelhorn-Museen, Abteilung Theater- und Literaturgeschichte mit Mannheimer Musikgeschichte, in Kooperation mit dem Stadtarchiv Mannheim - Institut für Stadtgeschichte
Gefördert von den Freunden und Förderern des Nationaltheaters Mannheim
D 5 - Museum Weltkulturen, 28. September 2013 bis 16. Februar 2014

Das Buch zur Ausstellung:
Anja Gillen
**Von Feuerzauber und Gralsgesang – Emil Heckel und Richard Wagner in Mannheim**
Band 3 der Reihe „Beiträge zur Mannheimer Kunst- und Stadtgeschichte", hrsg. von Ulrich Nieß, Stadtarchiv Mannheim - Institut für Stadtgeschichte, und Hermann Wiegand, Mannheimer Altertumsverein von 1859, Wellhöfer-Verlag Mannheim 2013

# Liselotte Homering zum 60. Geburtstag

Liselotte Homering
Foto: rem, Carolin Breckle

„KurPfalz ist mein Vaterland." Mit diesem Bekenntnis Friedrich Schillers ist die jüngste Publikation von Liselotte Homering, ihr Beitrag über die Literatur und das Theater am kurpfälzischen Hof im 18. Jahrhundert in dem Katalogbuch zur Wittelsbacher-Ausstellung der Reiss-Engelhorn-Museen, überschrieben. Wenn Liselotte Homering auch 1953 in Celle bei Hannover geboren wurde, so darf man im Blick auf ihren weiteren Lebenslauf und vor allem auf ihre wissenschaftliche Arbeit dennoch begründet behaupten, dass sie sich mit dem Bekenntnis des Dichters zur Kurpfalz als seiner Heimat auch selbst durchaus identifizieren kann.

Die Schuljahre bis zum Abitur 1973 verbringt Liselotte Homering in Mannheim. Sie schließt an der Universität in Mannheim das Studium der Germanistik, Geschichte und Archäologie mit einem Wechsel zur Fächerkombination Germanistik und Anglistik an. Nach dem Staatsexamen 1981 vertieft sie noch einmal bis 1984 das Fach Geschichte.

1985 übernimmt Liselotte Homering die Leitung der Theatersammlung des damaligen Städtischen Reiß-Museums, schließlich die Leitung der Abteilung Theater- und Literaturgeschichte mit Mannheimer Musikgeschichte der inzwischen als Reiss-Engelhorn-Museen überregional bekannten renommierten Mannheimer Museumsinstitution. Dazu gehört auch die Betreuung einer umfassenden Sammlung europäischer historischer Musikinstrumente. 2004 kommt das vom Förderkreis für die Reiss-Engelhorn-Museen erworbene Museum Schillerhaus in B 5, 7 in ihren Verantwortungsbereich.

Wer Liselotte Homering kennt, der weiß, dass ihr die vertiefende wissenschaftliche Forschung in den hier schwerpunktmäßig skizzierten Aufgabenbereichen ein inneres Bedürfnis ist und dass die damit implizierten historisch relevanten Themen ihrem ureigensten persönlichen Interesse entsprechen. Nicht zuletzt das begründet die Qualität ihrer Leistungen.

Eine Analyse der mehr als fünfzig Titel umfassenden Publikationsliste verdeutlicht die Beschäftigung der Autorin Liselotte Homering mit den Fragen um die Geschichte des Mannheimer Nationaltheaters von den Anfängen im 18. Jahrhundert bis in die aktuelle Gegenwart. Nicht weniger kompetent äußert sie sich über die musikgeschichtliche Entwicklung in der Kurpfalz, von der musikalischen Praxis am kurfürstlichen Hof Carl Theodors bis zu dem die bürgerliche Lebenswelt kulturell prägenden Konzertleben des 19. Jahrhunderts. Über Friedrich Schiller und seine Bedeutung für Mannheim hat Liselotte Homering ebenso geschrieben wie über Aspekte des Mannheimer Verlags- und

Literaturwesens und die Bedeutung und Geschichte der ihr überantworteten Sammlungen.

Es wird niemanden erstaunen, dass sich ihr wissenschaftliches Interesse auch in ihrer Arbeit als Ausstellungsmacherin spiegelt, in Projekten, die sie verantwortlich geleitet hat, wie „SchillerZeit in Mannheim" (2005), eine Ausstellung über Friedrich Schiller und das Mannheimer Theaterleben um den jungen Autor der „Räuber", aber auch über bedeutende Persönlichkeiten des Theaters: Intendanten und Schauspieler (u.a. Albert Bassermann, 1867-1952, Willy Birgel, 1891-1973, und Klaus Kinski, 1926-1991), über die Ausstattungen viel diskutierter Inszenierungen in Oper (u. a. von Richard Strauss, 1864-1949) und Schauspiel, über bühnentechnische Entwicklungen, über Komponisten (u. a. Hermann Goetz, 1840-1876) und Kapellmeister (u. a. Vinzenz Lachner, 1811-1893), über Musikverleger (u. a. Johann Michael Götz 1740-1810), über Schauspielerinnen (u. a. Marylin Monroe, 1926-1962, Ida Ehre, 1900-1980, und Adele Sandrock, 1863-1937) und Sänger (u. a. Kammersänger Franz Mazura, *1924).

Nur summarisch hingewiesen sei auf ihre kompetente Mitarbeit an zahlreichen weiteren Ausstellungsprojekten innerhalb, aber auch außerhalb des Hauses. Mit Theaterarchitektur und Bühnentechnik beschäftigte sie sich im Rahmen ihres Lehrauftrags am Musikwissenschaftlichen Seminar der Universität Heidelberg im Wintersemester 1996/97. Es ist ihrer wissenschaftlichen Kompetenz zu verdanken, dass es ihr immer wieder gelingt, dokumentarische Nachlässe bedeutender Künstlerpersönlichkeiten in den Quellenfundus der Reiss-Engelhorn-Museen zu bringen, wie unter vielen anderen 2011 den umfassenden künstlerischen Nachlass der Anneliese Rothenberger.

Theater- und Musikgeschichte Mannheims sind auf das engste mit zwei großen Komponistennamen verbunden: Wolfgang Amadé Mozart (1756-1791) und Richard Wagner (1813-1883). Mit der Ausstellung „176 Tage W. A. Mozart in Mannheim" begibt sich Liselotte Homering zusammen mit der Städtischen Musikbücherei 1991 auf Spurensuche nach Mozart in Mannheim. Von 2000 bis 2006 ist sie für die Stadt Mannheim Mitglied in der Planungsgruppe „Europäische Mozartwege", Salzburg.

Die Ausstellung „Von Feuerzauber und Gralsgesang" (2013/2014) im Museum Weltkulturen in D 5 belegt ganz aktuell ihr Engagement für Richard Wagner. Der Mannheimer Musikverleger Emil Heckel gehörte zu den frühesten Förderern Richard Wagners. Sein Nachlass im Mannheimer Stadtarchiv enthält auch seine Korrespondenz mit dem Komponisten. Anja Gillen vom Mannheimer Stadtarchiv-ISG hat anlässlich des Richard-Wagner-Jahres 2013 die Briefe Heckels bearbeitet und ausgewertet – Liselotte Homering hat die Publikation mit einer kleinen, aber überregional beachteten Ausstellung (2013/2014) begleitet.

Der Hinweis auf Richard Wagner führt noch einmal zur Publikationsliste und zur Biographie Liselotte Homerings zurück. Als Mitherausgeberin der Festschrift für Franz Mazura anlässlich dessen achtzigsten Geburtstags 2004 setzt sie sich als Autorin mit der Figur des Königs Marke in Wagners „Tristan und Isolde" auseinander und greift damit auf ihre wissenschaftliche Arbeit zum Erhalt des Staatsexamens 1981 zurück. Während ihres Studiums wurde sie 1977 mit einem Stipendium des Richard-Wagner-Verbandes Mannheim gefördert. 1982/83 übernahm sie die wissenschaftliche Bearbeitung eines Buches über Richard Wagners „Parsifal".

Vor diesem Hintergrund erstaunt es nicht, dass Liselotte Homering mit großem Engagement die Veranstaltungen der Mozart-Gesellschaft Mannheim Rhein-Neckar sowie des Richard-Wagner-Verbandes Mannheim in den Reiss-Engelhorn-Museen betreut. Nicht weniger gut aufgehoben mit ihren Musikveranstaltungen fühlen sich die Gesellschaft für Neue Musik, aber auch die Goethe-Gesellschaft Mannheim und schließlich das Literarische Zentrum der „Räuber77" sowie zahlreiche regionale Verlage und Vereinigungen mit ihren Literaturveranstaltungen im Museum Schillerhaus. Seit 2004 obliegt Liselotte Homering auch die organisatorische Betreuung der beliebten „Begegnungen" der Freunde und Förderer des Nationaltheaters. Für die Musikveranstaltungen der Reiss-Engelhorn-Museen zeichnet sie seit Jahren verantwortlich und belegt ihr Gespür für die Auswahl von Künstlern und Repertoire.

Mit dem Hinweis auf eine lückenlose Dokumentation der Arbeit des Mannheimer Nationaltheaters seit seinem Bestehen sei die Bedeutung der Partnerschaft zwischen den Reiss-Engelhorn-Museen und dem Nationaltheater an dieser Stelle noch einmal deutlich unterstrichen. Es ist Liselotte Homerings Pflege des Kontaktes zu den Verantwortlichen des Nationaltheaters, die die Kontinuität und Geschlossenheit dieser Dokumentation und die Einzigartigkeit des dokumentarischen

Bestandes als historischer Quelle der Mannheimer Theaterarbeit gewährleistet.

Doch für das Theaterwesen engagiert sich Liselotte Homering auch auf einer zweiten Ebene. Seit 1996 zeichnet sie verantwortlich für den von der Stadt Mannheim zusammen mit der Freudenberg-Stiftung Weinheim vergebenen Gudrun-Wassermann-Buschan-Preis für junge Kostüm- und Bühnenbildnerinnen und -bildner. Die damit implizierte Förderung ist nicht nur ein Beitrag zur historischen Dokumentation des Theaterwesens, sondern zur aktiven Gestaltung seiner Zukunft. An der Erarbeitung der Neukonzeption des Preises, die darauf zielt, die Förderung noch deutlicher mit der Theaterarbeit zu verbinden, hat Liselotte Homering maßgeblich mitgearbeitet.

Man wird der Persönlichkeit Liselotte Homerings nicht gerecht, wenn man ihr Engagement auf wissenschaftliche Forschung und auf die Erarbeitung von Ausstellungen in ihrem Verantwortungsbereich begrenzt. Auch mit dem Hinweis auf ihre rege Publikationstätigkeit und ihr aktives Mitwirken für und in zahlreichen Vereinen ist ihr Beitrag für die Kultur der Stadt Mannheim und der Region nicht ausreichend gewürdigt. Darüber hinaus hat sie auf internationaler und nationaler Ebene über Jahre hinweg erfolgreich ihre Erfahrungen in die Vorstandsarbeit der „Société intenationale des Bibliothèques et des Musées des Arts du Spectacle" (SIBMAS) und des Bundesverbands der Museen und Archive für darstellende Künste e.V. eingebracht. Auch muss man auf ihre außergewöhnliche Begabung verweisen, mit der sie auf oft geradezu unkonventionelle Weise ihr profundes Wissen vermittelt und Vorschläge zur Werbung in Sachen Kultur macht.

Von Liselotte Homering stammt die Idee, die Schillerhäuser in Mannheim und Ludwigshafen mit einem Fahrradweg zu verbinden. Ihren Vorträgen folgt eine begeisterte Zuhörerschaft. In ihren oftmals auch musikalisch begleiteten „Kommentierten Lesungen“ zeigt sie, dass Musik, Literatur und Theater für sie nicht allein als Forschungsgegenstand relevant sind, sondern ihr mehr oder weniger im Blut liegen. So ergänzt sie ihre wissenschaftliche Arbeit für die Reiss-Engelhorn-Museen mit einer überzeugenden Begabung zur Vermittlung.

Die Reiss-Engelhorn-Museen danken im Namen aller Mitglieder der Direktion und der Kollegen und Mitarbeiter Liselotte Homering für ihre seit Jahren geleistete überzeugende Arbeit für das Haus sowie das kollegiale Miteinander und wünschen ihr zum 60. Geburtstag alles Gute für ihre berufliche und private Zukunft.

Prof. Dr. Alfried Wieczorek
Generaldirektor Reiss-Engelhorn-Museen
Vorstandsvorsitzender Curt-Engelhorn-Stiftung

Dr. Hans-Jürgen Buderer
Direktor Reiss-Engelhorn-Museen; Kunst- und Kulturgeschichte

## Publikationsliste Liselotte Homering
Stand 2013

**1987**

Albert Bassermann (1867-1952). Begleitheft zur Sonderschau im Städtischen Reiß-Museum Mannheim anlässlich seines ersten Bühnenauftritts vor 100 Jahren in Mannheim. Mannheim 1987

**1988**

Der Ort der Handlung ist die Bühne. Bühnengestaltung in Mannheim vom 18. bis zum 20. Jahrhundert. Begleitheft zur Sonderausstellung im Städtischen Reiß-Museum aus Anlass des 17. Internationalen Kongresses der Société Internationale des Bibliothèques et des Musées des Arts du Spectacle (SIBMAS), Mannheim 1988

**1989**

„The Theatre Collection of the Städtisches Reiss-Museum Mannheim“. In: Theatre History Studies 9/1989, S. 141-160

**1990**

„Cäcilie Mohor und die Mannheimer Erstaufführung von Richard Wagners 'Tristan und Isolde' (1888)“. In: Mannheimer Hefte 1990/1, S. 72-87

Theatersammlungen und Öffentlichkeit. Les Collections théâtrales et le Public. Theatre Collections and the Public. Bericht – Actes – Documentation. 17. Internationaler SIBMAS-Kongreß, 4.-9. September 1988

Mannheim [Rosengarten]. Redaktionelle Bearbeitung und Einleitung. Mannheim und Heidelberg 1990

**1991**

176 Tage W. A. Mozart in Mannheim, hrsg. von Karin von Welck und Liselotte Homering. Ausstellungshandbuch und -katalog. Heidelberg 1991

„'Alles Merkwürdige des deutschen Athen's' – Kunst und Wissenschaft in Mannheim zur Zeit Carl Theodors". In: 176 Tage W. A. Mozart in Mannheim 1991, S. 84-99 und mehrere kleinere Katalogbeiträge

„Als die Künste 'gleich wohlthaetigen Feen um die Wette stritten...' Theater, Musik, Literatur und Sprachpflege in Mannheim zur Zeit Carl Theodors". In: Mannheimer Hefte 1991/2, S. 99-116

Uf der mâze pfat. Festschrift für Werner Hoffmann zum 60. Geburtstag, hrsg. von Waltraud Fritsch-Rössler, unter Mitarbeit von Liselotte Homering. Göppingen 1991

**1992**

„'Kleiner Schneider' – Große Oper. 200 Jahre Mozarts ‚Die Hochzeit des Figaro' am Mannheimer Nationaltheater". In: Acta Mozartiana Heft 2/ Dezember 1992, S. 51-66

„Theatersammlung". In: Museum für Kunst-, Stadt- und Theatergeschichte im Reiß-Museum der Stadt Mannheim (=museum). Braunschweig 1992, S. 90-117

Sammelleidenschaft – Mäzenatentum und Kunstförderung. Von den Kurfürsten zum Land Baden-Württemberg, hrsg. von Karin von Welck. Heidelberg 1992. Redaktionelle Mitarbeit und eigene Beiträge

Form, Farbe, Klang. Die Kunst des zeitgenössischen Geigenbaus. Begleitpublikation zur gleichnamigen Ausstellung im Verschaffelt-Gewölbe des Reiss-Museums der Stadt Mannheim, hrsg. von Liselotte Homering und Jürgen von Stietencron. Mannheim 1992

**1993**

Redaktion: Kostbares Vermächtnis. Zeugnisse aus dem Staatlichen jüdischen Museum in Prag. Begleitpublikation zur gleichnamigen Ausstellung im Reiss-Museum Mannheim, hrsg. von Karin von Welck. Mannheim 1993

**1994**

„Umbau, Aufbau, Anbau, Neubau – Das historische Nationaltheatergebäude auf B 3 als Beispiel für den notwendigen Wandel in der Zeit". In: Festschrift zur Wiedereröffnung des Nationaltheaters der Stadt Mannheim nach Abschluß der 3. Sanierungsphase am 26./27. Februar 1994, hrsg. von der Stadt Mannheim. Hildesheim 1994, S. 31-35

Redaktionelle Mitarbeit: Bilder aus Athen. Photographien 1860 bis 1862 von Johann Jacob Lorent, hrsg. von Franz V. Waller und Karin von Welck. Mannheim 1994

**1996**

„Mnemosynes Werk. Wiedergewonnener Skulpturenschmuck vom historischen Nationaltheatergebäude in B 3". In: Kunst und Antiquitäten. Schloss Schwetzingen 26.-29.9.1996. München 1996, ohne Paginierung

Höft, Brigitte und Liselotte Homering: „Mannheim". In: Die Musik in Geschichte und Gegenwart (MGG), hrsg. von Ludwig Finscher, 2. neubearb. Ausgabe, Sachteil 5 (Ks – Mein), Basel/London/New York/ Prag/Stuttgart/Weimar 1996, Sp. 1635-1645

Redaktionelle Mitarbeit: Franken – Wegbereiter Europas, hrsg. von Alfried Wieczorek, Patrick Périn, Karin von Welck und Wilfried Menghin. Mannheim 1996

**1998**

Theatergestalten – Theater gestalten. Bühnenbild- und Kostümentwürfe von Gudrun Wassermann-Buschan, hrsg. von Karin von Welck und Liselotte Homering. Heidelberg 1998

Geschenke von Freunden. Dreißig Jahre Fördererkreis für das Reiss-Museum Mannheim, hrsg. von Klaus Born und Liselotte Homering im Auftrag des Fördererkreises für das Reiss-Museum e.V. (= Kostbarkeiten aus dem Reiss-Museum Mannheim Band 2). Heidelberg 1998. Darin auch einige eigene Beiträge: Porträt einer Baß-Laute, Systemstock (Spazierstockklarinette von Johann Georg Braun, Mannheim), Danzi-Notendruck von Johann Michael Götz, Mozart-Notendruck von Johann Michael Götz und anonymes Ölporträt Christian Witthöft, S. 60-69

„Der gestrichene Gast – Richard Wagner, der Fliegende Holländer und Mannheim". In: Programmheft des Nationaltheaters Mannheim zur Wiederaufnahme des Fliegenden Holländers am 6. Januar 1998., S. 14-21

Mannheim und sein Nationaltheater. Menschen – Geschichte(n) – Perspektiven, hrsg. von Liselotte Homering und Karin von Welck (=Schriften zur Mannheimer Theater- und Musikgeschichte Band 1, hrsg. von Karin von Welck, und Begleithandbuch zur theatergeschichtlichen Dauerausstellung des Reiss-Museums „Mannheim und sein Nationaltheater – Bretter, die die Welt bedeuten"). Mannheim 1998

„Zur Geschichte und Bedeutung der Theatersammlung des Reiss-Museums Mannheim und ihrer Dauerausstellung ‚Mannheim und sein Nationaltheater – Bretter, die die Welt bedeuten' ". In Mannheim und sein Nationaltheater 1998, S. 30-65

Krock, Andreas und Liselotte Homering: „Der Ort der Handlung ist die Bühne. Bühnengestaltung am Mannheimer Nationaltheater vom 18. Jahrhundert bis zur Gegenwart". In: Mannheim und sein Nationaltheater 1998, S. 476-499

„Chronologie zur Vorgeschichte und Geschichte des Mannheimer Nationaltheaters". In: Mannheim und sein Nationaltheater 1998, S. 514-603, sowie mehrere kleinere Artikel

**1999**
„Mannheimer Theaterimpressionen". In: Theatergespräche `99 Mannheim. Kultur gemeinsam erleben (=Schriftenreihe des Bundes der Theatergemeinden e.V., Heft 59). Bonn 1999, S. 43-47.

„Zwischen absolutistischem Machtanspruch und bürgerlicher Aufgeklärtheit – Kurfürst Carl Theodor und das Theater". In: Lebenslust und Frömmigkeit. Kurfürst Carl Theodor (1724-1799) zwischen Barock und Aufklärung [...], 2 Bde., hrsg. von Alfried Wieczorek, Hansjörg Probst und Wieland König, Regensburg 1999, Bd. 1, S. 305-321, sowie in Bd. 2 etliche Katalogbeiträge

**2000**
„‚Freiheit einen Millimeter über dem Material' – Anmerkungen zur Kostümthematik am Beispiel von Richard Wagners Der Ring des Nibelungen". In: Gold Macht Lust – Richard Wagners Welt in Bildern. Katalogbuch zur gleichnamigen Ausstellung der Städtischen Kunsthalle Mannheim, 22. Oktober 2000 bis 18. Februar 2001, hrsg. von Manfred Fath, Mannheim 2000, S. 30-35

**2003**
„Albert Bassermann: Schauspieler – Ehrenbürger – Weltbürger". In: Badische Heimat 83, 2003, S. 643-652

„Die Akademiekonzerte im Mannheimer Rosengarten, 1903 – 1944". In: 225 Jahre Musikalische Akademie. Festschrift der Musikalischen Akademie des National-Theater-Orchesters Mannheim e.V. im Konzertjahr 2003/2004, hrsg. von der Musikalischen Akademie des Nationaltheater-Orchesters e.V., Mannheim ohne Jahr [2003], S. 18-23

Gudrun-Wassermann-Buschan-Preis 2003. Ein Preis für junge Bühnen- und Kostümbildnerinnen und –bildner. Broschüre für die Preisträgerin 2003, Julia Hansen Berlin, Mannheim 2003

**2004**
„Schiller, Schwan und Tortenschaufel". In: Mannheimer Geschichtsblätter, N.F. II, 2004, S. 267-277

Die Oper als Spiegelbild der Welt. Franz Mazura – Der Sängerschauspieler – Festschrift zum 80. Geburtstag, 22. April 2004, hrsg. von Hans-Jürgen Buderer und Liselotte Homering. Worms 2004

„'Die durch Konvention gehemmte Naturgewalt'. Richard Wagner und sein König Marke". In: Die Oper als Spiegelbild der Welt, S. 71-83

**2005**
SchillerZeit in Mannheim, hrsg. von Alfried Wieczorek und Liselotte Homering (=Publikationen der Reiss-Engelhorn-Museen Band 16). Mainz 2005

„Freiheit, Frauen und Finanzen – Friedrich Schiller in Mannheim". In: SchillerZeit in Mannheim 2005, S. 103-118

„Mannheims erste literarische Gedenkstätte. Das Museum SchillerHaus in B 5, 7". In: SchillerZeit in Mannheim 2005, S. 178-181, sowie weitere kleinere Artikel zu Schiller in Mannheim

Gudrun-Wassermann-Buschan-Preis 2005. Ein Preis für junge Bühnen- und Kostümbildnerinnen und –bildner. Broschüre für den Preisträger 2005, Max Julian Otto Berlin, Mannheim 2005

**2007**
„Musik und Theater bei Hof". In: Barockschloss Mannheim – Kurfürstliche Residenz im neuen Glanz. Sonder-Journal zur Wiedereröffnung. März 2007, S. 28-29

„Theater- und Musikgeschichte". In: Das Museum Zeughaus der rem. Ein Überblick über die Neupräsentation der Sammlungen, hrsg. von Alfried Wieczorek, Petra Hesse, Christoph Lind (=Publikationen der Reiss-Engelhorn-Museen Band 20), ohne Ort und Datum [2007], S. 107-118 und S. 143-149

Die Schillerroute – Radfahren auf den Spuren Schillers, hrsg. von der Stadtverwaltung Ludwigshafen am Rhein mit Texten von Peter Ruf und Liselotte Homering, Speyer 2007

„Friedrich Schiller im Antikensaal zu Mannheim" von Liselotte Homering und Claudia Braun. Mannheim 2007

Gudrun-Wassermann-Buschan-Preis 2007. Ein Preis für junge Bühnen- und Kostümbildnerinnen und -bildner. Broschüre für die Preisträgerin 2007, Evelyn Hribersek Stuttgart/München. Mannheim 2007

**2009**
„Museum Schillerhaus der Reiss-Engelhorn-Museen Mannheim". In: allmende 83/2009, S. 94-99

Gudrun-Wassermann-Buschan-Preis 2009. Ein Preis für junge Bühnen- und Kostümbildnerinnen und -bildner. Broschüre für die Preisträgerin 2009, Julia Schnittger Berlin. Mannheim 2009

**2010**
„'Hierauf erschien Schillers Genius' – Anmerkungen zu August Wilhelm Iffland und Friedrich Schiller. In: Mannheimer Geschichtsblätter 20, 2010, S. 94-112

**2011**
MusikWelten, hrsg. von Hermann Wiegand, Alfried Wieczorek, Claudia Braun und Michael Tellenbach (=Mannheimer Geschichtsblätter Sonderveröffentlichung 3, Publikationen der Reiss-Engelhorn-Museen Band 45), Heidelberg/Ubstadt Weiher/Basel 2011. Mehrere kleinere Beiträge zu Psalter mit Kasten, Elfenbeinsyrinx mit Satyr und Nymphe, Barockorgel und Tanzmeistergeige. Passim

**2012**
„Wolfgang Heribert von Dalberg als Theaterleiter und Autor". In: Zwischenwelten. Das Rheinland um 1800, hrsg. von Volker Gallé und Werner Nell, Worms 2012, S. 69-94

**2013**
„Anna Maria Luisa [de Medici] (1667 – 1743)". In: Die Medici – Menschen, Macht und Leidenschaft [...], hrsg. von Alfried Wieczorek, Gaëlle Rosendahl und Donatella Lippi. Regensburg 2013, Bd. 2 des Ausstellungsbegleitbuchs (= Publikationen der Reiss-Engelhorn-Museen Band 54), S. 374-376

„'KurPfalz ist mein Vaterland' – Literatur und Theater am kurpfälzischen Hof im 18. Jahrhundert". In: Die Wittelsbacher am Rhein. Die Kurpfalz und Europa. Begleitband zur 2. Ausstellung der Länder Baden-Württemberg, Rheinland-Pfalz und Hessen, hrsg. von Alfried Wieczorek, Bernd Schneidmüller et.al., Bd. II, Neuzeit (=Publikationen der Reiss-Engelhorn-Museen Mannheim Band 60). Regensburg 2013, S. 304-311

Von Irritation zur Reflexion – Festschrift zum 50-jährigen Bestehen der Gesellschaft für Neue Musik e.V. Mannheim, hrsg. von Claus Meissner. Redaktion: Liselotte Homering. Saarbrücken 2013

„Mary Wigman und Mannheim". In Vorbereitung zum Druck in den Mannheimer Hochschulschriften der Staatlichen Hochschule für Musik und Darstellende Kunst Mannheim

**In Vorbereitung für 2014**
Präsentiert Literatur! Fragen zur Performanz in Literaturmuseen und Literaturausstellungen am Beispiel von ausgewählten Präsentationen in Deutschland 1995 bis 2013. In: Aspekte einer performativen Literaturgeschichte. Wissenschaftliche Tagung Warmbronn (16. und 17. November 2013). Der Tagungsband erscheint 2014 und wird von Burckhard Dücker herausgegeben.

# Ingrid Philipp zum 75. Geburtstag

Unermüdliches Engagement – müsste man Ingrid Philipps Verbindung zu den Reiss-Engelhorn-Museen kurz und knapp beschreiben, wären dies wohl die treffendsten Worte.

Seit vielen Jahren hat sie immer wieder als gute Seele für die Belange des Museums gewirkt, ob nun für alle ersichtlich an vorderster Front im Museumsshop oder im Hintergrund im Vorstand des Fördererkreises, immer mit dem gleichen großen Einsatz.

Am 29. November 1938 geboren, wuchs sie in einer Zeit auf, in der Kunst und Kultur keinen besonderen Stellenwert genossen und spezifischen Wertvorstellungen unterworfen waren. Dennoch entwickelte sich ihre Begeisterung für Geschichte, und dies war stets eng mit dem damaligen städtischen Reiß-Museum verbunden.

Ingrid Philipp ist wohl auch eines der langjährigsten Mitglieder des Fördererkreises. Bereits 1968, mit gerade mal 30 Jahren, entschloss sie sich, die Kultur in Mannheim durch eigenes Handeln unterstützen zu wollen. Damals begann ihr Engagement für den Fördererkreis, und wie viel Umfang diese Aufgabe einmal einnehmen würde, war damals vermutlich noch gar nicht abzusehen.

Mit neuen Ansätzen gelang es ihr in dieser Zeit, den Fördererkreis immer wieder neu zu beleben. So konnte sie 1995 mit der Idee, Kataloge vergangener Ausstellungen gratis an Neumitglieder zu verteilen, etliche Interessierte dafür gewinnen, dem Verein beizutreten. Der Erfolg sprach für sich, doch war er nur ein erster Schritt.

Schon zwei Jahre später gewann ein bedeutend größeres Projekt für den Fördererkreis Kontur. Mit der Übernahme des Museumsshops von einem kommerziellen Unternehmer im Spätsommer 1997 gelang es Ingrid Philipp, den Gewinn aus diesem Bereich wieder für das Museum nutzbar zu machen. Als ehrenamtliche Geschäftsführerin baute sie unter hohem persönlichen – sowohl zeitlichen als auch finanziellen – Einsatz ein gut funktionierendes Konzept auf: ein vielfältiges Sortiment, das sowohl die Themen aktueller Sonderausstellungen berücksichtigt wie auch zeitlose Geschenkideen in jeder Preislage anbietet. Dabei bemühte sie sich nicht nur um eine aktuelle Produktpalette, sondern kümmerte sich nebenbei auch noch um rund 60 ehrenamtliche Verkäufer.

So war es natürlich ein Wermutstropfen, als Ingrid Philipp im vergangenen Jahr aus dem Vorstand des Fördererkreises ausschied. Wir freuen uns sehr, dass sie dem Haus dennoch als Ehrenmitglied des Fördererkreises wie auch durch ihr Engagement im Stiftungsrat der Fördererstiftung für die Reiss-Engelhorn-Museen weiterhin eng verbunden bleibt.

In großer Dankbarkeit für Dein Wirken möchten wir Dir, liebe Ingrid, unsere herzlichsten Glückwunsche zu Deinem Geburtstag überbringen und hoffen, Du wirst unsere Arbeit noch viele Jahre mit Deinen Ideen bereichern.

Alfried Wieczorek für die Reiss-Engelhorn-Museen
und Rolf Kentner für den Fördererkreis für die Reiss-Engelhorn-Museen

# In Memoriam Henner-Wolfgang Harling

Am 18. August 2013 verstarb nach längerer Krankheit der Graphiksammler Henner-Wolfgang Harling in seinem 74. Lebensjahr.

Lange Zeit war er neben und nach seiner Berufstätigkeit im kaufmännischen Bereich den Reiss-Engelhorn-Museen (rem) als Sammlerpersönlichkeit sowie als langjähriges Mitglied dem Mannheimer Altertumsverein (MAV) verbunden gewesen. Die Aktivitäten beider Institutionen verfolgte er stets mit großer Anteilnahme und regem Interesse. Dabei galt seine Vorliebe der Graphik, wobei er sich vor allem für die Ansichten der hiesigen, ihm zur zweiten Heimat gewordenen Region sowie deren künstlerischen Vertretern aus dem 18. und 19. Jahrhundert begeisterte.

Mit dem Sammler Henner-Wolfgang Harling kam ich bereits als Volontär an den damals noch Reiß-Museum genannten rem in Kontakt, denn er suchte häufig das Museum und die Graphischen Sammlungen auf. Er pflegte einen guten Kontakt zu meiner Vorgängerin Dr. Inga Gesche, den ich später erfolgreich fortsetzen konnte. Wann immer er nach Mannheim kam, stattete er dem Museum einen Besuch ab. Ebenso setzte er seine passionierte Sammelleidenschaft fort, bereicherte verschiedene Museen in der Region mit Schenkungen graphischer Blätter und informierte mich häufig, sobald bei Auktionen oder im Kunsthandel interessante Graphik angeboten wurde. In der Regel sahen sich die Museen zu einem Ankauf der Blätter außerstande, deshalb erwarb Harling in den letzten Jahren einige davon für die rem und vermochte so einzelne Lücken in deren Bestand zu schließen. Eine seiner letzten Erwerbungen dieser Art, der Kupferstich mit der Darstellung vom Einzug Kurfürst Friedrichs V. in Heidelberg nach seiner Hochzeit mit der englischen Prinzessin Elizabeth Stuart im Jahre 1613, ist zur Zeit in der großen rem-Sonderausstellung „Die Wittelsbacher am Rhein" zu sehen.

Eine besonders innige Beziehung verband Harling jedoch mit dem Künstlerdilettanten und Geheimen Kabinettssekretär des Kurfürsten Carl Theodor, Stephan von Stengel (1750-1822). Aufgrund von dessen Ansicht der Burg Windeck in Harlings Wohnort Weinheim war er auf ihn aufmerksam geworden. Keinem hochrangigen Künstler der ersten Garde galt in der Folge Harlings Hauptaugenmerk, sondern einem Hofbeamten im 18. Jahrhundert, der sich unter anderem als fördernder Freund von Kunst und Künstlern einen Namen gemacht und selbst recht passable Ergebnisse auf diesem Gebiet hervorgebracht hatte. 2008/2009 fand in den rem eine Ausstellung zu von Stengel statt, die Harling zum Großteil mit den graphischen Blättern aus seinem Besitz ermöglichte; diese machte er schließlich dem MAV zum Geschenk. Ausstellung wie zugehöriger Katalog machten die mannigfaltigen Seiten des „Schöngeists in diplomatischen Diensten" Stephan von Stengel sichtbar, beleuchteten aber auch dessen intensiven Austausch mit den Künstlern der Kurpfalz wie z. B. den Kobells sowie Mannheims damalige Bedeutung als künstlerisches Zentrum.

Anlässlich der Vorbereitungen zur Stengel-Ausstellung stellte Harling auch den Kontakt zu dem Sammlerehepaar Karlheinz und Christa Schacherer her, das sich wie er selbst der Kunst auf Papier verschrieben hatte. Dieser Kontakt sollte sich gleichfalls als äußerst fruchtbar erweisen, wie unter anderem 2011 die Schenkung Schacherer an den MAV und die diesjährige Ausstellung „Faszination Landschaft" bewiesen haben.

Wie mit Karlheinz Schacherer, der bereits die Eröffnung der Stengel-Ausstellung nicht mehr erleben durfte, ist nun mit Henner-Wolfgang Harling ein weiterer eifriger Graphiksammler und überzeugter Bewunderer der Alten Kunst von uns gegangen. Harling besaß zudem auch ein Faible für Architektur und zeitgenössische Skulptur, mit entsprechenden Objekten bedachte er zum Beispiel seine westfälische Heimatstadt Anholt. Seine Förderungen unterschiedlichster Art für die Kunst ebenso wie die Erinnerung an sein aufgeschlossenes und stets interessiertes Wesen werden ihm ein dankbares Angedenken bewahren.

Andreas Krock

# In Memoriam Robert Häusser

# Abschied vom Bildmagier der Schwarz-Weiß-Fotografie Robert Häusser

## 8. November 1924 bis 5. August 2013

Am 5. August 2013 verstarb nach längerer Krankheit Robert Häusser. Der letzte Titan, der Doyen, Magier und Meister der Schwarz-Weiß-Fotografie ist von uns gegangen, mit ihm ging zugleich die analoge Ära der Fotografie zu Ende. Das Werk des Ausnahmefotografen ist einzigartig und geprägt von einer unverwechselbaren Handschrift: graphische Hell-Dunkel-Kontraste, strenge und prägnant gestaltete Bildkompositionen mit existenziell philosophischen Bildthemen. Das Abbild wird zum Sinnbild, zu einer existenziellen Chiffre, geheimnisvoll, magisch, vielschichtig. Denn die Magie der Dinge hat ihn immer fasziniert. Häusser, der mit vielen Preisen gewürdigt wurde, so auch als erster deutscher Fotograf mit dem Hasselblad Award, dem Nobelpreis der Fotografie, ist ein Wegbereiter der modernen Fotokunst.

In den Reiss-Engelhorn-Museen fand im Anna-Reiß-Saal des Museums Weltkulturen D 5 am 28. August um 11 Uhr eine sehr bewegende Gedenkfeier für Robert Häusser statt. Über 400 Gäste nahmen daran teil: Mannheimer Bürgerinnen und Bürger, engste Freunde und Weggefährten, Künstler und Architekten, Politiker und ehemalige Auftraggeber, etwa von der BASF. Neben dem Rednerpult wurde das kürzlich vollendete Häusser-Porträt des Malers Walter Stallwitz auf einer Staffelei präsentiert. Das expressionistisch anmutende Werk zeigt einen dynamischen Malstil mit dicht aneinander gesetzten, langen Pinselstrichen in kräftigen Farben; es wurde von Klaus Freiberger den Reiss-Engelhorn-Museen gestiftet.

Oberbürgermeister Dr. Peter Kurz zeichnete den Lebensweg von Robert Häusser nach und verwies mit großer Anteilnahme auf die immensen Verdienste des Künstlers um die Stadt Mannheim: „Mannheim verdankt Häusser sehr viel und Häusser konnte in Mannheim ein Umfeld vorfinden, das ihm die Basis bot, seine atemberaubende Fotokarriere zu entwickeln. Es ist jetzt weiterhin die Aufgabe der Stadt Mannheim, Häussers Werk weiter zu pflegen, damit es eine weitere internationale Bedeutung und Präsenz erfährt."

Dr. Kurz zitierte auch aus Häussers erster Publikation von 1957 „Ein Fotograf sieht Mannheim" dessen sehr persönliches Bekenntnis zur Stadt: „...diese Stadt, sie war mir das Hierbleiben wert. Als Fremdling, als Zugereister, kam ich zu ihr. Aber sie hat es mich nicht spüren lassen. Dazu ist sie zu jung und zu weltoffen. So selbstverständlich nahm sie mich auf, wie sie immer in ihrer dreihundertfünfzigjährigen Geschichte Menschen aus allen Himmelsrichtungen aufgenommen hat. Die einen, die in Kriegszeiten hierher verschlagen wurden, die anderen, die hier ihr Glück suchten. Und das waren nicht wenige."

Prof. Alfried Wieczorek, Generaldirektor der Reiss-Engelhorn-Museen, würdigte die große Bedeutung von Häusser sowohl für das im Jahr 2002 durch die Curt-Engelhorn-Stiftung gegründete Forum Internationale Photographie der rem wie auch für die Fotografie in Mannheim: „Ohne ihn wäre Mannheim nicht der Fotografiestandort geworden, der er heute ist. Die Curt-Engelhorn-Stiftung spielte auch eine wesentliche Rolle dabei, dass das Robert-Häusser-Archiv zu den wichtigsten fotografischen Sammlungsbeständen zählt, die heute von Claude W. Sui verwaltet werden."

Dr. Claude W. Sui, Abteilungsleiter Kunst und Kulturgeschichte und Leiter des Forums Internationale Photographie, ging auf die Bedeutung des künstlerischen Lebenswerks von Häusser ein und würdigte in bewegenden Worten die herausragende Persönlichkeit: „Auch im Privaten war Robert Häusser ein Mensch mit vielen faszinierenden Facetten und polarisierenden Eigenschaften: Himmel hoch jauchzend, zu Tode betrübt; mit all den Vor- und Nachteilen: Wo viel Licht ist, da ist auch viel Schatten.

Dieser Lehrsatz war wichtig für den Fotografen wie auch den Menschen Robert Häusser.

Er war kein Diplomat, aber von einem tiefen Gerechtigkeitssinn durchdrungen.

Keine Diva der High Society, aber doch ein stiller Star.

Kein Dogmatiker und Prinzipienreiter, aber ein freier und offener Geist.

Kein Durchschnittsmensch, aber ein Individualist.

Kein Elfenbeinturm-Künstler, aber ein Kosmopolit.

Kein Ignorant, aber ein respektvoller Bewunderer von Qualität und gutem Handwerk.

Kein Kleinkrämer und Geizkragen, aber ein großzügiger Mensch mit selbstlosem Engagement, beson-

Porträt „Selbst" von Robert Häusser Kerker der Erinnerung zwischen Hoffnung und Ausweglosigkeit

Abb. S. 115
terminal
Fotografie von Robert Häusser
1990
rem

ders wenn man an die von ihm initiierte Sri-Lanka-Hilfs-Aktion denkt zur Unterstützung notleidender Familien.
Kein Konformist und Schönredner, aber ein streitbarer Geist.
Kein Selbstgerechter, aber ein kritischer Analyst.
Kein Unbeständiger, aber ein disziplinierter Pflichtbewusster sich selbst, seiner Arbeit und seiner Umwelt gegenüber.
Kein passiver Zauderer, aber ein leidenschaftlicher Ungeduldiger, dessen Tatendrang einen so manches Mal in Bedrängnis bringen konnte.
Kein Heuchler, aber ein Wahrheitssuchender und Wahrheitsliebender.

Ein Gespräch mit Robert Häusser konnte zukunftsweisend sein. Ich verdanke ihm viel, sehr viel.

Robert Häusser hat sich ein Denkmal verdient, sowohl in unseren Herzen als auch in der Kunstwelt. Er hat Maßstäbe gesetzt, die bisher von keinem anderen Fotografen in dieser Form eingelöst wurden, nämlich das Medium Fotografie als Lebensprinzip umzusetzen (um in abgewandelter Form mit Montaigne zu sprechen): ‚Fotografieren heißt sterben lernen'.

In Liebe und Dankbarkeit, verneigen wir uns vor Dir, lieber Robert."

Dr. Sui beschloss seine Trauerrede mit einer Verneigung vor dem Häusser-Porträt.

Zum Gedenken wurden einige seiner wichtigsten Bilder aus den unterschiedlichen Werkgruppen im Wechsel an die Stirnseite des Saals projiziert, begleitet von der eindrucksvollen Musikimprovisation „Weißes Licht" von Prof. Dr. Rolf Verres am Klavier.

Zwischen den einzelnen Redebeiträgen gab es Musik von Netnar Tsinim, der vierköpfigen Jazzgruppe mit Schlagzeuger Erwin Ditzner und Saxofonistin Alexandra Lehmler. Im Anschluss wurde noch einmal Rudij Bergmanns filmische Dokumentation über Häussers Leben und Werk gezeigt.

Claude W. Sui

# Die Royal Photographic Society (RPS) in London

Dr. Claude W. Sui, Leiter und Senior-Fotokurator des Forums Internationale Photographie (FIP) an den Reiss-Engelhorn-Museen (rem) Mannheim, erhielt 2013 den Colin-Ford-Award, den Kuratorenpreis der Royal Photographic Society (RPS) in London. Dieser Preis kommt einem Ritterschlag in der Fotografieforschung gleich.

Die altehrwürdige Institution RPS steht unter der Schirmherrschaft von Queen Elizabeth II., 2004 wurde ihr die Royal Charter gewährt. Ihre Gründung erfolgte im Jahr 1853 unter der Schirmherrschaft von Königin Victoria und Prinz Albert, die der Vereinigung später das königliche Etikett verliehen. Ihr Ziel ist „die Förderung von Kunst und Wissenschaft der Fotografie durch den Gedanken- und Erfahrungsaustausch unter Fotografen". Als eine der ältesten Gesellschaften ihrer Art besitzt die RPS ein einzigartiges Archiv der Fotografie des 19. und 20. Jahrhunderts.

Der jährlich vergebene, sehr renommierte Kuratorenpreis, bei Insidern als Nobelpreis auf diesem Gebiet angesehen, erinnert an Colin Ford, den ersten Direktor des National Museum of Photography Film & Television in Bradford (heute The National Media Museum). Zum allerersten Mal wurde er nun einem deutschen Fotowissenschaftler für sein kuratorisches Schaffen verliehen.

Claude W. Sui hat in den rem viel beachtete Ausstellungen kuratiert, unter anderem zu den Anfängen der Fotografie in Arabien („Ins Heilige Land – Pilgerstätten von Mekka und Medina bis Jerusalem. Fotografien aus dem 19. Jahrhundert", 2006), einen Überblick über die Hasselbladpreisträger („World Stars of Photography – The Hasselblad Award Winners", 2009), zahlreiche Ausstellungen zum Lebenswerk von Robert Häusser, Hasselbladpreisträger von 1995, und über den Pionier, Sammler und Fotohistoriker Helmut Gernsheim („Fokus Mensch – Menschenbilder aus der Photosammlung Helmut Gernsheim, 2004 und „Die Geburtsstunde der Fotografie – Meilensteine aus der Gernsheim-Collection", 2012). In der Ausstellung 2012 kehrte nach über einem halben Jahrhundert die erste Fotografie der Welt, „Blick aus dem Fenster in Le Gras" von Joseph Nicéphore Niépce aus dem Jahre 1826, nach Europa zurück und wurde exklusiv in den rem präsentiert.

2010 wurde Sui als Chairman in die Hasselblad Jury der Erna- und Victor Hasselblad Foundation, Göteborg (Schweden) berufen. Seit 2010 ist er auch Lehrbeauftragter für Fotogeschichte an der Hochschule Mannheim, Fakultät für Gestaltung.

Die Verleihung des Colin-Ford-Award fand am 17. September 2013 im noblen Carlton House Terrace, London, statt, wo einst das Carlton House stand, der Hauptwohnsitz von König Georg IV. während seiner Regentschaft als Prince of Wales.

# verlieh ihren Kuratorenpreis an Dr. Claude W. Sui

Dr. Claude W. Sui (links) und Roy Robertson (rechts), Präsident der Royal Photographic Society bei der Preisverleihung im September 2013 in London
Foto: Nick Scott

# Chemie, Goethe und Geschichte –

Es ist heikel, eine Persönlichkeit zu würdigen, die man zwar kennt, doch längst nicht so gut, wie es notwendig wäre, um ihr in einem Porträt gerecht zu werden. So geht es mir mit Dr. Udo Bieller, der mir bekannt ist, seit er 2010 die Goethe-Gesellschaft Mannheim Rhein-Neckar e.V. mitbegründete und später im Jahr 2010 in der Nachfolge von Rechtsanwalt Gerhard Widder zum Ersten Vorsitzenden der Freunde des Stadtarchivs - ISG e.V. gewählt wurde. Danach ergaben sich immer wieder Kontakte. Übrigens sollte Udo Bieller bereits am Abend der Mitgliederversammlung, die ihn zum Vorsitzenden kürte, in seiner Antrittsrede – Goethe zitierend – das von ihm zu erwartende Blickfeld abschreiten:

Wer nicht von dreitausend Jahren
Sich weiß Rechenschaft zu geben,
Bleib im Dunkel unerfahren,
Mag von Tag zu Tage leben.
(West-östlicher Divan, Buch des Unmuts)

Nicht Tag für Tag wird im Weiteren das Leben und Wirken des Jubilars – nach interviewender Rücksprache mit ihm – nachgezeichnet, sondern mit knappen Strichen, die gewiss nicht alles, möglicherweise doch einiges einfangen.

Unmittelbar nach dem verheerenden Luftangriff vom 5./6. September 1943 auf Mannheim brachte sein Vater Karl Bieller seine hochschwangere Ehefrau Lina, geb. Leize, zu Verwandten nach Binau ins Neckartal; am 9. September 1943 kam Udo Bieller im nächstgelegenen Krankenhaus in Mosbach zur Welt. Nach dem Krieg wohnte er mit seinen Eltern in Mannheim-Käfertal und ging später auf das Tulla-Gymnasium, wo er 1962 das Abitur bestand. Seine Kindheit fiel also in die entbehrungsreiche Zeit der Nachkriegsjahre. So gehört das dem Schulranzen angehängte Essenskännchen aus Aluminium für die Hoover-Speisung zu seinen frühen Erinnerungen.

Aus einer Arbeiterfamilie stammend – seine Großeltern waren vor dem Ersten Weltkrieg im Zuge der großen Industrialisierungswelle aus dem Odenwald und aus dem Schwäbischen nach Mannheim gezogen – war jedoch im Hause Bieller die Schlüsselfunktion Bildung stets ein Thema. So immatrikulierte sich Udo Bieller an der Universität Heidelberg, zunächst in Mathematik, doch schon bald in seinem Neigungsfach Chemie – getragen von der faustischen Idee, zu erkennen, was die Welt im Innersten zusammenhält. Mit einem Stipendium konnte er sein Studium voranbringen und mit dem Doktorgrad bei der Heidelberger Professorin Margot Becke-Goehring abschließen.

Seinen beruflichen Weg nahm er 1970 in den Laboratorien von Benckiser Ludwighafen auf und brachte es dort bis zum Direktor und Geschäftsführer. Sein Geschäftsbereich wurde 1989 an eine britische Gruppe verkauft, und als 2000 ein Weiterverkauf erfolgte, bedeutete dies das vorzeitige Ende seiner beruflichen Karriere. Eine Nachfolgeposition wollte sich, wie er berichtet, nicht einstellen.

Was sich einstellte, waren einige Semester Neuere deutsche Literaturgeschichte an der Universität Mannheim im Seniorenstudium, die der Bibliophile auszukosten wusste. Auch seine soziale Neigung sollte nun verstärkt zum Tragen kommen; er engagierte sich im Rotary Club Mannheim-Kurpfalz, war Sekretär, sodann 2002 Präsident und 2008 Distrikt-Governor. Ferner wirkt er im Vorstand der Mannheimer Lebenshilfe.

Ob ihm seine – ebenfalls in mehreren Mannheimer Vereinen aktive – Ehefrau Lieselotte, geb. Noe, einst auch eine Gretchenfrage stellte, darüber schweigt er sich aus. Indes haben es ihm die Gretchenfrage – sprich: wie's Faust denn mit der Religion habe – und Faustens Antwort darauf seit Jugendtagen angetan. Gretchen, gänzlich dem institutionellen Christentum verhaftet, wusste Faustens Antwort, dass er sich in einer universellen Religion verwurzelt fühle, nur wenig abzugewinnen und sprach ihm den rechten christlichen Glauben ab. Hierin spiegelt sich der große Konflikt zwischen einem tieferen traditionsunabhängigen Gehalt des Glaubens und dem institutionell geprägten, wie er sich vornehmlich in den unterschiedlichen Weltreligionen zeigt. Dass die Sicht von der einen rechten Religion bis in die Gegenwart den Keim mancher geschichtlichen Verwirrung und Katastrophe birgt, ist hinreichend bekannt. Den jungen Udo Bieller veranlasste dieses literarische Schlüsselereignis nicht nur, sich eingängig mit dem Goethe'schen Werk zu beschäftigen, sich durch dessen Gesamtausgabe freudig zu quälen, wie er berichtet. Es weckte zudem seine Leidenschaft für die große Geschichte, ausgehend vom Zweiten Weltkrieg und der NS-Diktatur zurück über den Ersten Weltkrieg, über die neuzeitlichen und mittelalterlichen Phasen bis hin zum römischen Kaisertum.

# Dr. Udo Bieller zum 70. Geburtstag

Inzwischen fesselt ihn ebenso die Mannheimer Stadtgeschichte, die er als Vorsitzender der ISG-Freunde vertritt und fördert und dabei vertrauensvoll mit der ISG-Leitung und den MitarbeiterInnen des ISG zusammenarbeitet. Er setzt sich mit Nachdruck für die technische Ausstattung des Hauses wie für Publikationen und anderes mehr ein. – Kann dieses Interesse für die Stadtgeschichte verwundern? Kaum, ist unser Jubilar mit der Lokalgeschichte doch gleichsam auf der Ebene der Atom- und Molekülstruktur der Historie angekommen, und das sollte einen gelernten Chemiker beeindrucken. Auf dieser Ebene spielen sich die menschlichen Komödien und Tragödien am lebendigsten und in extenso ab, hier enden sie in so verschlungenen Verhältnissen wie in dem Goethe'schen Roman „Wahlverwandtschaften", dem der Dichter übrigens eine chemische Allegorie für die Bindungen der agierenden Personen zugrunde legt.

Udo Bieller ist nicht nur bei den ISG-Freunden oder den Rotariern aktiv, sondern auch in den Goethe-Gesellschaften Weimar, Heidelberg und Mannheim. Er ist fasziniert von der Chemie, vom Werk Goethes und von der Geschichte. So weiß er durch profundes Wissen um die Deutsche Klassik, um geschichtliche und naturwissenschaftliche Zusammenhänge zu bestricken. Und noch eines: Udo Bieller besticht immer wieder durch seinen robusten Humor, mit dem er selbst schwierige Probleme in Fluss zu bringen weiß. Und wer weiß, vielleicht trifft ja auch auf unseren Jubilar zu, was Goethe einst so trefflich formulierte ...

> (...)
> Vom Vater hab ich die Statur,
> Des Lebens ernstes Führen,
> Vom Mütterchen die Frohnatur
> Und Lust zu fabulieren.
> Urahnherr war der Schönsten hold,
> Das spukt so hin und wieder;
> Urahnfrau liebte Schmuck und Gold,
> Das zuckt wohl durch die Glieder.
> Sind nun die Elemente nicht
> Aus dem Komplex zu trennen,
> Was ist dann an dem ganzen Wicht
> Original zu nennen?
> (...) (Zahme Xenien)

Wir gratulieren Udo Bieller zu seinem runden Geburtstag und wünschen ihm für seinen weiteren Lebensweg alles erdenklich Gute!

Hanspeter Rings

Dr. Udo Bieller
Foto: Fotostudio Naoui, Mannheim

Ulrich Nieß

# Geschichte stiften: Warum die Mannheimer Ratsprotokolle digital werden

In das Ratsprotokoll von 1666 trug der uns namentlich unbekannte Schreiber ein: „Gott gebe uns ein gesundes Jahr." Sein Wunsch, die von England über die Niederlande rheinabwärts ziehende Pestseuche möge Mannheim verschonen, blieb jedoch unerfüllt. Für die Nacht vom 18. auf den 19. Mai verzeichnet das Ratsprotokoll der Stadt als erstes Opfer die Dienstmagd „des welschen Wagners Jean Gavelle". Ihr sollten noch viele Einwohner in den Sommermonaten folgen, mindestens ein Viertel, wahrscheinlich ein Drittel der Stadtbevölkerung fiel der Seuche zum Opfer. In zeitgenössischen Briefen und dem Protokoll der französisch-reformierten Gemeinde in Mannheim ist sogar von 4.000 bzw. mehreren tausend Opfern die Rede.[1] In einer Sondersitzung am 14. Juni 1666 gab der Mannheimer Stadtrat dem neu eingestellten Totengräber die Weisung, „etliche Gräber in Vorrath zu machen".

Die genaue Zahl der Todesopfer wird sich zwar schwerlich ermitteln lassen, indes wäre unser Wissen über die „Contagion" ohne das Ratsprotokoll jenes Jahres deutlich ärmer. Die Einträge zur Pest lassen dabei immer auch das Alltagsgeschehen in der Stadt und das Agieren bzw. Reagieren seitens der Stadtspitze erkennen. Es sind die großen wie kleinen Probleme, die durchscheinen. Ratsprotokolle (Abb. 1) mögen in ihrer Schrift und Sprache sowie aufgrund ihres administrativen Grundtenors vielleicht auf den ersten Blick sperrig wirken – langweilig sind sie aber gewiss nicht! Vielmehr ist das Studium dieser authentischen Quelle für fast alle Fragen rund um die Mannheimer Stadtgeschichte unverzichtbar.

Abb. 1
Ein aufgeschlagenes Ratsprotokoll aus dem 18. Jahrhundert. Sämtliche Protokolle lagern in speziellen Archivkartons im Magazin des Stadtarchivs.
Foto: StadtA MA - ISG 2011

2012 kam im Vorstand des Vereins der Freunde des Stadtarchivs Mannheim - Institut für Stadtgeschichte, kurz ISG-Freunde, die Idee auf, diese wichtige Quelle zu digitalisieren. So löblich die Absicht war, so schwierig gestaltete sich die Umsetzung: Zum einen, weil die Protokolle wegen ihrer Dickleibigkeit – mancher Jahrgang umfasst 3.000 bis 4.000 Seiten und wiegt über 10 kg – nur mit einem Spezialscanner zu digitalisieren sind, zum anderen, weil der damit verbundene Zeitaufwand bzw. die Kosten erheblich sind. Da zudem eine, wenn auch wenig qualitätsvolle, Mikroverfilmung vorlag – also eine Sicherungsverfilmung bereits existierte –, war eine Digitalisierung angesichts begrenzter Personalressourcen im institutseigenen Digitalisierungszentrum nicht hoch zu priorisieren. Es gibt einfach noch zu viele kostbare Archivalien, für die bisher keinerlei Sicherungsverfilmung bzw. Digitalisierung erfolgte. Wenn aber aus dem Einsturz des Kölner Stadtarchivs am 3. März 2009 eine klare Lehre zu ziehen ist, dann die, dass Mikroverfilmung oder Digitalisierung das Gebot der Stunde sind, da auch der beste bauliche Schutz keine absolute Garantie bieten kann.[2] Insbesondere die Digitalisierung bietet viele Vorteile: Der richtige Scanner kann so hervorragende Ergebnisse liefern, dass die Lektüre des Digitalisats leichter fällt als die des Originals; zudem können die Dateien auf mehreren Servern gesichert und auch online gestellt werden, so dass ein weltweiter Zugriff möglich ist. Wer einmal mit einem Mikrofilm am Readerprinter gearbeitet hat, weiß, wie mühsam sich die Nutzung dieses Mediums gestaltet.

Was also tun, um das Ziel „Digitalisierung der Ratsprotokolle" zu erreichen, ohne Abstriche an den anderen Digitalisierungsprojekten machen zu müssen? Der Vorstand der ISG-Freunde entschloss sich zu einem mutigen Schritt: Die Kosten für den A1-Hochleistungsscanner sollten als Anschubfinan-

Ulrich Nieß

zierung aufgebracht und für die Digitalisierung je Band Patenschaften vergeben werden.

Angesichts des erheblichen Personalbedarfs wurde mehrgleisig verfahren: Von Anfang an geplant war, dass ein Teil der Digitalisierung von der Arbeitstherapeutischen Werkstätte in Mannheim gegen Rechnung übernommen wird, um so auch ein gesellschaftliches Zeichen zu setzen. Ein weiteres Paket wurde mittels Vergabe eines 450-Euro-Vertrags geschultert, ein drittes über zusätzliche Werkverträge für Stammkräfte vor Ort. Die beiden letztgenannten Teile des Projekts waren und sind indes nur bei ausreichendem Spendeneingang zu realisieren. Unter dem Motto: „Geschichte stiften. Die Ratsprotokolle werden digital" wurde erstmalig bei der Mitgliederversammlung des Vereins am 2. Mai 2012 zu Spenden aufgerufen. Schon an diesem Abend konnten 23 Patenschaften vergeben werden.[3]

Wer bereit ist, 100 Euro zu spenden, erwirbt die Patenschaft für einen Band samt individuellem Widmungseintrag – in Absprache mit dem Institut für Stadtgeschichte. Zudem erhält jede Patin bzw. jeder Pate eine attraktiv gestaltete Broschüre (Abb. 2) mit USB-Stick, auf dem der gespendete Band als PDF-A-Datei gespeichert ist.[4] So kann man bequem „sein" Ratsprotokoll am Bildschirm betrachten.

Der bisherige Verlauf der Aktion macht Mut: 190 von 296 möglichen Patenschaften sind mit Stand 31. Oktober 2013 schon vergeben. Um das Interesse an den Patenschaften anzukurbeln, wurden auch etwas ungewöhnlichere Marketingaktionen ins Leben gerufen. Neben eigenen Auslosungen im Rahmen exklusiver Veranstaltungen, etwa bei der Eröffnung der Elsbeth-Janda-Bibliothek am 5. September 2012, diente der MLP-Marathon am 8. Juni 2013 als breitenwirksame Werbeplattform. Unter den Augen der Facebook-Nutzer konnten Wetten auf das teilnehmende Team des Stadtarchivs - ISG (Abb. 3) abgeschlossen werden, das mit einer Zeit von knapp über vier Stunden alle Wetteinsätze gewann und 15 Patenschaften „erlief".

Die Digitalisierung der Ratsprotokolle, für die ursprünglich mehrere Jahre veranschlagt wurden, könnte Ende 2014 abgeschlossen sein. Hier gilt der Dank den engagierten Digitalisierungskräften Stefan Schmitt, Udo Rausch, Henry Heller und Dorothee Heuser. Zwar hemmt der Umstand, wegen des Formats und der Dicke der Bände nur einen A1-Hochleistungsscanner hierfür nutzen zu können, den Arbeitsprozess; der angestrebte hohe Qualitätsstandard aber ist mit einem einzigen Gerät und diesem geschulten, sorgfältig arbeitenden Personal auch zu erreichen (Abb. 4).

Wie geht es nun weiter? Die Digitalisierung ist ein Meilenstein, weitere müssen folgen. Angesichts der schieren Mengen an Seiten und Informationen in den Protokollen reicht ein Menschenleben gar nicht aus, um alles lesen oder gar auswerten zu

Abb. 2
Aufruf der ISG-Freunde für eine Digitalisierungs-Patenschaft
Titelblatt und Detail der Broschüre
Foto: StadtA MA - ISG 2012

Abb. 3
Das Marathon-Viererteam, das mit einer Zeit von 4:03:56 Platz 268 (von 537) belegte: Dr. Heidrun Pimpl, Dr. Harald Stockert, Thorsten Baron und Dr. Ulrich Nieß (von links nach rechts)
Foto: StadtA MA - ISG 2013

können. Eine strukturierte Erschließung der Protokolle wäre zu wünschen. Seit vielen Jahren besteht nun eine ehrenamtliche Gruppe, die es sich zur Aufgabe gemacht hat, die einzelnen Jahrgänge entweder komplett zu transkribieren oder ausführliche Regesten und Schlagwörter zu erstellen und sie in eine eigens dafür programmierte Datenbank einzugeben. Die Arbeiten schreiten voran, nicht wenige Jahrgänge sind bereits erfasst. Betreut wird die Gruppe von Dr. Susanne Schlösser, der Leiterin des Historischen Archivs im Stadtarchiv - ISG. Sie hat in vielen Paläographieübungen mit Interessierten einen reichen Erfahrungsfundus aufgebaut, der es ermöglicht, auch die kniffligsten Abkürzungen und Eigenheiten im Sprachgebrauch zu entschlüsseln. Sie betreut seitens des Stadtarchivs - ISG auch die Patenaktion und hat die auf profunder Quellenkenntnis basierende Broschüre akribisch und eloquent verfasst.

Perspektivisch sollen sowohl die Digitalisate der Ratsprotokolle wie auch die strukturierte Erschließung online geschaltet werden. Ähnlich wie die jüngst ins Internet gestellte Friedhofsdatenbank kann dann jede(r) sowohl das faksimilierte Original einsehen als auch die Erschließungsdaten. So sind Mannheims Ratsprotokolle und mithin ein Kernbestand innerhalb des Archivguts im Stadtarchiv - ISG allenthalben auf der Welt – eine Vision, für die einzusetzen es sich lohnt.

Ein besonderer Dank gilt dabei dem rührigen Fördervereinsvorsitzenden Dr. Udo Bieller, der zusammen mit Günter Rill, Helen Heberer, Michael Caroli und dem Autor für diese Patenaktion im Vorstand früh und energisch die Weichen gestellt hat. Ihm und allen Beteiligten drücken wir daher auch die Daumen, dass sich für alle Mannheimer Ratsprotokolle eine fördernde Patenschaft (Abb. 5) findet!

Abb. 4 (links)
Blick in das Digitalisierungszentrum des Stadtarchivs-ISG
Foto: StadtA MA - ISG 2011

Abb. 5 (rechts)
Als Stifterin des 100. Bands konnten Dr. Udo Bieller (links) und Dr. Susanne Schlösser (Mitte) am 22. November 2012 die ehemalige Stadträtin Renate Späh (rechts) begrüßen.
Foto: StadtA MA - ISG

1 Vgl. Carl-Jochen Müller: Schultheiß Weisels Schwarzer Tod, Geschichte der Stadt Mannheim, Bd. 1 (1607-1801), hrsg. von Ulrich Nieß und Michael Caroli, Mannheim 2006, S. 180f.; Dominique Ehrmantraut/Michael Martin: Das Protokollbuch der französisch-reformierten Gemeinde zu Mannheim von 1652 bis 1689 (Sonderveröffentlichungen des Stadtarchivs Mannheim-ISG 41), Mannheim 2013, S. 14-17 und 71ff.

2 Der Kölner Bau galt bei seiner Eröffnung 1971 als modernster und bester Archivbau in Deutschland, der in Fragen natürlicher Klimatisierung zum Vorbild genommen wurde („Kölner Modell").

3 Auch der Mannheimer Morgen berichtete umfassend über die Spendenaktion, vgl. MM vom 28. Juni 2012.

4 Susanne Schlösser: 300 Jahre Geschichte stiften. Mannheims Ratsprotokolle digital, Mannheim 2013 (nicht im Buchhandel erhältlich).

Susanne Schlösser

# Gräberkultur digital: Über 6.000 Gräber des Jüdischen Friedhofs in Mannheim sind jetzt online zu recherchieren

Der Jüdische Friedhof, der 1842 neben dem ebenfalls in jenem Jahr eingerichteten christlichen Hauptfriedhof in der Neckarstadt-Ost eröffnet wurde, ist ein wichtiges Zeugnis jüdischer Geschichte in Mannheim. Er hat auch die Gräuel der NS-Zeit weitgehend unbeschadet überstanden: Zwar wurde die um 1900 gebaute Bet- und Leichenhalle (Abb. 1) am Morgen des 10. November 1938 zerstört, die Gräber jedoch blieben unberührt, anders als auf dem alten Jüdischen Friedhof im Quadrat F 7, der von 1661 bis 1842 für die Beerdigungen genutzt worden war. Dieser wurde 1938, nachdem er auf Druck des damaligen Oberbürgermeisters Carl Renninger von der Jüdischen Gemeinde an die Stadt Mannheim verkauft werden musste, aufgelassen und eingeebnet. Die dort ruhenden Gebeine von mehr als 3.500 Toten wurden exhumiert und auf dem neuen Jüdischen Friedhof in ein Sammelgrab überführt. Einige wenige Grabsteine des alten Friedhofs wurden, um das Sammelgrab gruppiert, neu aufgestellt. Die große Masse der alten Grabsteine wurde allerdings zerschlagen und ging dadurch unwiederbringlich verloren.

Die neue Online-Datenbank berücksichtigt alle bekannten Namen von Personen, die auf dem neuen Jüdischen Friedhof seit 1842 beerdigt wurden, außerdem (soweit lesbar) die Namen derer, deren Grabsteine vom alten auf den neuen Friedhof verbracht wurden. Die Namen der in F 7 exhumierten und im Sammelgrab neu beerdigten Toten können nicht mehr zuverlässig erhoben werden und wurden deshalb auch nicht in die Datenbank aufgenommen.

Dafür wurden verschiedene Quellen und Vorarbeiten zusammengeführt, die bisher isoliert nebeneinander existiert haben. Wir danken allen beteiligten und unten genannten Institutionen für ihre Kooperationsbereitschaft und der Heinrich-Vetter-Stiftung für die finanzielle Unterstützung dieses Projekts.

Im Einzelnen wurden für die Datenbank folgende Unterlagen verwendet: die **Begräbnisliste** der Jüdischen Gemeinde Mannheim, die ab 1842 geführt worden ist. Die dort genannten Grabnummern stimmen nicht mit den heute üblichen überein. Die alten Nummern findet man im Bemerkungsfeld. Es gibt auch Grabstätten, die nicht in der Begräbnisliste vermerkt wurden, dann findet sich im Bemerkungsfeld der Zusatz „nicht in der Begräbnisliste“. Gräber mit Grabsteinen, deren Inschrift nicht mehr lesbar ist, denen aber durch die logische Abfolge in der Begräbnisliste eine Person zugewiesen werden konnte, sind im Hinweisfeld mit „erschlossen“ gekennzeichnet.

Abb. 1
Der Jüdische Friedhof mit der 1938 zerstörten Bet- und Leichenhalle
Postkarte
Um 1910
StadtA MA - ISG

Gräberkultur digital

Die **Volldokumentation ausgewählter Gräber bis 1986**, die im Auftrag der Stadt Mannheim und dem Landesdenkmalamt Karlsruhe (heute Regierungspräsidium Karlsruhe, Referat für Denkmalpflege) zwischen 2002 und 2005 gemeinsam von Alisa, Jasmin und Manfred Erlich, Riki Strassler, Professor Manfred Kieselbach, Sara Prais (Heidelberg), Guido Kleinberger (Zürich) und David Wiscott (Jerusalem) erstellt wurde. Die Texte sind bei den jeweiligen Gräbern in der Rubrik „Dokumentation aus Karlsruhe" als PDF-Datei hinterlegt.

Die **Fotodokumentation** des Jüdischen Friedhofs von **1986** im Zentralarchiv zur Erforschung der Geschichte der Juden in Deutschland in Heidelberg, die Fotos sind im jpg-Format in der Rubrik „Fotos von 1986" hinterlegt.*

Die **Fotodokumentation** des Jüdischen Friedhofs, die **2008** durch eine Gruppe Ehrenamtlicher unter Leitung von Irmgard und Dr. Hans-Peter Kraft erstellt wurde. Von ihnen wurden auch die Grunddaten für diese Datenbank erfasst. Die Fotos sind im jpg-Format in der Rubrik „Fotos von 2008" hinterlegt. Weitere Detailaufnahmen der Gräber, die nicht in die Datenbank aufgenommen werden konnten, befinden sich in der Bildsammlung des Stadtarchivs Mannheim - ISG.

Abb. 2
Führung über den jüdischen Friedhof am 29. September 2013
Foto: Markus Proßwitz

Um einzelne Personen genau zu identifizieren und um Familienverknüpfungen herstellen zu können, wurden zusätzliche Recherchen in folgenden Beständen des Stadtarchivs Mannheim - ISG durchgeführt: Familienbögen von 1807-1900, Meldekartei ab 1900, D 44 – Dokumentation der Schicksale jüdischer Mannheimer und Mannheimerinnen 1933-1945. Manja Altenburg und Dr. Esther Graf von der Agentur für Jüdische Kultur halfen bei der Identifizierung der hebräischen Grabsteine. Einzelbiographien klärten neben der Autorin dankenswerterweise Marco Brenneisen und alle Auszubildenden im Bereich Fachangestellte für Medien und Informationsdienste, Fachrichtung Archiv, die zwischen 2009 und 2012 ihre Ausbildung im Stadtarchiv Mannheim - ISG begonnen haben.

Insgesamt ist eine Datenbank entstanden, die über den Ort und das Erscheinungsbild der einzelnen Gräber hinaus auch personengeschichtliche Recherchen der auf dem Friedhof Beerdigten und ihrer Familienangehörigen ermöglicht. Denn nicht selten gibt es vor allem auf den Familiengräbern auch Erinnerungseinträge an Menschen, die nicht in Mannheim verstorben sind: im Ersten Weltkrieg gefallene oder in den Vernichtungslagern der NS-Zeit ermordete Mannheimer und Mannheimerinnen jüdischen Glaubens.

Der Öffentlichkeit erstmals präsentiert wurde die Datenbank am 29. September 2013, dem Europäischen Tag der jüdischen Kultur, mit einer Führung (Abb. 2) zu exemplarisch ausgewählten Gräbern auf dem Friedhof selbst und einer Freischaltung der Datenbank im Tagungsraum des Eigenbetriebs Friedhöfe Mannheim. Zu finden ist die **Datenbank** unter der Rubrik **Online-Recherche** auf der Homepage des Stadtarchivs **www.stadtarchiv.mannheim.de**.

* Die Fotografien des Mannheimer Friedhofs finden sich wie alle anderen, die das Zentralarchiv zur Erforschung der Geschichte der Juden in Deutschland in Heidelberg zwischen 1985 und 1992 von fast allen jüdischen Grabsteinen in Baden-Württemberg hat anfertigen lassen, auch im Landesarchiv Baden-Württemberg, Staatsarchiv Ludwigsburg, Bestand EL 228 b II: Landesdenkmalamt Baden-Württemberg: Dokumentation der jüdischen Grabsteine in Baden-Württemberg, Fotografien. Sie sind einzusehen auf der Homepage des Landesarchivs Baden-Württemberg unter https://www2.landesarchiv-bw.de/ofs21/olf/struktur.php?bestand=24368.

Hans-Joachim Hirsch

# Aus den letzten Tagen des Israelitischen Krankenhauses

## Ein Brief der Krankenschwester Pauline Maier an den emigrierten Arzt Dr. Max Hirschler

„Engel in der Hölle" nennt der Titel eines Dokumentarfilms[1] zwei Frauengestalten, die im Vernichtungsszenario des südwestdeutschen Judentums eine besondere Bedeutung einnehmen: Der Ärztin Johanna Geissmar und der Krankenpflegerin Pauline Maier gelang es, in der „Hölle" von Gurs menschliches Leiden abzumildern und den vertriebenen Juden Badens und der Saarpfalz mit viel Würde und Mut in ihrer Not beizustehen.

Aus Anlass der Schenkung eines eigenhändigen Briefs aus dem Jahr 1939 soll an eine dieser beiden Mannheimer Persönlichkeiten noch einmal erinnert werden.[2] Die Krankenschwester Pauline Maier (Abb. 1 und 2) galt als „warmherzige Pflegerin, Vertraute der Patienten, verständnisvolle Vorgesetzte" – die Mannheimer Zeitzeugin Anneliese Bohn unterstreicht diese Umschreibung im erwähnten Film mit der treffenden Feststellung: „Sie mußte helfen."

Abb. 1
Pauline Maier
Porträtfotografie
Wohl vor 1930
StadtA MA - ISG

Von solchem Sendungsbewusstsein sprechen auch die drei kleinformatigen Briefbögen, die Schwester Maier einst an den ehemaligen Chefarzt des Israelitischen Krankenhauses in Mannheim, Dr. Max Hirschler, (Abb. 3) gerichtet hatte. Die Blätter sind einem einfachen Schreibblock entnommen, mit Füllfederhalter eng beschrieben und laut ihrer Datierung vom 4. Mai 1939 nur wenige Monate vor der Deportation und damit kurz vor der endgültigen Vernichtung der jüdischen Gemeinde in Mannheim entstanden (siehe Anhang).

Die Situation im Krankenhaus der Gemeinde hatte sich schon zum Zeitpunkt der Abfassung des Briefs dramatisch verändert. Als das seit 1711 bestehende Krankenhausgebäude in E 5 dem Abriss zugunsten der für 1936 projektierten Plankenerweiterung zum Opfer fallen sollte, musste der Gemeindevorstand der in Mannheim verbliebenen Juden nach einer anderweitigen Unterbringung suchen. So wurde der Krankenhausbetrieb in das in seiner Architektur unveränderte Gebäude des 1931 eingeweihten Altersheims in der Collinistraße integriert. In seinem westlichen Flügel bestand das Altersheim weiter, während der östliche Flügel für die Zwecke des neuen Krankenhauses umgebaut wurde. Der Umbau wurde so gestaltet, dass auf eine Trennung von Altersheim und Krankenhaus genauestens geachtet wurde und beide Häuser isoliert voneinander betrieben werden konnten. Im Juni 1936 wechselte auch Pauline Maier mit dem Umzug des Krankenhauses ihren Wohnsitz von E 5 in die Collinistraße.

Der zeitweise in Mannheim wirkende, langjährige Chefarzt des Israelitischen Krankenhauses Dr. Max Hirschler war erst 1937 von seinem Wohnort Ludwigshafen nach Mannheim gezogen, bevor er schließlich im Oktober 1938 mit seiner Familie über die Schweiz in die Vereinigten Staaten emigrierte. Dort musste er beruflich komplett von vorn anfangen, wie wir aus dem Brief erfahren. Eine bittere Erfahrung für den 1886 in Frankenthal geborenen Mediziner, der ein Schulfreund des Philosophen Ernst Bloch gewesen sein soll und sich wohl in einem vorangegangenen Brief an seine ehemalige Mitarbeiterin Pauline Maier zu der ironischen Bemerkung verstiegen hatte, dass er an seiner neuen Wirkungsstätte im Exil „alles tun müsse, nur das

Abb. 2
Pauline Maier (links) im Kreis ihrer Kolleginnen
Vor 1933
StadtA MA - ISG

Bier für den Meister nicht holen". Sogar neuerliche Prüfungen seiner fachlichen Qualifikation wurden dem damals 53 Jahre alten hochqualifizierten Chirurgen zugemutet.

Ein Blick auf die Daten von jüdischen Medizinern aus Mannheim zeigt, dass wir in Hirschler keinen Einzelfall vor uns haben. Seit 1933 mit dem so genannten „Gesetz zur Wiederherstellung des Berufsbeamtentums" jüdische Ärzte aus dem öffentlichen Dienst gedrängt worden waren, privat Praktizierende ihrer Patienten beraubt und nur noch Juden behandeln durften und ihnen zuletzt

Abb. 3
Pauline Maier und Dr. Max Hirschler, gemeinsam im Operationssaal stehend
Wohl 1930
StadtA MA - ISG

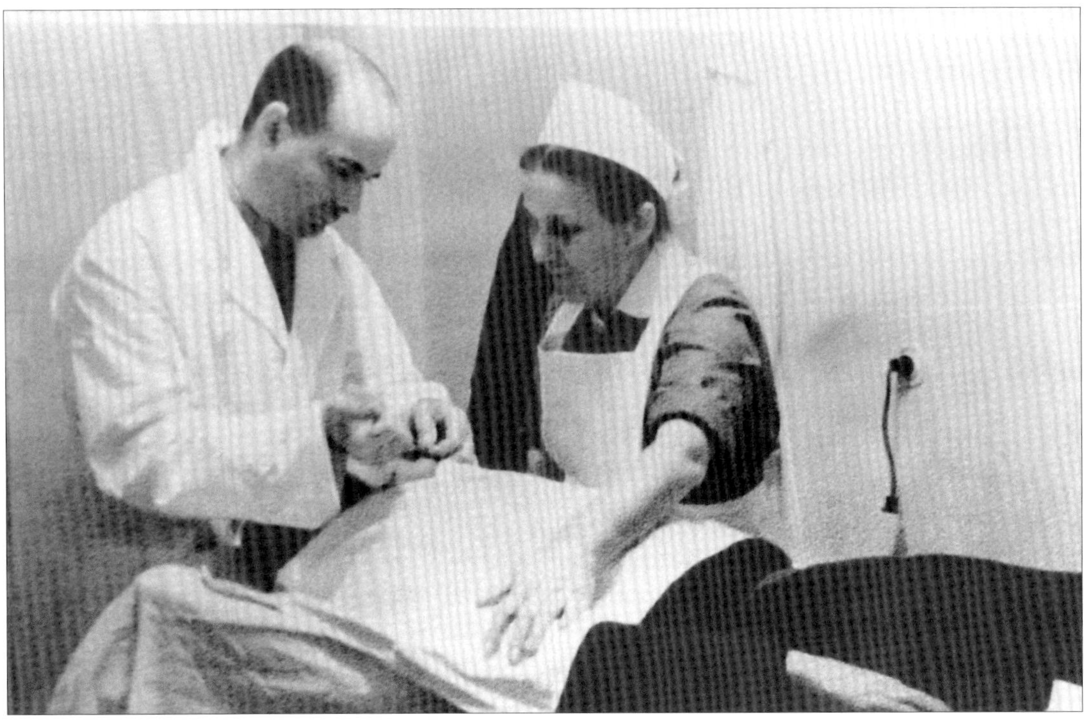

gar noch die Berufsbezeichnung eines Arztes verwehrt wurde, waren viele Mediziner emigriert. Im Mai 1939 verschärfte sich der durch den Druck des NS-Regimes provozierte jahrelange Exodus qualifizierten medizinischen Fachpersonals in den konfessionell und rassisch abgetrennten Einrichtungen der Juden zu einem einschneidenden Mangel. 1939 – ein halbes Jahr nach dem Novemberpogrom 1938 – gelang es der Gemeinde schon nicht mehr, einen Chirurgen für ihr Krankenhaus zu finden. So aussichtslos war die Lage, dass der Gemeindevorsitzende Eugen Neter den Versuch machen wollte „einen aus der Stadt", also einen „Arier" zu bekommen – ein sicherlich nahezu aussichtsloses Unterfangen.

Auch vom Zustand der jüdischen Gemeinde und ihrer Einrichtungen zeichnete Pauline Maier ein düsteres Bild: „Öde traurig und trostlos" sei er, seit wegen der erst ein halbes Jahr vergangenen Pogrome immer mehr führende Gemeindemitglieder die letzten Fluchtmöglichkeiten wahrgenommen hatten. Die den Mannheimer Synagogen geschlagenen Wunden waren noch frisch, aber mit keinem Wort wurde in diesem Brief über die Übergriffe und den gesellschaftlichen Druck berichtet, dem Juden in Mannheim und in Deutschland zum Zeitpunkt seiner Abfassung ausgesetzt waren. Dabei hätte es doch nahe gelegen, dem wenige Tage vor den Ausschreitungen nach Zürich geflohenen Hirschler Einzelheiten mitzuteilen. Offensichtliche Angst vor einer Überwachung verbat Pauline Maier jedoch solche Auskünfte.

Und die Perspektiven? Als einzige Möglichkeit bot sich auch für Pauline Maier die Flucht an, eine Option, die für sie jedoch nicht existierte. Der ihr verbliebene Fluchtweg einer Emigration nach Palästina schien ihr versperrt, obwohl sich dort lebende, ehemalige Mannheimer zu ihren Gunsten einsetzten. So blieb sie in Mannheim bis zum Tag der Deportation am 22. Oktober 1940 (Abb. 4).

Die barbarische Maßnahme selbst wurde in zahlreichen Publikationen in ihren Einzelheiten geschildert, auch die Tatsache, dass Pauline Maier auf Grund ihrer Unabkömmlichkeit im Krankenhaus der Verschleppung hätte entgehen können, fand häufig Erwähnung. Dennoch begleitete sie den Transport ihrer Schutzbefohlenen auf dem schweren Weg nach Gurs. Die zurückgelassenen Besitztümer vermachte sie ihren in Mannheim zurückbleibenden „arischen" Mitarbeiterinnen, der Text der von Pauline Maier ausgestellten Erklärung (Abb. 5) besagt, dass sie Mobiliar, Wäsche, Bücher und alles Andere den im Haus tätig gewesenen Mädchen schenke, den „arischen" Mädchen wohlgemerkt, man sieht, dass wohl Bedenken aufkamen, was die Ehrlichkeit der diesen Wunsch ausführenden Stellen anbelangt.

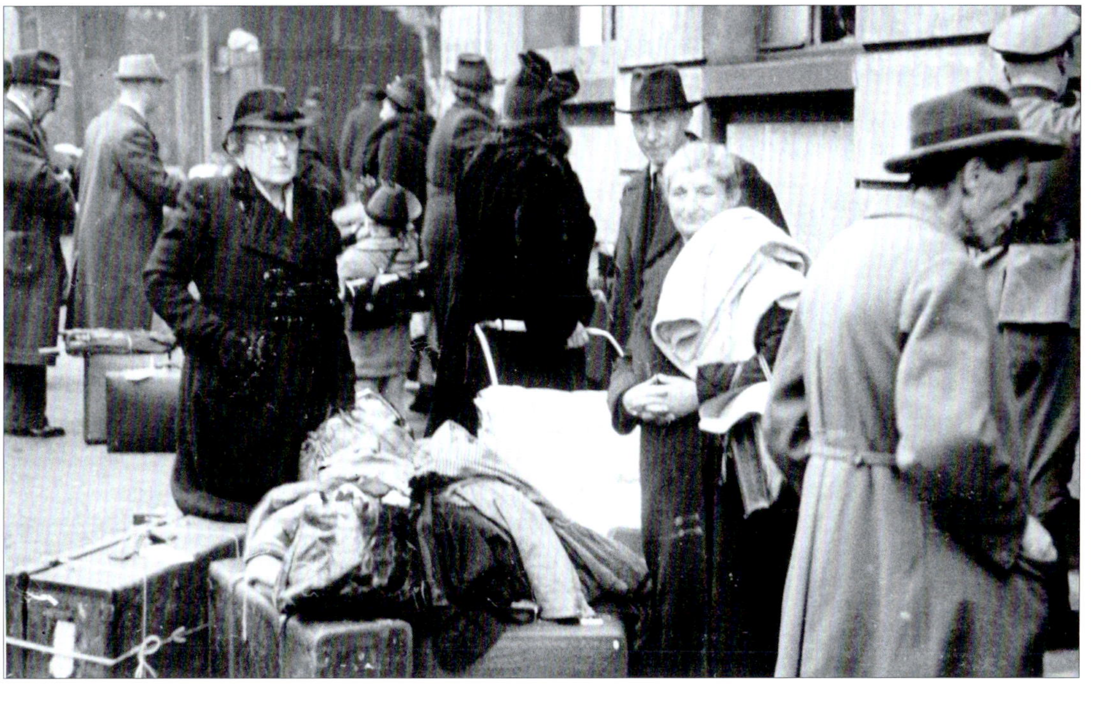

Abb. 4
Oktoberdeportation in Ludwigshafen
In der Mehrzahl waren es ältere Menschen, die den strapaziösen Transport in das südfranzösische Lager Gurs antreten mussten.
StadtA MA - ISG

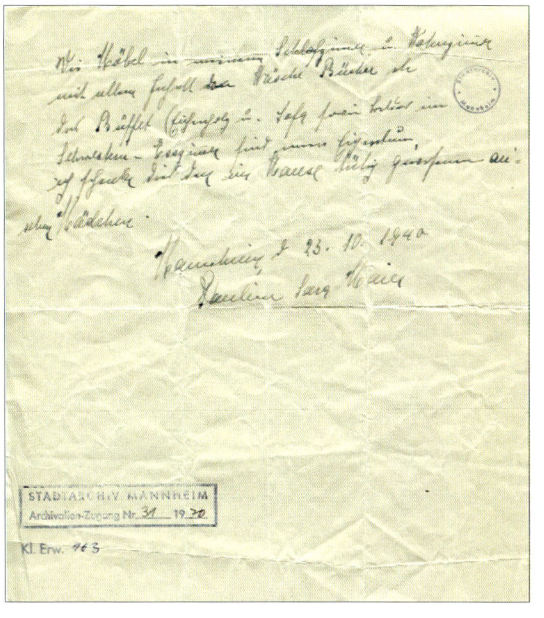

Mannheim d. 23. 10. 1940
Pauline Sara Maier

STADTARCHIV MANNHEIM
Archivalien-Zugang Nr. 31 19 70

Kl. Erw. 463

Abb. 5
Das Legat von Pauline Maier
StadtA MA - ISG

Die in Gurs vorgefundenen Verhältnisse stellten sich als katastrophal heraus. Die Ernährung war mangelhaft und die Unterbringung behelfsmäßig. „Umso verständlicher war es dann auch, daß jeden Tag ein Dutzend Menschen oder auch mehr vor Hunger, Kälte und Entbehrungen starben."[3] Die schon in den ersten Wochen eintretenden zahlreichen Todesfälle waren sicher auch für das den Transport begleitende medizinische Personal eine schwere Belastung. Über die Briefschreiberin wird eindrucksvoll berichtet, wie „Oberin Pauline in ihrem Frauenblock (ungefähr 600 Insassen) rasch eine Krankenbaracke notdürftig eingerichtet" hatte, „eine sehr harte schwierige Arbeit, diese Fürsorge für Leib und Seele der unsagbar schwer bedrängten Frauen, eine Fürsorge mit den ärmlichsten Hilfsmitteln unter den schlimmsten Lebensbedingungen. Es fehlte an Allem. Wer diese ‚Hölle von Gurs' damals miterlebt hat, begreift, mit welchem Gefühl der Erlösung die hilfsbereite und helfende Oberin von den Unglückseligen, schwer geprüften Menschen begrüßt wurde, wo und wann immer sie in den armseligen Baracken auftauchte."[4]

Als trotz unermüdlicher Tätigkeit innerhalb von zwei Jahren 1.067 deutsche Juden verstorben und auf dem Deportiertenfriedhof notdürftig begraben waren, brachte das Jahr 1942 das Ende. Die Überlebenden des Grauens von Gurs wurden nach dem Osten abtransportiert, wo die Vernichtungslager sie erwarteten. Es heißt, der französische Lagerkommandant von Gurs habe selbst angeordnet, dass Oberin Pauline zurück bleibe. Sie hat sich nicht daran gehalten.

Todeszüge aus Frankreich rollten damals auch durch Mannheim in den Osten, nach Auschwitz, Pauline Maier wurde am 10. August 1942 vom Sammellager Drancy aus in den Osten verschleppt. Möglicherweise ging auch ihr Transport in das Vernichtungslager Auschwitz über den Mannheimer Hauptbahnhof[5], sah sie noch einmal den Ort ihres segensreichen Wirkens bevor sie in den Schreckenskammern der Vernichtung unterging.

Der sehr persönlich gehaltene Brief Pauline Maiers streift einen Aspekt nur am Rande, er liefert einzelne Bausteine dazu. Neben den Namen von Oberin Maier und Johanna Geissmar ergibt die Suche nach den Opfern der Vernichtung die Namen zahlreicher weiterer Ärzte und Mitglieder des Pflegepersonals Mannheimer Krankenanstalten. Leider gibt es noch keine Studie zur nationalsozialistischen Gewaltpolitik, die diesen Aspekt der rücksichtslosen „Arisierung" eines ganzen Berufsstands und deren Auswirkung auf die medizinische Versorgung in der Nachkriegszeit befriedigend ausleuchtet.

1 „Engel in der Hölle". Ein Film von Dietmar Schulz. Erstausstrahlung 21. Januar 2009, 45 Min.

2 Die beiden ausführlichsten biographischen Studien sind: Susanne Schlösser: Pauline Maier. In: Jüdisches Leben in Baden 1809 bis 2009. 200 Jahre Oberrat der Israeliten in Baden. Festschrift hrsg. vom Oberrat der Israeliten in Baden. Ostfildern 2009, S. 252f.; Karl Otto Watzinger: Pauline Maier. In: Ders.: Geschichte der Juden in Mannheim 1650-1945 (Veröffentlichungen der Stadt Mannheim, Bd. 12), Stuttgart 1987, S. 125f.

3 Ida Jauffron-Frank: Rückblick, Erinnerungen und Gedankensplitter einer alten Mannheimerin. Dieulefit/Frankreich, Typoskript, Durchschlag 1970/71, StadtA Mannheim-ISG, Kleine Erwerbungen 364, pag. 20.

4 Zur Erinnerung an Schwester Pauline Maier, Oberin des jüdischen Krankenhauses und Altersheimes Mannheim, Zeugnis von Eugen Neter, in: StadtA Mannheim-ISG, Hauptverwaltung, Zug. 3/1993, Nr. 492 Jüdische Friedhöfe in Südfrankreich.

5 So geschildert von der ehemaligen Mannheimerin Annelise Stern, einem überlebenden Opfer der Deportationen in die Vernichtungslager, die bei einem Aufenthalt auf dem Mannheimer Bahnhof mit Entsetzen den ihr bekannten Ort wiedererkannte.

**Anhang**

Eigenhändiges Schreiben von Pauline Maier an den emigrierten Arzt Dr. Max Hirschler

<StA Mannheim, Neuzugang, bislang o. Sign.>

Ausfertigung: Papier, drei Blatt, doppelseitig beschrieben und aus einem einfachen linierten Schreibblock herausgerissen. Orthographie, Schreibweisen und Abkürzungen wurden in der Edition behutsam richtiggestellt und aufgelöst.

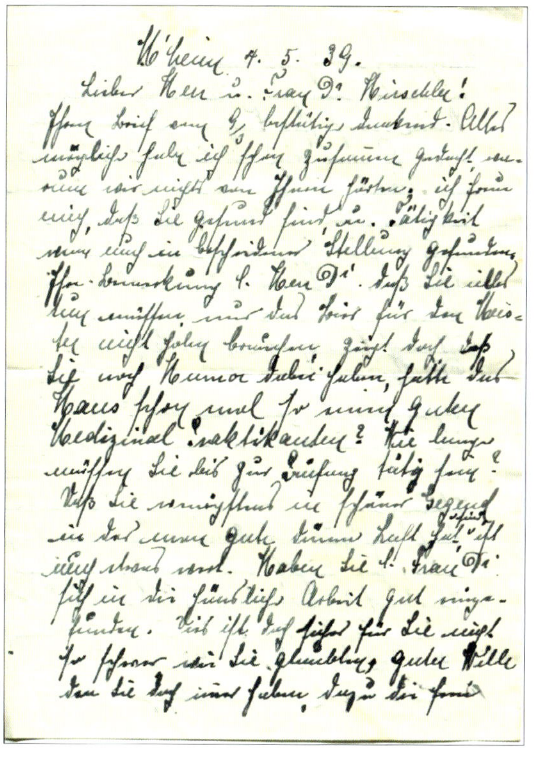

Mannheim 4.5.39.

Lieber Herr und Frau Dr. Hirschler![1]

Ihren Brief vom 9.3. bestätige <ich> dankend. Alles Mögliche habe ich schon zusammengedacht, warum wir nichts von Ihnen hörten; ich freue mich, dass Sie gesund sind und <eine> Tätigkeit, wenn auch in bescheidener Stellung gefunden <haben>. Ihre Bemerkung lieber Herr Dr., daß Sie alles tun müssen, nur das Bier für den Meister nicht holen brauchen, zeigt doch, daß Sie noch Humor dabei haben, hatte das Haus schon mal so einen guten Medizinal-Praktikanten? Wie lange müssen Sie bis zur Prüfung tätig sein? Daß Sie wenigstens in schöner Gegend, in der man gute dünne Luft hat, sind, ist auch etwas wert. Haben Sie, liebe Frau Dr., sich in die häusliche Arbeit gut eingefunden? Dies ist doch sicher für Sie nicht so schwer wie sie glaubten, guter Wille, den Sie doch immer haben, dazu die freie

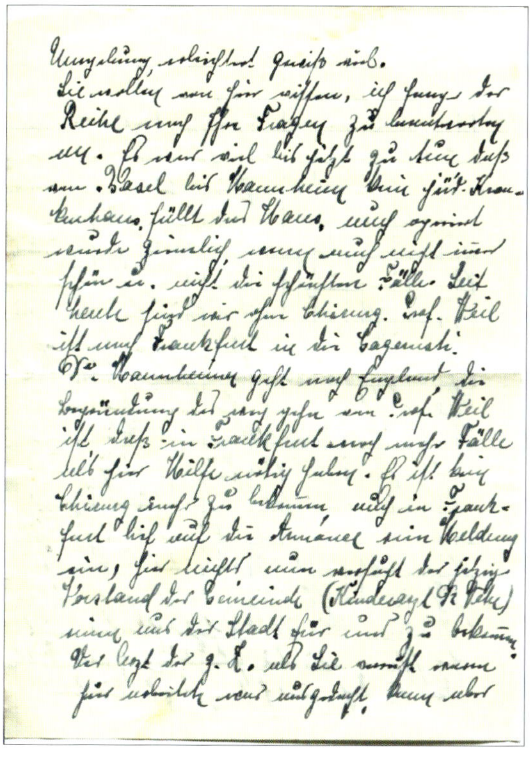

Umgebung, erleichtert gewiß viel.

Sie wollen von hier wissen, ich fange der Reihe nach Ihre Fragen zu beantworten an. Es war viel bis jetzt zu tun, daß von Basel bis Mannheim kein jüdisches Krankenhaus füllt das Haus, auch operiert wurde ziemlich, wenn auch nicht immer schön und nicht die schönsten Fälle. Seit heute sind wir ohne Chirurg. Prof. Weil[2] ist nach Frankfurt in die Bagenski. Dr. Mannheimer[3] geht nach England, die Begründung des weg gehen von Prof. Weil ist, dass in Frankfurt noch mehr Fälle als hier Hilfe nötig haben. Es ist kein Chirurg mehr zu bekommen, auch in Frankfurt lief auf die Annonce eine Meldung ein, hier nichts, nun versucht der jetzige Vorstand der Gemeinde (Kinderarzt Dr. Neter[4]) einen aus der Stadt für uns zu bekommen. Der Arzt, der zur Zeit, als Sie verreist waren, hier arbeitete war ausgedacht, kann aber

Aus den letzten Tagen des Israelitischen Krankenhauses

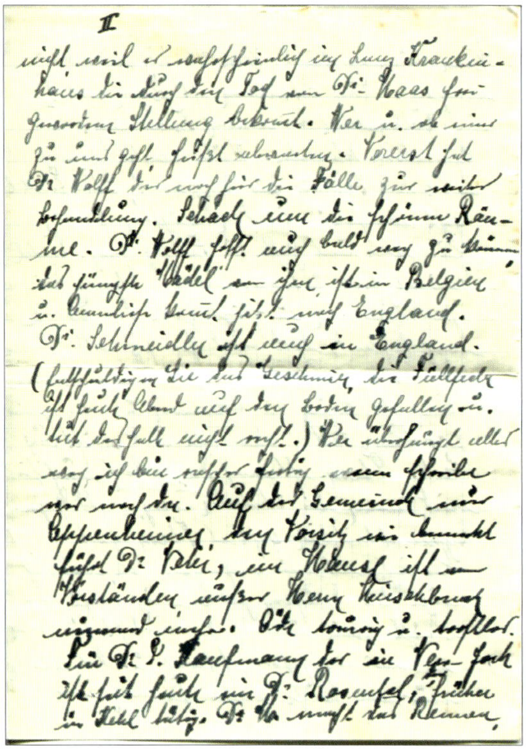

II

nicht, weil er wahrscheinlich im Lanz Krankenhaus die durch den Tod von Dr. Haas[5] frei gewordene Stellung bekommt. Wer und ob einer zu uns geht, heißt <es> abwarten. Vorerst hat Dr. Wolff[6] der noch für die Fälle zur weiter Behandlung. <?> Schade um die schönen Räume. Dr. Wolff hofft auch bald weg zu können, das jüngste Mädel von ihm ist in Belgien und Anneliese kommt jetzt nach England. Dr. Schmeidler[7] ist auch in England. (Entschuldigen Sie das Geschmier, die Füllfeder ist heute Abend auf den Boden gefallen und tut deshalb nicht recht.) Wer überhaupt alles weg, ich bin rascher fertig, wenn <ich> schreibe, wer noch da <ist>. Auf der Gemeinde nur Oppenheimer[8], den Vorsitz wie bemerkt führt Dr. Neter, im Hause ist an Vorständen außer Herrn Hirschbruch[9] niemand mehr. Öde traurig und trostlos. Für Dr. P. Kaufmann[10] der in New-York ist seit heute ein Dr. Rosenthal[11] <?>, früher in Kehl tätig: Dr. Ma macht das Rennen,

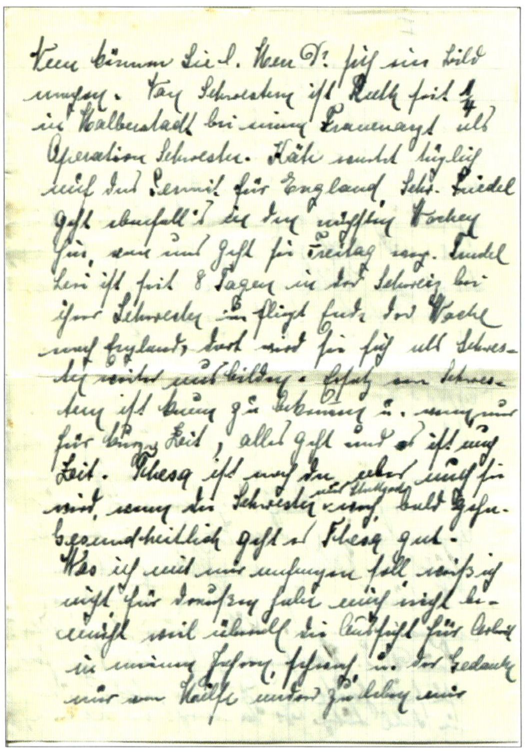

Nun können Sie lieber Herr Dr. sich ein Bild machen. Nach Schwestern ist Ruth[12] seit ¼ Jahr in Halberstadt bei einem Frauenarzt als Operationsschwester. Käte[13] wartet täglich auf das Permit für England. Schwester Friedel geht ebenfalls in den nächsten Wochen hin von uns geht sie Freitag weg. Trudel Levi[14] ist seit 8 Tagen in der Schweiz bei ihrer Schwester und fliegt Ende der Woche nach England, dort wird sie sich als Schwester weiter ausbilden. Ersatz an Schwestern ist kaum zu bekommen und wenn nur für kurze Zeit, alles geht und es ist auch Zeit. Thesa<?>[15] ist noch da, aber auch sie wird, wenn die Schwester aus Stuttgart weg, bald gehen. Gesundheitlich geht es Thesa<?> gut. Was ich mit mir anfangen soll, weiß ich nicht, für draußen habe <ich> mich nicht bemüht, weil überall die Aussicht für Arbeit in meinen Jahren schwach und der Gedanke nur von Hilfe anderer zu leben mir

1 Hirschler, Max, Dr., *11.6.1886 in Frankenthal, †?. Facharzt, am 15.11.1937 Zuzug von Ludwigshafen. H. war als Chefarzt im jüdischen Krankenhaus der direkte Vorgesetzte von Pauline Maier. Bei seiner Ehefrau handelt es sich um Helene geb. Ries, geb. am 4.12.1888 in Breslau, †?.

2 Weil, Sigmund, *Stuttgart 20.4.1881, †?. Chirurg, Chefarzt am Isr. Krankenhaus 1938/39. Mit Baginski ist vermutlich die jüdische Krankenanstalt in Frankfurt a. M. gemeint, deren Adresse in der Gagernstr. 36 auch als erste Meldeadresse von Prof. Weil in Frankfurt in den Mannheimer Meldeunterlagen genannt wurde.

3 Ein Mediziner namens Mannheimer ist im betreffenden Zeitraum nicht zu identifizieren.

Hans-Joachim Hirsch

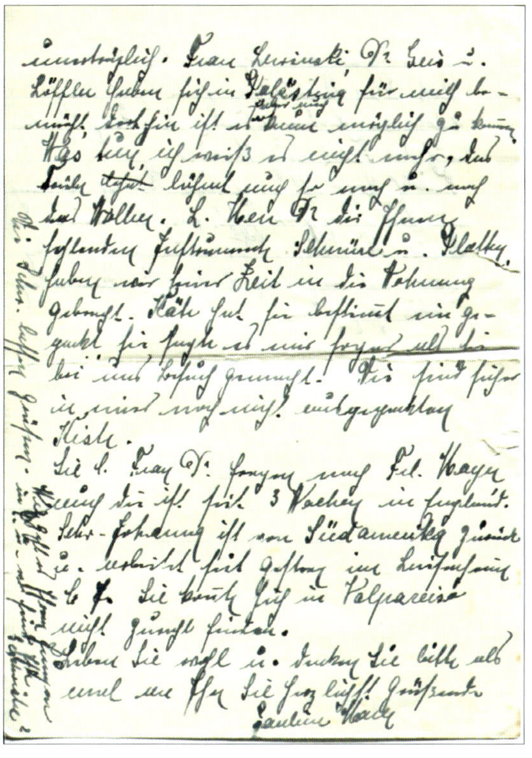

unerträglich. Frau Lewinski[16], Dr. Geis[17] und Löffler[18] haben sich in Palästina für mich bemüht, dorthin ist es aber auch kaum möglich zu kommen. Was tun, ich weiß es nicht mehr, das Trübe lähmt auch so nach und nach das Wollen. Lieber Herr Dr. die Ihnen fehlenden Instrumente, Schnüre und Platten haben wir seiner Zeit in die Wohnung gebracht. Käte hat sie bestimmt eingepackt sie sagte es mir sogar als sie bei uns Besuch gemacht. Sie sind sicher in einer noch nicht ausgepackten Kiste.
Sie liebe Frau Dr. fragen nach Frl. Mayer[19] auch die ist seit 3 Wochen in England. Schwester Johanna[20] ist von Südamerika zurück und arbeitet seit gestern im Luisenheim l. f.<?> Sie konnte sich in Valparaiso nicht zurecht finden.
Leben Sie wohl und denken Sie bitte als mal an Ihre Sie herzlich grüßende
Pauline Maier
Die Schwestern lassen grüßen. Wie geht es Ihrem Jungen in L. und wo sind Ihre Geschwister?

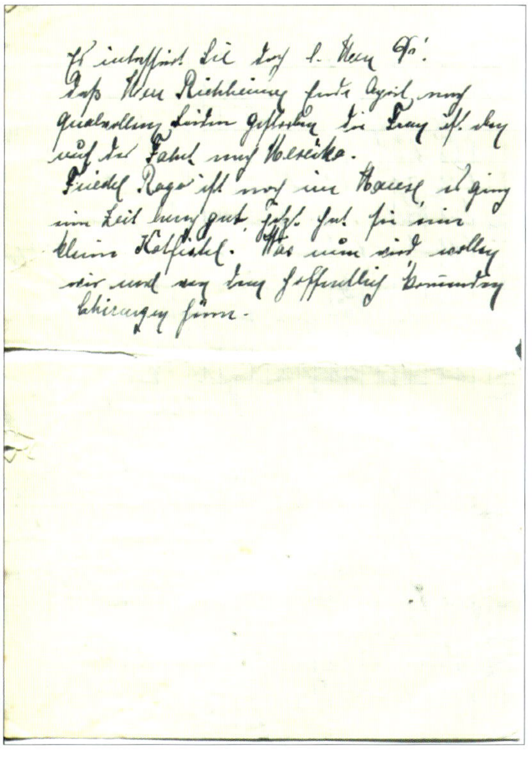

Es interessiert Sie doch lieber Herr Dr. dass Herr Richheimer[21] Ende April nach qualvollem Leiden gestorben <ist> die Frau ist dann auf der Fahrt nach Mexiko.
Friedel Rogo[22] ist noch im Hause, es ging eine Zeit lang gut, jetzt hat sie eine kleine Halsfistel. Was nun wird wollen wir von dem hoffentlich kommenden Chirurgen hörn.

4 Eugen Isaak Neter, * 29.10.1876 Gernsbach (Murgtal), †8.10.1966 Deganja (Israel). Der bekannte Mannheimer Kinderarzt übernahm nach dem Novemberpogrom 1938 den Vorsitz der Jüdischen Gemeinde und begleitete sie ebenfalls auf freiwilliger Grundlage in das Lager Gurs.

5 Hermann Haas, *22.5.1879 St. Georgen, †19.3.1939 Mannheim. Chirurg, Chefarzt am Heinrich-Lanz-Krankenhaus.

6 Alfred Wolff, *13.8.1885 Ludwigshafen, †22.2.1949 Brooklyn. Frauenarzt. Wolff wurde im Oktober 1940 nach Gurs deportiert, konnte jedoch im Mai 1941 von Frankreich in die USA emigrieren.

7 Kurt Arthur Schmeidler, *16.11.1899 Mannheim, †?. Internist mit eigener Praxis in Mannheim, Kaiserring 48. Emigrierte am 15.2.1939

Gruppenbild mit einigen der von Pauline Maier im Brief genannten Personen Obere Reihe (von links nach rechts): Dr. Max Grünewald, Otto Nöther, Julius Löffler Untere Reihe (von links nach rechts): Sara Lewinski, Oberin Pauline, Edith Simon StadtA MA - ISG

nach England und von dort am 22.2.1940 in die USA, wo er später die Tätigkeit als Arzt wieder aufnehmen konnte.

8 Moritz Oppenheimer, *11.2.1892 Mannheim. Gemeinderechner bei der jüdischen Gemeinde. Wurde im Oktober 1940 nach Gurs deportiert und von dort mit dem Transport 18 am 12.8.1942 nach Auschwitz.

9 Samuel Hirschbruch, *5.1.1870 Czersk, †29.6.1941 Pau. Kaufmann, Mitglied der Gemeindevertretung der jüdischen Gemeinde. Wurde im Oktober 1940 nach Gurs deportiert und verstarb an den Folgen der Internierung im Krankenhaus von Pau.

10 Paul Kaufmann, *Frankenthal 29.11.1884, in den Jahren 1911 bis 1938 in Mannheim als Arzt tätig, emigrierte am 7. März 1939 in die USA.

11 Rosenthal, d. Franz Rosenthal, *3.7.1911 Beuthen, der vom 10. Mai bis zum 11. November 1939 an der Lemle-Moses-Klaus in F 1, 1 in Mannheim wirkte und dann am 15. 11.1939 nach New York emigrierte.

12 Mit Ruth ist eventuell Berta Ruth Dreyfuss (*Mannheim 10.7.1924, 1950 verh. Neustädter) gemeint, die vor ihrer Deportation nach Gurs als Helferin im Haushalt und im jüdischen Krankenhaus tätig war. Ruth Dreyfuss gelangte nach den Informationen des Stadtarchivs im November 1942 illegal in die Schweiz.

13 Die Krankenschwester mit dem Vornamen Käte konnte nicht identifiziert werden.

14 Trudel Levi, d. i. Gertrude Therese Levi.

15 Bei Thesa könnte es sich um die Krankenschwester Therese Obernauer handeln, *München 11.7.1898, die von Stuttgart kommend vom 1.1.1937 bis zum 18.3.1940 am Israelitischen Krankenhaus wirkte und der laut Vermerk in den Meldeunterlagen des Stadtarchivs im März 1940 die Emigration in die USA gelungen sein soll.

16 Sara Lewinski, geb. Thalmann, *Ichenhausen 16.11.1890, Mitglied der jüdischen Gemeindevertretung, emigrierte mit ihrem Ehemann Louis L. im März 1939 nach Palästina (Tel Aviv).

17 Robert Raphael Geis, *Frankfurt/M. 4.7.1906, †18.5.1972 Baden-Baden, kam 1934 von München nach Mannheim, um dort als Jugendrabbiner zu wirken. Vom 15.6.1934 bis 31. 3.1937 in Mannheim tätig, danach Rabbiner in Kassel.

18 Julius Löffler, *Mannheim 22.6.1884, †7.9.1959 Israel, Kaufmann.

19 Bei Frl. Mayer handelt es sich um Edith Gertrud Mayer, *Mannheim 28.9.1905, Kontoristin am Israelitischen Krankenhaus, die im April 1939 nach London emigrierte, dann in die USA.

20 Die Krankenschwester mit dem Vornamen Johanna konnte nicht identifiziert werden.

21 Max Richheimer, *Mannheim 5.10.1881, †2.4.1939 Mannheim, Kaufmann.

22 Friedel Rogo, *23.8.1912 Mannheim.

Silvia Köhler

# Adresse A 4, 6 – Künstler in der Alten Sternwarte

Die Alte Sternwarte Mannheim (Abb. 1), vor allem die Ateliers und die Künstler, die darin arbeiten, haben vor etwa 20 Jahren zum ersten Mal mein Interesse geweckt, als mich der Mannheimer Maler Paul Löffler (1922-1995) auf den Künstler Franz Schömbs aufmerksam gemacht hat. Schömbs lebte und arbeitete nach 1945 im obersten Stock der Sternwarte bis zur Renovierung 1958. Seine Frau, Anneliese Schömbs, hat mir viel über das Leben nach dem Krieg in Mannheim und insbesondere in der Sternwarte erzählt. Und auch den Geschichten über die Freie Akademie Mannheim, die mir eine weitere Zeitzeugin, Ute Petry (1927-2009), eine Malerin aus Ludwigshafen, erzählte, habe ich immer gelauscht.

Hier ist der Stand meiner Recherchen bis Frühjahr 2013 dargestellt, basierend auf einem Vortrag im Stadtarchiv Mannheim - ISG. Die „Künstlernachlässe Mannheim" (siehe Hinweis am Ende) verfolgen zudem die Idee, in dem momentan leerstehenden Atelier im 4. Obergeschoss der Sternwarte nach der Sanierung eine Ausstellung zu realisieren.

Die Quellenlage zu den Künstlern ist unterschiedlich: Zu einigen gibt es Material, Fotos, Zeitzeugenberichte; zu anderen sind eine aufwendigere Suche und Recherche nötig. Der Schwerpunkt lag auf der Zeit von 1945 bis 1960/65[1]. (Abb. 2) Bei den Recherchen haben mich viele unterstützt – einige Personen wurden von dem „Fieber" sogar angesteckt.[2]

Der Vorstellung der einzelnen Künstler im Turm ist ein Exkurs über die Freie Akademie Mannheim und den Zeichner Joachim Lutz vorangestellt.

Abb. 1
Die Alte Sternwarte in Mannheim A 4, 6
Foto: Manfred Rinderspacher

Spricht man über die Ateliers in der Sternwarte, muss man auch über die Freie Akademie Mannheim reden[3], denn sie sind untrennbar miteinander verbunden, auch wenn die Räume der Akademie bis 1937/38 in der westlichen Schlosswache untergebracht waren. Sie steht in Mannheim für eine lange Tradition der künstlerischen Ausbildung und wird heute letztendlich in der Fakultät für Gestaltung der Hochschule in Mannheim weitergeführt.

Joachim Lutz hatte zwar nur ein kurzes Zwischenspiel in der Alten Sternwarte, war aber in der Zeit bis zum Zweiten Weltkrieg in Mannheim sehr bekannt und ist zu Unrecht in der Region in Vergessenheit geraten.

**Exkurs: Freie Akademie Mannheim und Joachim Lutz – kurzes Zwischenspiel in der Alten Sternwarte**

Die Freie Akademie wird 1924 von Albert E. Henselmann, Karl Stohner und Helene von Heyden

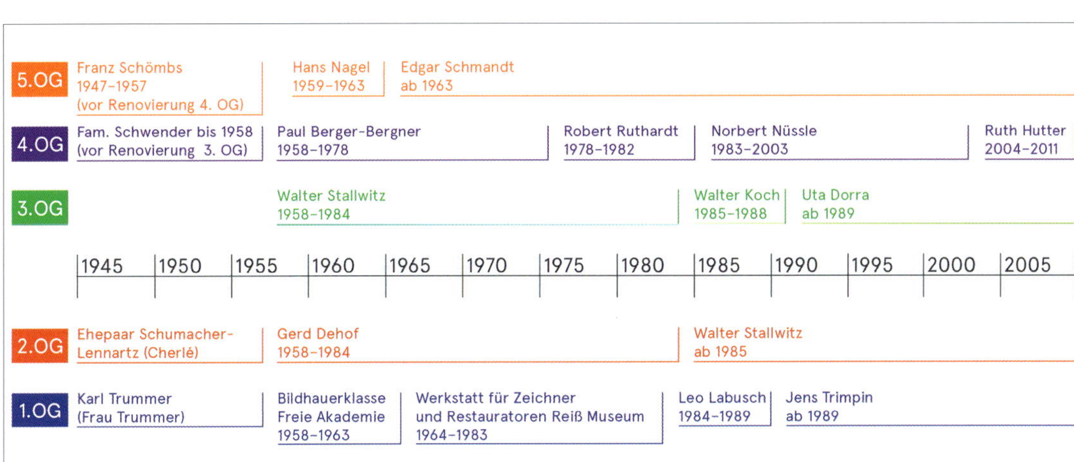


Abb. 2
Die Übersicht zeigt die Belegung der Sternwarte seit 1945 bis heute. Bis zur Renovierung im Jahr 1958 gab es nur vier Geschosse.
Tabelle: Silvia Köhler
Graphik: Tobias Becker

gegründet. Sie ist eine private Kunstschule, die neben Unterricht in Malerei, Zeichnen und Graphik auch Modezeichnen, Textilmalerei, Handweberei und dekorative Raumkunst anbietet.

Die Arbeiten von Henselmann werden 1937 in der Kunsthalle Mannheim beschlagnahmt. Da seine Frau Jüdin ist, emigriert er mit seiner Familie 1938 in die Schweiz und wandert 1950 in die USA aus.

Bereits 1936/37 übernimmt Joachim Lutz (Abb. 3) interimsweise die Leitung der Freien Akademie, ab diesem Zeitpunkt befindet sie sich auch in der Alten Sternwarte[4]. 1937/1938 geht die Leitung an Karl Trummer. Lutz ist ein genialer Zeichner und Holzschnitzer. Er ist 1906 in Höchst/Frankfurt geboren und 1954 in Heidelberg-Ziegelhausen gestorben. Seine Familie zieht 1908 nach Mannheim. Lutz wächst in Mannheim auf und studiert gegen den Willen der Eltern Malerei: Er besucht 1924 die Kunstakademie in Weimar und anschließend die Kunstgewerbeschule in Stuttgart. Nach seiner Ausbildung reist und zeichnet er. 1928 bis 1930 begleitet er die Afrika-Expedition des Völkerkundlers und Forsches Leo Frobenius als Zeichner.[5]

Lutz verdient seinen Lebensunterhalt hauptsächlich als Zeichner für Zeitungen.[6] In den Sammlungen der rem gibt es viele Theaterzeichnungen von ihm. Warum er 1936 die Leitung der Akademie übernimmt, konnte nicht festgestellt werden. Ein Jahr später zieht er nach Heidelberg-Ziegelhausen in das Pförtnerhäuschen des Stifts Neuburg, das ihm dessen Besitzer Alexander von Bernus zur Gründung einer Zeichenschule überlässt. Kurz darauf zieht auch der Mannheimer Maler Will Sohl mit seiner Familie in dieses Haus.

Abb. 3
Joachim Lutz beim Arbeiten
Aus dem Nachlass Joachim Lutz
Foto: StadtA MA - ISG

Im Zweiten Weltkrieg ist Lutz als Kriegsberichterstatter eingesetzt und verarbeitet seine Erlebnisse in vielen sensiblen Zeichnungen.[7] Er stirbt im Februar 1954 in Heidelberg.

**Künstler im Turm bis 1945**

Der erste Künstler, der nachweislich im Turm sein Atelier hat, ist der Bildhauer Hermann Taglang, der dort auch „Abendkurse im Aktzeichnen für Damen und Herren anbietet".[8]

Karl Trummer

Als nächstes zieht Karl Josef Trummer (Abb. 4) ein. Er ist 1906 in Fürstenfeldbruck geboren. Bevor er die Münchner Kunstgewerbeschule besucht, absolviert er eine Lehre als Holz- und Steinbildhauer. Nach seiner Ausbildung reist er. Von 1925 bis 1937 lebt er in Saarbrücken, wo ihm Hermann Röchling in seiner Villa „inmitten des wunderschönen Parks ein Atelier zur Verfügung stellte".[9] 1937/38 übernimmt er die Leitung der Freien Akademie. Wie er nach Mannheim kommt, ist nicht eindeutig zu klären, vielleicht über den Kontakt zu Hermann Röchling. Zumindest arbeitet er schon vor 1938 in und für Mannheim, z. B. als Graphiker für das Winterhilfswerk und als Bühnenbildner[10]. Er wird auch nicht zum Militär eingezogen.[11]

Ab 1941 ist er zusammen mit dem Direktor der Mannheimer Kunsthalle Dr. Walter Passarge und dem stellvertretenden Leiter des Schlossmuseums Mannheim Ludwig Böhm in einer Kommission aktiv, die Kunstgegenstände aus so genannten Lifts (Umzugsgut von emigrierten Juden) aussortiert, bewertet und dem zuständigen Landesleiter für bildende Künste meldet.[12]

1947 wird er Leiter der Bildhauerklasse an der Kunstakademie Karlsruhe, wahrscheinlich dank der Freundschaft mit Emil Heckel. Beide besitzen gemeinsam ein Grundstück in Hemmenhofen am Bodensee. Im März 1949 wird er in Karlsruhe zum Professor berufen.[13] Aber er führt die Freie Akademie Mannheim weiter und pendelt zwischen beiden Städten. Trummer stirbt 1957 unerwartet im

Silvia Köhler

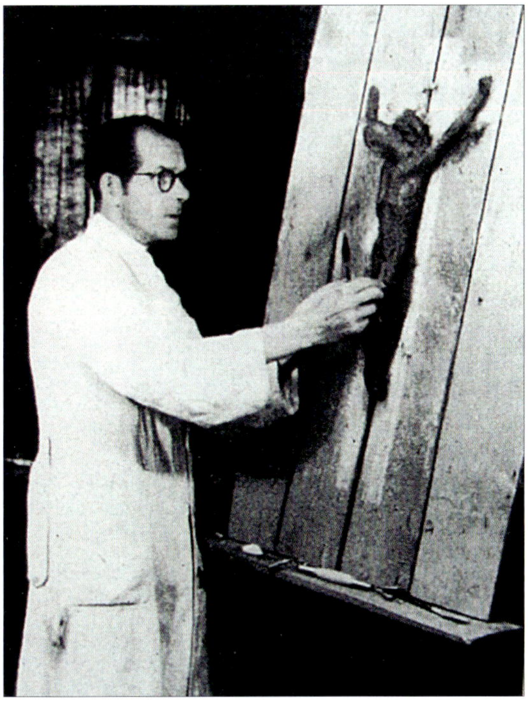

Abb. 4 (links)
Karl Josef Trummer
Um 1954
Foto: Aus Merkle (2004)

Abb. 5 (rechts)
Christus-Skulptur von Karl Josef Trummer in der Kapelle des Klinikums Mannheim
Foto: Jonny Stadler

Alter von 50 Jahren. Er wird nach Hemmenhofen überführt und dort begraben.

Karl Trummer hat das Atelier im 1. Obergeschoss der Sternwarte. Da wohnen aber nach 1945 seine Frau, die er 1930 in Sulzbach/Saar geheiratet hatte, sowie die Tochter. Er selbst benutzt einen Anbau an der Seite der Sternwarte als Atelier und Wohnung.

Seine Arbeiten sind der figürlichen Bildhauerei verpflichtet. Er arbeitet in Bronze, Stein und Holz. Meist führt er öffentliche Aufträge aus oder fertigt kleinplastische Arbeiten. Bei der Restaurierung des Marktplatzbrunnens 1951 reproduziert er die Figur des „Neckar“[14].

Seine Figuren sind von der Heroisierung des menschlichen Körpers in der NS-Zeit weit entfernt und zeigen oft den Einfluss expressionistischer Holzskulpturen. Das Kreuz in der Kapelle des Klinikums Mannheim ist sein Werk, es befindet sich dort wohl seit 1936. Es wurde im Februar 2008 durch einen Brandanschlag in Mitleidenschaft gezogen und mit viel Aufwand restauriert[15] (Abb. 5).

**Die Zeit bis zur Renovierung 1958**

Die Alte Sternwarte wird seit dem 1. Oktober 1941 vom städtischen Hochbauamt verwaltet. Bei den schweren Fliegerangriffen am 23./24. September 1943 und am 20. März 1944 wird sie beschädigt[16]; der Aufbau der Camera Obscura auf dem Dach zerstört. 1945 listet eine Mängelliste des Mieters Schwender folgende Schäden auf: Das Treppenhaus ist ohne Fenster, Türen und Fensterrahmen sind undicht. Die Balkongitter sind morsch.

**Das 4.Obergeschoss**
**Franz Schömbs**

Im 4. Obergeschoss, direkt unter dem Dach, lebt seit

Abb. 6
Franz Schömbs in seinem Atelier
Ca. 1949
Foto: StadtA MA - ISG

1948 Franz Schömbs mit seiner Familie. Dank seiner Witwe Anneliese Schömbs gibt es aus diesen Jahren zahlreiche Informationen und Fotomaterial[17] (Abb. 6). Schömbs ist 1909 in Mannheim, J 3, 6, geboren. Nach dem Studium an der Kunstakademie in Karlsruhe und der Meisterschule für Graphik in Kaiserslautern lebt er ab 1932/1936 wieder bei seinen Eltern in Mannheim.[18]

Als Maler beschäftigen ihn das Sichtbarmachen zeitlicher Abläufe und die Bewegung in der Malerei. Dafür entwickelt er ungewöhnliche Bildformate: „Springwerke" – abstrakte Bilder, die nach rechts und links aus dem Rahmen springen – oder das „Inbild" (1955), das er in der Galerie Probst im Mannheimer Schloss zeigt. Das Bild, als Kugel geplant, wird aus finanziellen Gründen nur als Zylinder von fünf Metern Durchmesser, 16 m Länge und zwei Metern Höhe realisiert. Der Betrachter kann hineingehen und darin herumlaufen.

Letztendlich – was bei dieser Art von Experimenten naheliegt – landet Franz Schömbs beim Film. Er experimentiert schon in den 1930er Jahren mit Filmmaterial. Leider sind diese Versuche und alle seine Arbeiten bei einem Bombenangriff auf Mannheim 1943 zerstört worden.[19]

Nach dem Krieg bekommt er ein Atelier in der Sternwarte, er unterschreibt am 5. August 1947 den Mietvertrag für das damalige 4. Obergeschoss, die Miete beträgt 25 Reichsmark (Abb. 7). Dort macht er sich sofort wieder an die Umsetzung seiner Ideen und erfindet ein eigenes Filmaufnahmeverfahren. Dafür bemalt er lange Bildstreifen mit einer mathematisch genau berechneten Abfolge von Formen und Mustern (Abb. 8). Diese werden über einen Kasten gekurbelt, in dessen Mitte eine Kamera und ein Spiegel sitzen, der die Bildstreifen optisch mischt. Der Prototyp entsteht 1948 in seinem Atelier im 4. Obergeschoss: Ein 8-mm-Film, der wenige Minuten dauert und den Titel „Opuscula" trägt. Der kurze Film ist eine farbige Bewegungskomposition abstrakter Motive, die sich gegenseitig durchdringen. Damit geht Schömbs auf Reisen, sucht Sponsoren für einen längeren Film, den er „Geburt des Lichts" nennt, und er hält Vorträge.

Im Frühjahr 1947 hat er geheiratet und im November 1948 kommt die erste Tochter zur Welt, 1950 die zweite. Die Sternwarte ist nach dem Krieg nur notdürftig saniert. In einer zusätzlichen Vereinbarung zum Mietvertrag beschreibt er handschriftlich, was noch instand zu setzen ist: „Fenster zu erneuern, Raum zu verputzen, Türe einzusetzen, Dach wasserdicht machen"[20]. Das Waschbecken, ein alter Wasserstein aus seinem Atelier im Mannheimer Schloss, wird mit dem Kran ins 4. Obergeschoss gehievt, als die Stadt die Plattform instand setzt.

Das Leben dort ist hart, aber die Familie ist glücklich (Abb. 9). Franz Schömbs unterrichtet an der Freien Akademie Mannheim Malerei. Seine Studenten kommen zum Diskutieren ins Atelier und Frau Schömbs „streckt" die Suppe, damit alle etwas zu essen haben. Viele Werke verkauft er nach dem Krieg nicht, und das Überleben ist schwer. Im März 1949 bittet er das erste Mal die Stadtkasse Mannheim um die Stundung der Miete: „Ich habe seit der Währungsreform nichts eingenommen, da für künstlerische Dinge kein Mensch mehr was übrig hat".[21] Es bleibt nicht bei dem einen Mal, in den Akten finden sich immer wieder Bitten um Mietstundung, denen die Stadt auch nachkommt.

Schömbs ist in den Nachkriegsjahren sehr engagiert in Mannheims Kulturpolitik. In Vorträgen, z.B. in der Kunsthalle, versucht er dem Publikum die abstrakte Kunst, die es zehn Jahre nicht gesehen hat, näher zu bringen und erntet oft Missverständnis und Ablehnung: „Das Publikum war verblüfft und verstand nichts. Nicht nur, daß die meisten

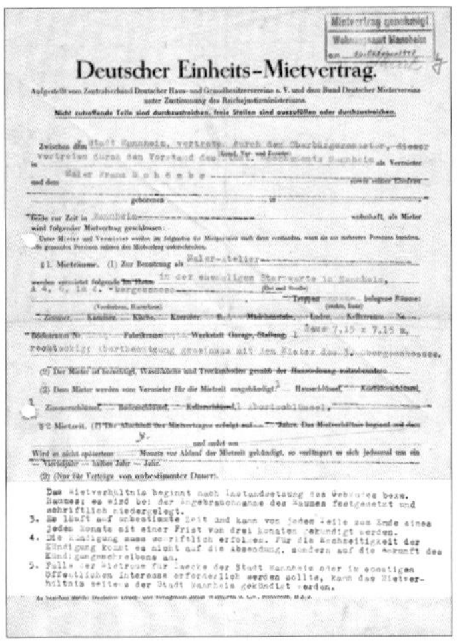

Mietvertrag genehmigt
Wohnungsamt Mannheim

Deutscher Einheits-Mietvertrag.

Aufgestellt vom Zentralverband Deutscher Haus- und Grundbesitzervereine e. V. und dem Bund Deutscher Mietervereine unter Zustimmung des Reichsjustizministeriums

Nicht zutreffende Teile sind durchzustreichen, freie Stellen sind auszufüllen oder durchzustreichen.

Zwischen der Stadt Mannheim, vertreten durch den Oberbürgermeister, dieser vertreten durch den Vorstand des ... als Vermieter

und dem Maler Franz Schömbs

§ 1. Mieträume. (1) Zur Benutzung als Maler-Atelier

werden vermietet folgende ... in der ehemaligen Sternwarte in Mannheim, A 4, 6, im 4. Obergeschoss

Das Mietverhältnis beginnt nach Instandsetzung des Gebäudes bezw. Raumes; es wird bei der Ingebrauchnahme des Raumes festgesetzt und schriftlich niedergelegt.

3. Es läuft auf unbestimmte Zeit und kann von jedem Teile zum Ende eines jeden Monats mit einer Frist von drei Monaten gekündigt werden.

4. Die Kündigung muss schriftlich erfolgen. Für die Rechtzeitigkeit der Kündigung kommt es nicht auf die Absendung, sondern auf die Ankunft des Kündigungsschreibens an.

5. Falls der Mietraum für Zwecke der Stadt Mannheim oder im sonstigen öffentlichen Interesse erforderlich werden sollte, kann das Mietverhältnis seitens der Stadt Mannheim gekündigt werden.

Abb. 7 (oben)
Die erste Seite des Mietvertrags zwischen Franz Schömbs und der Stadt Mannheim
Foto: Künstlernachlässe Mannheim

Abb. 8 (rechts)
Franz Schömbs mit einem Bildstreifen aus dem Film „Opuscula"
Foto: StadtA MA - ISG

Silvia Köhler

Abb. 9
Die Töchter der Familie Schömbs vor der Alten Sternwarte
Foto: StadtA MA - ISG

zum ersten Mal abstrakte Bilder sahen, jetzt sollte nach der Abstraktion und ihren Formen ein neues Bild einer neuen Wirklichkeit geschaffen werden."[22] Erfahrungen, die er noch sehr oft in seinem Leben macht. Zusammen mit Hanns Heinrich Palitzsch (1912-2005)[23] gründet er die Künstlergruppe „Mannheimer Quadrat". Ihr Ziel ist es, „einen unmittelbaren und lebendigen Kontakt zwischen Künstler und kunstinteressierter Öffentlichkeit herzustellen"[24], aber auch den Verkauf von Arbeiten zu fördern, damit die Künstler ihren Lebensunterhalt finanzieren können.

1957 zieht Schömbs mit seiner Familie nach München. Dort findet er in Walter Koch und seiner Firma UNDA-Film die Möglichkeit, seinen Film „Geburt des Lichts" zu realisieren. Koch produziert einen abendfüllenden Film mit dem Titel „Maya", aus mehreren Episoden bestehend, in dem er die Avantgarde des bundesrepublikanischen Films präsentiert. Bei der Premiere im Februar 1958 und auch bei Vorführungen danach reagiert das Publikum schockiert auf „Geburt des Lichts" und äußert sein Missfallen in Pfeifkonzerten. In vielen Kinos läuft der zehnminütige Film nicht einmal vollständig.

Schömbs stört das alles wenig, er entwickelt im Anschluss daran sofort die Idee zu einem Tanzfilm. Dieser, 1962 unter dem Titel „Transreale Strukturen" uraufgeführt, ist eine tänzerische Studie über Zeit und Raum, in der die Tanzenden und ihre Bewegungen zur Silhouette abstrahiert sind und nur mittels Filmnegativ gezeigt werden. Auch dieser Film erhält das Prädikat „besonders wertvoll", aber in einen Verleih kommt er nicht.

Schömbs wirkt 1964/65 noch bei der Verfilmung von Oskar Schlemmers „Triadischem Ballett" mit, dann zieht er sich in sein Atelier zurück. Auch eine große Ausstellung 1971 in München bringt keinen Erfolg. Er widmet sich nun verstärkt seinen Ideen für eine Oper und der Philosophie. 1976 stirbt er in München.

### 3. Obergeschoss

Schon vor dem Krieg lebt im 3. Obergeschoss die Familie Schwender.[25] Der Mietvertrag stammt aus dem Jahr 1925, die Familie wohnt 1955 also schon 30 Jahre dort. Franz Schwender gehört zu der Mannheimer Familie, die die Bernhardus-Buchhandlung in C 3, 8 betreibt.

### 2. Obergeschoss

Franz Albert Schumacher, genannt Cherlé

Die Geschichte des Künstlers im 2. Obergeschoss könnte als Vorlage für einen Felix-Krull-Roman in Mannheim dienen: Er ist ein extravaganter Typ, tritt wie ein Dandy auf, gutbürgerlich, immer perfekt

Abb. 10
Franz Albert Schumacher, verkleidet auf einem Maskenball an der Freien Akademie
Foto: Walter Stallwitz

gekleidet inklusive Spazierstock mit goldenem Griff – auffallend in der zerstörten Mannheimer Innenstadt (Abb. 10). Eloquent, intelligent und als Lehrer „brachte Cherlé ein geistiges Klima in die Akademie", das zum Beispiel Walter Stallwitz' Literatur- und Philosophiebegeisterung nachhaltig beeinflusste.[26]

Franz Albert Schumacher ist 1908 in Köln geboren. Er ist mit der Innenarchitektin Dora Schumacher, geb. Lennartz (Abb. 11), verheiratet, sie arbeitet bei der Teppichhandlung/Möbelfirma Telkamp in Heidelberg und ist oft unterwegs. Er arbeitet als Kunstmaler und Bildhauer und ist Lehrer in der Freien Akademie. Er kommt 1936 aus Dresden nach Mannheim, wohnt in M 3, 3, meldet sich 1938 nach Frankfurt ab, kommt 1946 wieder nach Mannheim und zieht mit seiner Frau in das 2. Obergeschoss der Sternwarte.[27] Warum er von Dresden nach Mannheim kommt, als was er dort tätig war, ist nach dem momentanen Stand der Recherchen unklar.

Angeblich bestand nach 1945 ein Gesellschafter-Vertrag mit Karl Trummer zum gemeinsamen Betreiben der Freien Akademie, aus der er 1952 aussteigt.[28] Trummer scheint ihm wohl das Atelier im 2. Obergeschoss überlassen zu haben. Der Mietvertrag mit der Stadt für das Atelier läuft auf Trummer, aber die Miete scheint Schumacher zu bezahlen, bis es in den 1950ern zu Mietschulden kommt. Im Januar 1954 strengt Trummer gegen Schumacher eine Räumungsklage[29] an, die aber im Sommer zu Gunsten von Letzterem abgewiesen wird.

Abb. 11
Weihnachts- und Neujahrsglückwünsche des Ehepaars Schumacher-Lennartz an eine befreundete Familie
Foto: privat

Als das städtische Hochbauamt 1956 allen Bewohnern der Alten Sternwarte kündigt, kämpft Schumacher mit allen Mitteln dagegen an, verlangt eine Ersatzwohnung und ein Ersatzatelier: In den Akten findet sich ein reges Hin und Her von Briefen zwischen ihm, der Stadt sowie OB Hans Reschke. Schumacher zieht auch prominente Fürsprecher aus dem Ärmel, z. B. den damaligen Justizminister Bruno Becher aus Rheinland-Pfalz. Der schreibt am 9. August 1958 einen Brief an OB Reschke mit der „Bitte um persönliche Beachtung" und weist darauf hin, wie wichtig als Person und Künstler Schumacher sei. Reschke reagiert gereizt. Schumacher wendet sich in seiner Sache zudem immer wieder an einzelne Stadträte.

Aber auch die Stadtverwaltung tut sich schwer mit dem Ehepaar. Sie beauftragt schon 1954 die Inkasso-Firma Schimmelpfeng, wahrscheinlich wegen der Mietschulden, aber auch, um überhaupt Informationen über das Ehepaar zu bekommen.[30]

Die Stadt bietet Schumacher eine Zwei-Zimmer-Wohnung in der Speyrer Straße an, die er aber als zu klein ablehnt. Im August 1958 klagt die Stadt Mannheim die Räumung ein, die im September auch rechtskräftig wird. Schuhmacher legt Berufung ein, sie wird jedoch im Februar 1959 zurückgewiesen. Danach kommt es zur Zwangsvollstreckung.

Das Ehepaar verzieht unbekannt, ist aber ab 1964 in Karlsruhe gemeldet. Schumacher stirbt im August 1968 in Köln.

### Renovierung und Belegung nach 1958

Im September 1956, zum Teil schon 1955, kündigt die Stadt Mannheim alle Mietverträge, weil sie die Renovierung der Alten Sternwarte plant. Im Dezember 1957 beschließt der Technische Ausschuss des Gemeinderats ihre Wiederinstandsetzung und die Ausgestaltung zu einem Atelierhaus mit geplanten Kosten von 158.000 DM.[31]

Die Renovierung beginnt am 24. Januar 1958 und kommt Anfang August 1958 langsam zum Ende[32] (Abb. 12). Es fehlen nur noch die Instandsetzung der

Silvia Köhler

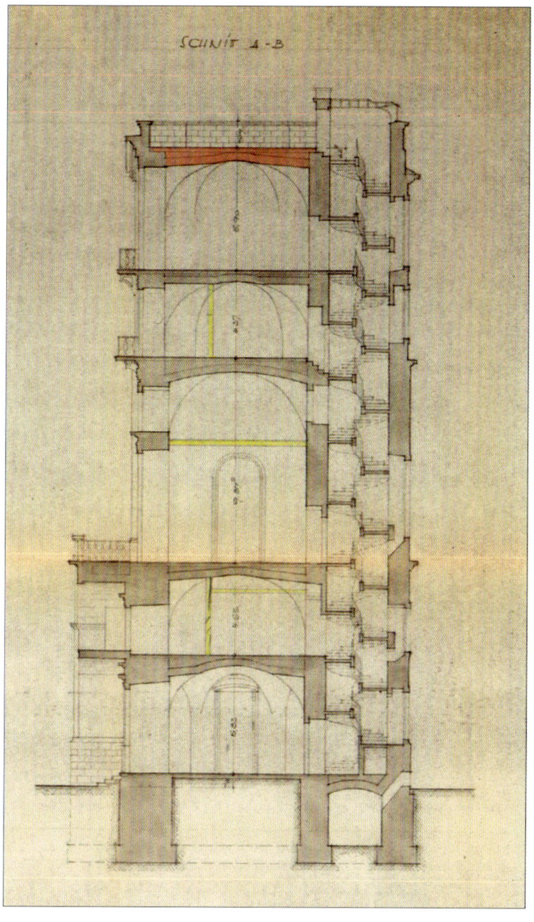


Abb. 12
Die Alte Sternwarte im Querschnitt
Bei der Renovierung wird das 3. Obergeschoss (der besonders hohe ehemalige Große Instrumentensaal) durch eine Zwischendecke geteilt, so dass dort zwei Geschosse entstehen.
Neu eingezogene Bauteile sind auf dem Plan gelb markiert.
Foto: StadtA MA - ISG

Treppe und die Fertigstellung von zwei Bodenbelägen. Vier Ateliers sind bezugsfertig, eines ist noch nicht renoviert, weil der dort wohnende Maler sich weigert auszuziehen – es ist das Atelier von Franz Adalbert Schuhmacher.

Die Renovierung umfasst folgende Maßnahmen:
- Alle Räume werden instand gesetzt.
- Ein neues Zwischengeschoss wird eingezogen.
- Die enge, steile Wendeltreppe wird trittsicher gemacht.
- Fenster und Türen werden erneuert.
- An den Außenmauern werden die beschädigten Architekturteile aus Sandstein erneuert und ausgebessert.
- Das historische Ziergitter der Balkone wird ergänzt.
- Die Fassade wird verputzt.
- Der erhalten gebliebene Gradmessungpfeiler auf der oberen Plattform wird geschützt.

Wer verteilt nun die Ateliers an mögliche Kandidaten? Nach derzeitigem Wissensstand sieht es nach einem starken Engagement von Seiten des Oberbürgermeisters Hans Reschke aus, unterstützt vom damaligen Leiter des Referats 5 – Kultur, Dr. Christoph Andritzky.[33]

In einem Brief an die GBG Mannheim vom 3. November 1958 gibt Reschke Anweisungen bezüglich der Vermietung der neu geschaffenen Atelierräume[34]:
- 1. Obergeschoss Wolfgang Magin
- 3. Obergeschoss Walter Stallwitz
- 4. Obergeschoss Gerd Dehof
- 5. Obergeschoss Hans Nagel

Reschke verweist darauf, dass das 2. Obergeschoss, sobald es leer ist, dem Bildhauer Gerd Dehof zugewiesen werden soll. Paul Berger-Bergner, der im Schloss in einer Baracke sein Atelier hat, soll dann das 4. Obergeschoss erhalten. Falls das 2. Obergeschoss nicht rechtzeitig frei wird, soll Hans Nagel ausziehen und Paul Berger-Bergner soll das 5. Obergeschoss bekommen.[35]

Am Ende stellt sich die Belegung, nachdem das 2. Obergeschoss frei geworden ist, so dar:
- 1. Obergeschoss Bildhauerklasse der Freien Akademie
- 2. Obergeschoss Gerd Dehof
- 3. Obergeschoss Walter Stallwitz
- 4. Obergeschoss Paul Berger-Bergner
- 5. Obergeschoss Hans Nagel (der auch den Anbau nutzt)

Im Folgenden stelle ich die einzelnen Künstler vor, die von 1958 bis heute dort ihr Atelier hatten und noch haben.

## Das 1. Obergeschoss

Im 1. Obergeschoss arbeitet nach der Renovierung die Bildhauerklasse der Freien Akademie. Ab 1963 wird der Raum dann als Werkstatt für Zeichner und Restauratoren des Städtischen Reiß-Museums genutzt.[36]

### Leo (eigentlich Leoa ) Labusch

Labusch ist ein Mannheimer Künstler, um den es sehr still geworden ist. Er ist 1940 in Polen geboren und studiert an der Kunstakademie in Breslau. Nach seiner Auswanderung besucht er 1958 bis 1961 die Bildhauerklasse bei Gert Dehof an der Freien Akademie. Von 1961 bis 1965 studiert er Bildhauerei an der Akademie der Bildenden Künste in München und ist Meisterschüler von Heinrich Kirchner. Danach ist er einige Jahre in Frankreich. Seit 1969 lebt er wieder in Mannheim.[37] 1984 bis 1989 hat er das Atelier im 1. Obergeschoss, nachdem die Werkstatt des Museums ausgezogen ist.

Abb. 13
Eine Arbeit von Labusch aus den 1970er Jahren: Kühle, konstruierte abstrakte Gebilde aus Kupfer und Aluminium, die spiegeln, den Raum erweitern und mit Effekten der so genannten Optical Art spielen.
Foto: Geißler-Archiv (Mappe K631), Speyer

Labusch experimentiert auch mit synthetischen Materialien (Abb. 13) und wird dabei von der BASF unterstützt. 1972 hat er eine Ausstellung bei Rudi Baerwind im Symposion der Künste, die nach Presseberichten für Furore sorgt.[38] Labusch lebt heute noch in Mannheim, ist aber nicht mehr als Künstler tätig.

Jens Trimpin

Jens Trimpin ist 1946 geboren. Er studiert 1958 bis 1963 bei Hans Nagel und Gert Dehof Bildhauerei an der Freien Akademie in Mannheim. Anschließend besucht er die Akademie der Bildenden Künste in Nürnberg. Seit 1982 lebt und arbeitet er in Mannheim. Er bezieht 1989 das Atelier im 1. Obergeschoss, den Raum, in dem er als Student die Anfänge der Bildhauerei erlernt hat – ein schöner Zufall (Abb. 14).

Abb. 14
Jens Trimpin während seiner Studienzeit an der Freien Akademie im 1. Obergeschoss auf dem Balkon stehend
Foto: Privat

Er nutzt das Atelier für die Entwürfe seiner Skulpturen und für Modelle von Auftragsprojekten von Kunst-am-Bau. Seine wunderschönen Steinarbeiten entstehen in seinem Atelier in der Stockhornstrasse in der Neckarstadt-West. Jens Trimpin ist ein Künstler, dessen skulpturale und plastische Arbeiten in sehr vielen bekannten Sammlungen vertreten sind.

Das 2. Obergeschoss

Gerd Dehof

Durch seinen Blumenpeter-Brunnen auf den Kapuziner-Planken ist Gerd Dehof vielen Mannheimern bekannt. Es gibt von ihm noch weitere Arbeiten im öffentlichen Raum von Mannheim und Ludwigshafen: den Sackträger im Jungbusch, eine Plastik im Landgericht Mannheim, den Harlekin am Haus der Jugend in Ludwigshafen.[39]

Gerd Dehof ist 1924 in Zweibrücken geboren und geht dort zur Schule. Ab 1938 lebt er mit der Familie in Ludwigshafen und absolviert zunächst eine Schlosserlehre. Im Zweiten Weltkrieg wird er zur Infanterie eingezogen und 1944 nach einer schweren Verwundung aus dem Heer entlassen. Danach lebt er in Mannheim und studiert von 1948 bis 1956 bei Karl Trummer.[40]

Nach dem Tod Trummers lehrt Dehof seit 1957 an der Freien Akademie und später an der Städtischen Fachhochschule Bildhauerkunst und plastisches Gestalten.[41] Ab 1970 ist er Leiter der Klasse „Grundausbildung und Gestaltungslehre" an der Werkkunstschule und ab 1971 stellvertretender Direktor dort.

Er bezieht 1958 das Atelier im 2. Obergeschoss (Abb. 15 und 16). Wegen der Raumhöhe von 6,20 m zieht das Hochbauamt einen Zwischenboden ein, sodass das Atelier zwei übereinanderliegende Räume mit einer Zwischentreppe hat. Obwohl der Mietvertrag eine Klausel „nur zum Arbeiten" enthält und die Stadt auch aus ihren Erfahrungen heraus die GBG anweist, die Ateliers nur zum Arbeiten zu vermieten, lebt Gerd Dehof eine Zeitlang mit seiner Familie in den Räumen[42] (Abb. 17). Er stirbt 1989 in Mannheim.

Silvia Köhler

Abb. 15 (links)
Gerd Dehof im Atelier im Schloss in den frühen 1950er Jahren, mit einer Arbeit von Karl Trummer
Foto: Privatbesitz

Abb. 16 (rechts)
Gerd Dehof in seinem Atelier
März 1966
Foto: Sammlung Bohnert und Neusch, StadtA MA - ISG

Walter Stallwitz

Walter Stallwitz ist 1929 in Mannheim geboren. Er beginnt 1946 das Studium an der Freien Akademie Mannheim bei Karl Trummer, Berger-Bergner und dem bereits genannten „Cherlé".

Stallwitz bezieht 1958 das 3. Obergeschoss in der Sternwarte und nutzt es bis 1984. 1985 zieht er in das ehemalige Atelier von Dehof, in dem er heute noch arbeitet – im wahrsten Sinne des Wortes, denn er ist fast jeden Tag dort. Im Atelier zu sein und zu arbeiten, gehört zu seinem festen Tagesablauf, auch noch mit über 80 Jahren (Abb. 18). Angemeldete Besucher werden dort herzlich mit einer Tasse heißen Früchtetees empfangen und schnell in ein Gespräch über die neuesten politischen, philosophischen und gesellschaftlichen Entwicklungen gezogen.

Im Falle von Stallwitz kann man sehr gut zeigen, wie die baulichen Gegebenheiten der Sternwarte seine Arbeiten beeinflusst haben (Abb. 19a und 19b). Neben seinen Porträts gibt es eine Reihe von Arbeiten mit Schemen, Schatten und Spiegelbildern, an denen man sehr gut erkennt, wie Licht und Schatten sowie die Räumlichkeiten der Sternwarte ihren Niederschlag in seinen Bildern finden (obwohl er eigentlich mit dem Licht in seinem Atelier nicht zufrieden ist, da es durch die großen, hohen Fenster und den achteckigen Raum nur gebrochen in den Arbeitsraum fällt).

Abb. 17
Die Kinder von Gerd Dehof arbeiten auf der Terrasse der Sternwarte im 2. Obergeschoss.
Foto: Privatbesitz

## Das 3. Obergeschoss

Walter Koch

Als Stallwitz das Atelier von Dehof übernimmt, geht sein bisheriges Atelier 1985 an den bereits 69-jährigen Walter Koch (Abb. 20 und 21). Er ist 1918 in Mannheim geboren und studiert 1951 bis 1953 an der dortigen Freien Akademie, arbeitet aber parallel auch als Graphiker in der Industrie. 1965 wird er in der Werkkunstschule, der Nachfolgerin der Freien Akademie, Fachbereichsleiter für freies graphisches Gestalten und Leiter der drucktechnischen Werkstätten. Von 1969 bis 1974 ist er deren Rektor. Als aus der Werkkunstschule die Fachhochschule für Gestaltung entsteht, ist er von 1974 bis 1982 Leiter des Grundlagenstudiums. Neben seiner Lehrtätigkeit ist er freiberuflich tätig. Mit Alice Richter-Lovisa (1911-1999) übernimmt er häufig Gestaltungsaufträge für Kunst am Bau[43], z. B. in Kirchen oder an öffentlichen Gebäuden[44]. Koch stirbt im September 1987.

Abb. 18
Walter Stallwitz in seinem Atelier
Foto: Manfred Rinderspacher

Uta Dorra

Uta Dorra ist eine der beiden Frauen, die je ein Atelier in der Sternwarte hatten.[45] Sie ist 1944 in Ladenburg geboren. Nach einem Studium für textiles Gestalten an der Fachhochschule Stuttgart ist sie von 1969 bis 1972 Theaterbildhauerin am Staatstheater am Gärtnerplatz in München und studiert anschließend Kunst an der Akademie der Bildenden Künste in München.

Dorra arbeitet mit Papier, das in unzähligen Rollen und Bogen und in allen Farben in ihrem Atelier liegt. Sie nutzt seine Eigenschaften, zeichnet mit Risskanten, legt verschiedene Farben übereinander, knittert, knüllt, faltet und rollt. So entstehen Collagen, die an gemalte Landschaften erinnern.

Ob das Atelier ihre Arbeiten beeinflusst hat, kann sie im Interview nicht genau benennen. Vielleicht eher unterbewusst, wenn sie an ihre Installationen „Verwandlungen" denkt, die alle einen Bogen aufweisen. Mit dem Licht sei es im Atelier nicht immer einfach (Abb. 22). Aber so abhängig davon wie die Maler im Haus ist sie nicht. Meist wandert sie mit dem Licht im Raum, wenn sie ihre farbigen Objekte erstellt. „Optimal ist es vielleicht nicht", lächelt sie im Gespräch und „manchmal habe ich auch Sehnsucht nach geraden Wänden". Aber sie arbeitet gern hier, schätzt die Kontemplation, die man hier oben erreichen kann. Das Atelier hat sie in der Stadt gehalten. Denn als sie es bekam, erwog sie gerade, aus Mannheim wegzuziehen.

## Das 4. Obergeschoss

Paul Berger-Bergner

Paul Berger-Bergner ist ein Mensch und Lehrer, dem eine ganze Generation von Malern und Malerinnen in der Rhein-Neckar-Region wesentliche Impulse bei der Ausbildung und der Entwicklung einer eigenen Bildsprache verdankt (Abb. 23). Eine Internetrecherche listet neben einem kurzen Wikipedia-Eintrag und Auktionsresultaten eine Vielzahl

Abb. 19a und 19b
Blick in das Treppenhaus der Alten Sternwarte (links) und eine Arbeit von Walter Stallwitz (rechts)
Fotos: Künstlernachlässe Mannheim

Abb. 20
Walter Koch
Foto: Geißler-Archiv Speyer

Abb. 21
Diese Arbeit von Walter Koch ist kurz vor seinem Tod in der Sternwarte entstanden.
Foto: Gert Reinhardt, Heidelberg

von Biographien von Künstlern auf, die ihn explizit als ihren Lehrer bezeichnen.

Kunsthistorisch gesehen gehört er zur so genannten „Verschollenen Generation“[46] und dem „expressiven Realismus“. Er ist ein wichtiger Künstler in der Region, der aber auch überregional bekannt ist. Es ist längst überfällig, sich mit ihm und seinem Nachlass zu beschäftigen, der in der Kunsthalle Mannheim lagert.

Er ist 1904 in Prag geboren. Der Vater, Restaurator und Direktor des Rudolfinums[47], stirbt, als Berger-Bergner 16 Jahre alt ist. Seine Familie kann den Schulbesuch nicht weiter finanzieren, da er gut malen kann, macht er eine Ausbildung als Porzellanmaler.[48] 1921 beginnt er dann doch ein Studium der Malerei an der Akademie in Weimar.[49] Eigentlich will Berger-Bergner am Bauhaus studieren, aber sein Förderer ist dagegen. Trotzdem hat er Kontakt mit Bauhaus-Schülern und wird von deren radikal-konstruktiven Ideen eingenommen.

In Weimar findet er auch das Thema, das ihn bis zum Ende seines Lebens begleitet: das Leiden des modernen Menschen, bedingt durch die gesellschaftlichen und politischen Verhältnisse.

1923 bis 1925 lebt er unter schwierigen Verhältnissen in Berlin, heute würde man sagen „unterhalb des Existenzminimums“[50]. Ab 1925 ist er in Dresden und studiert bei Robert Sterl. Sterl ist neben Liebermann, Slevogt und Corinth einer der Vertreter des deutschen Impressionismus an der Dresdner Kunstakademie. Ab 1931 lebt Berger-Bergner als freier Künstler in Dresden. Die ersten beiden Jahre des Zweiten Weltkriegs überlebt er, weil ein Gönner ihm einen Großauftrag verschafft, die Gestaltung von vier Wandbildern in einer Dresdener Kaserne. 1940 geht er nach Prag zurück und wird im Februar 1941 eingezogen. Er übersteht den Krieg als Sanitäter in einem Marinelazarett in Pommern. Nach der Entlassung geht er nach Varel bei Wilhelmshaven und versucht, als Künstler zu überleben.

Wie kommt Berger-Bergner nach Mannheim? Lange ging ich davon aus, dass der Kontakt über Christoph Andritzky kam und sich beide aus Dresden kannten. Aber nach Mannheim holt ihn Adal-

Abb. 22
Blick in das Atelier von Uta Dorra
2012
Foto: Künstlernachlässe Mannheim

Abb. 23
Paul Berger-Bergner in seinem Atelier
Foto: Aus „Paul Berger-Bergner und seine Schüler" (1979)

bert Schumacher/Cherlé, ein Freund aus Dresdner Tagen. Zuerst versucht Schumacher Berger-Bergner dafür zu gewinnen, an einer Kunstschule in Köln zu unterrichten. Aber Köln findet Berger-Bergner zu zerstört – und eigentlich will er gar nicht unterrichten: Er will malen.

Trummer und Schumacher können ihn dann dafür gewinnen, 1947 nach Mannheim zu kommen. Und so wird er Leiter der Mal- und Zeichenklassen an der Freien Akademie (Abb. 24). Er ist ein phantastischer Lehrer und bei den Schülern sehr beliebt: „Er gab nicht nur Mal- und Zeichenunterricht, er vermittelte Lebenserfahrung."[51]

Als Karl Trummer 1957 unerwartet stirbt, überreden seine Schüler Berger-Bergner, die Leitung der Akademie zu übernehmen, damit diese nicht geschlossen wird.[52] 1964 gibt er die Leitung wieder ab, um sich nur noch dem Unterricht zu widmen. Er stirbt am 17. Juli 1978 in Mannheim.

Abb. 24
Paul Berger-Bergner erklärt seine Arbeiten in einer Ausstellung im Gartensaal des Reiß-Museums.
1974
Foto: Sammlung Bohnert und Neusch, StadtA MA - ISG

Christian Lindow – Untermieter bei Berger-Bergner

Christian Lindow ist 1945 in Altenburg/Thüringen (ehemalige DDR) geboren. Er verlässt 1961 die DDR und besucht von 1962 bis 1965 die Bildhauerklasse der Werkkunstschule in Mannheim, die Nachfolgerin der Freien Akademie. Er nutzt zeitweise einen Teil des Ateliers von Berger-Bergner. 1964 lernt er in Paris den Berner Künstler Herbert Distel kennen, zieht Ende der 1960er endgültig nach Bern und arbeitet dort insbesondere im plastischen Bereich. Er beginnt in den 1970ern zu malen und zu zeichnen. Er stirbt 1990 nach einem Unfall. In der Schweiz ist Christian Lindow relativ gut bekannt.[53]

1969 ist Lindow auf der documenta IV vertreten und führt mit anderen Künstlern eine Aktion/Happening durch (Abb. 25 und 26), bei der es um die Wahrnehmung von Bewusstseinsprozessen geht: Mehrere Künstler machen an verschiedenen Standorten in Europa zur gleichen Zeit entsprechende Handbewegungen und fordern das Publikum auf, mitzumachen.

Robert Ruthardt

Robert Ruthardt (geb. 1923) ist von 1974 bis 1983 Rektor an der Fachhochschule für Gestaltung. Er mietet das Atelier im 4. Obergeschoss von 1978 bis 1982. Ob er dort auch künstlerisch gearbeitet hat, ist unklar. Das Atelier wurde wohl hauptsächlich von seiner Tochter als Studentenwohnung genutzt bzw. als Besucherunterkunft. Als Susanne Räuchle in einem Artikel im Mannheimer Morgen auf diesen Sachverhalt hinweist[54], kündigt Ruthardt 1982 und Norbert Nüssle übernimmt das Atelier. Ab 1985 ist Ruthardt als Professor am Institut für Kommunikationsdesign an der Fachhochschule Konstanz tätig. Er stirbt 2006.

Norbert Nüssle

Norbert Nüssle, 1932 in Heidelberg geboren, ist den meisten Mannheimern bekannt durch seine Collagen, mit denen er die Plätze der Stadt vor ihrem Verschwinden authentisch und topographisch exakt festgehalten und porträtiert hat (Abb. 27). Er studiert ab 1952 Romanistik in Heidelberg, Paris

Silvia Köhler

und Lille. Seit 1951 etwa malt und zeichnet er als Autodidakt. 1963 lässt er sich in Mannheim nieder und lehrt als Studienrat an einem Gymnasium Latein und Französisch. Seine große Liebe gilt Frankreich – er verbringt quasi sein halbes Leben in der Bretagne und stellte sie auch auf vielen Bildern dar.

Am Ende seines Lebens hat ihn auch die Sternwarte künstlerisch beschäftigt. Wenn es ihm einigermaßen gut ging, hat er sich bei schönem Wetter mit Rollator und Begleitung aufgemacht, hat fotografiert und Papier, Zeitungsfetzen und anderes Material rings um die Sternwarte gesammelt. Im Atelier hat er ihr Äußeres dann in einer typischen Nüssle-Collage eingefangen (Abb. 28). Norbert Nüssle ist 2012 in Mannheim gestorben.[55]

Ruth Hutter

Ruth Hutter, 1965 in Ludwigshafen geboren, ist die jüngste Künstlerin im Turm. Sie übernimmt das Atelier im 4. Obergeschoss 2004 von Nüssle und zieht 2011 wieder aus. Sie ist in der Region bekannt durch ihre Foto- und Videoarbeiten und als künstlerische Leiterin des Kurzfilmfestivals „Girls go Movie“.

In ihren Arbeiten beschäftigt sie sich häufig mit Problematiken der Kommunikation in der Medienwelt und deren Einflüsse auf Kultur und Individuum. Das eigene Gesicht, zum Teil durch digitale Veränderungen bis zur Unkenntlichkeit verfremdet (Abb. 29), ist ein typischer Bestandteil ihrer künstlerischen Arbeit. Dieses Spiel mit den Identitäten ist auf subtile Weise irritierend und überrascht durch Brüche und unerwartete Wendungen.

In einem Gespräch ist sie auf den Einfluss des Ateliers auf ihre Arbeiten eingegangen. Der Turm ist nie Motiv geworden, bzw. das Atelier wurde nie sichtbar im Motiv. Sie beschreibt das Atelier auch eher als suboptimal, weil es keine großen Wände gibt und sie so zu eher kleinen Arbeiten gezwungen ist. Andererseits beschreibt sie den Blick in den Himmel und die Sonnenuntergänge als phantastisch, sie hat unzählige Aufnahmen davon gemacht. Und sie hat den Turm als „Elfenbeinturm“ wahr-

Abb. 25 und 26
Eine Arbeit von Christian Lindow (links) und Lindow bei seiner Aktion auf der documenta IV 1968 (rechts)
Fotos: Geißler-Archiv, Speyer, Mappe K631/Künstlernachlässe Mannheim

Abb. 27 (unten)
Nüssle 1987 auf dem Platz N1 vor dem Stadthausbau beim Entwurf seiner Arbeit „Mannheim N1“, heute im Ratssaal
Foto: Künstlernachlässe Mannheim

Abb. 28
Sternwartencollage von Norbert Nüssle
Foto: Künstlernachlässe Mannheim

genommen: Wenn man dort gearbeitet hat, „war man weg", nicht erreichbar und „für sich". Einen so ungestörten Zustand hatte sie vorher in Berlin, wo Wohnung und Atelier eins waren, nicht.[56]

Abb. 29
Ruth Hutter bei der Entstehung der Arbeit „Bad Artist" zur Ausstellung „Fremde Welten" in der Kunsthalle Mannheim 2008
Die Arbeit entstand in ihrem Atelier in der Sternwarte.
Foto: Ruth Hutter

## Das 5. Obergeschoss

### Hans Nagel

Hans Nagel zieht 1958 nach der Renovierung der Alten Sternwarte in das 5. Obergeschoss. Ein Foto im „Mannheimer Morgen" zeigt ihn inmitten seiner plastischen Arbeiten.[57] Allerdings hat er in diesem Atelier nie bildhauerisch gearbeitet, dazu nutzt er den Anbau an der Sternwarte und ab 1963 ein Atelier bei der Firma Knauer Stahlbau auf der Friesenheimer Insel. Dort kann er wesentlich besser arbeiten (Abb. 30 und 31).

Nagel ist 1926 in Frankfurt/M. geboren. Seine Familie zieht 1928 nach Heidelberg. 1940 bis 1944 ist er Schüler von Will Sohl und beginnt nach dem Besuch einer Malklasse an der Kunstakademie München als Autodidakt bildhauerisch zu arbeiten. Seine ersten, figürlichen, Plastiken entstehen 1949 aus Holz, Gips oder Sandstein. 1953 zieht er mit Frau und Kind nach Mannheim. 1958 bekommt er einen Lehrauftrag an der Freien Akademie und wird 1960 Leiter der Grundausbildung. 1969 bis 1973 wird er Leiter der Abteilung „freies Gestalten" und „plastisches Gestalten" an der Werkkunstschule. 1962 zieht er zurück nach Heidelberg-Ziegelhausen und gibt das Atelier in der Sternwarte auf. Durch das Engagement von Gustav Seitz ist er 1965/66 Gastdozent an der Hochschule für Bildende Künste in Hamburg.1973 geht er nach Berlin an die Staatliche Hochschule für Bildende Kunst.

Von Hans Nagel gibt es in Mannheim 17 Arbeiten im öffentlichen Raum.[58] 1955 erhält er von der Stadt Mannheim seinen ersten öffentlichen Auftrag, die Plastik „Mutter und Sohn" aus Sandstein in der Ochsenpferchsiedlung (Mannheim Neckarstadt-West). Nicht immer sind seine späteren abstrakten Arbeiten unumstritten. Die Diskussion um eine Arbeit aus Eisenschrott gibt sehr schön den Zeitgeist und die Debatte um figurative und abstrakte Kunst in den 1950er Jahren wieder. Es ist eine Montage aus Eisenschrott von 1964, die „Zwei große Formen" heißt[59] und sich am Ende der Speyrer Straße im Zugang zum Waldpark befindet.

Sie wird im April 1965 aufgestellt. Kurz nach der Ausstellung mit Arbeiten von Hans Nagel vom 12. Februar bis zum 14. März 1965 in der Kunsthalle Mannheim einigt sich der Kunstbeirat der Stadt Mannheim auf den Ankauf der Plastik zum Preis von 12.000 DM. Sämtliche Zeitungen Mannheims und der Umge-

bung berichten sachlich darüber, die meisten Artikel heben hervor, dass dies die erste abstrakte Arbeit sei, die im öffentlichen Raum aufgestellt worden ist. Es kommt zu Leserbriefen, die eine rege Kontroverse eröffnen, die über Monate hinweg öffentlich ausgetragen wird. Sie kommt erst zur Ruhe, als Heinz Fuchs, der Direktor der Kunsthalle, im Juli 1965 in einem offenen Brief Stellung bezieht. Die Wellen der Empörung verflachen aber erst 1968. Nagel stirbt 1978 mit nur 52 Jahren.

Edgar Schmandt

Edgar Schmandt übernimmt das Atelier, in dem er auch noch heute arbeitet (Abb. 32), 1963 von

Abb. 30 (links oben)
Hans Nagel mit seinem Assistenten Herbert Halberstadt bei der Firma Knauer
1968
Foto: Robert Häusser

Abb. 31 (rechts oben)
Fotomontage mit einer Röhrenplastik von Hans Nagel, im Hintergrund ist die Sternwarte zu sehen.
Ca. 1970
Foto: Robert Häusser

Abb. 32 (unten)
Edgar Schmandt in seinem Atelier im 5. Obergeschoss der Sternwarte
1982
Foto: Künstlernachlässe Mannheim

Hans Nagel. Schmandt ist 1929 in Berlin geboren und kommt 1956 nach Mannheim. Er ist einer der bekanntesten Künstler hier und gehört zur ersten Generation der Mannheimer Künstler der Nachkriegszeit, so wie Rudi Baerwind, Fred Emmerich, Manfred Kieselbach und Walter Stallwitz. Er ist ein Grenzgänger zwischen figürlicher und informeller Malerei, sein Werk wurde mit vielen Stipendien und Preisen ausgezeichnet. Er ist Mitglied des Deutschen Künstlerbunds. Auch von ihm gibt es in der Region zahlreiche Arbeiten im Bereich Kunst am Bau, vor allem Wandarbeiten in Schulen, Sportanlagen und öffentlichen Gebäuden – die Liste ist lang.

**Schlussbemerkung**

Mit der Nutzung der Räume in der Sternwarte als Ateliers lässt sich ein interessantes Stück Geschichte in Mannheim im 20. Jahrhundert zeigen. Diese Menschen prägen mit ihrem Werk, aber auch mit ihrem Leben in dieser Stadt ein Stück Kulturgeschichte und tragen somit zur kulturellen Identität Mannheims und der Region bei.

**Künstlernachlässe Mannheim**

Die Institution „Künstlernachlässe Mannheim", deren Vorstand die Autorin ist, kümmert sich um die Werke von Mannheimer Künstlern und Künstlerinnen, die es wert sind, aufbewahrt zu werden. Dazu gehören die Nachlässe

- Gabriele Dahms (1944-1999)
- Hans Graeder (1919-1998)
- Norbert Nüssle (1932-2012)
- Peter Schnatz (1940-2004)
- Franz Schömbs (1909-1976)
- Ilana Shenhav (1931-1986)
- Will Sohl (1906-1969)
- Trude Stolp-Seitz (1913-2004)

und die Teil-Vorlässe

- Elisabeth Bieneck-Roos (*1925)
- Herbert Halberstadt (*1935)
- Alice Richter-Lovisa (1911-1999)

Künstlernachlässe Mannheim, c/o Mannheimer Kunstverein
Augustaanlage 58, 68165 Mannheim
Telefon +49 (0)621 40 22 08, Telefax +49 (0)621 44 22 47
info@kuenstlernachlaesse-mannheim.de, www.kuenstlernachlaesse-mannheim.de

1 Über weitere Hinweise und Quellen freuen wir uns: info@kuenstlernachlaesse-mannheim.de.

2 Dem Stadtarchiv Mannheim danke ich für die phantastische Unterstützung. In den Akten dort habe ich viele Informationen gefunden. Auch ein großer Teil der Fotografien stammt aus dessen Bestand. Manfred Rinderspacher hat mir aus seinem Archiv ebenfalls Bilder zur Verfügung gestellt. Unerlässlich für die Recherche war das Geißler-Archiv im Landesbibliothekszentrum Rheinland-Pfalz, Speyer, eine Fundgrube zu Künstlern aus der Region. Zudem führten mich viele Privatpersonen immer wieder auf neue Spuren und überließen mir persönliche Dokumente. Danke auch dafür. Ich bin mir dessen bewusst, dass es für Zeitzeugen nicht immer einfach ist, wenn jemand in den „alten Geschichten" gräbt.

3 Eine prägnante Zusammenfassung über Henselmann und die „Freie Akademie Mannheim" findet sich bei Präger (2011).

4 Neue Mannheimer Zeitung vom 10. 2. 1938.

5 Zeichnungen und Fotos zu dieser Expedition befinden sich im Frobenius-Institut an der Universität Frankfurt.

6 Die Wolfsangel, Beilage für Heimatkunde und deutsche Kultur des Mannheimer Tageblatt/ Badischer General-Anzeiger, Nr. 26, 5. 8. 1928.

7 StadtA MA - ISG, S1/2211.

Silvia Köhler

8 Generalanzeiger vom 17.10.1908.

9 Neue Mannheimer Zeitung vom 10.2.1938.

10 Auch aus den Meldeunterlagen des Stadtarchivs Mannheim geht hervor, dass Carl Trummer schon 1931/1932 in Mannheim und Ludwigshafen gelebt hat. StadtA MA - ISG, Historische Meldekartei, Karte von Karl Trummer, geb. 17.10.1906.

11 Lt. Meldeunterlagen meldet er sich am 29.11.1940 zum Militär ab und kehrt 14 Tage später, am 13.12.1940, schon wieder zurück.

12 Fritsche (2013) S. 535.

13 Merkel (2004) S. 85/86.

14 StadtA MA - ISG, Signatur 37159 und S2/486.

15 Stadler (2012).

16 Siehe Budde (2006) S. 165.

17 Der künstlerische Nachlass von Franz Schömbs ist den Künstlernachlässen Mannheim übergeben.

18 StadtA MA - ISG, Historische Meldekartei, Karte von Franz Schömbs, geb. 29.5.1909.

19 Der filmische Nachlass aus den Jahren nach 1945 von Franz Schömbs befindet im Deutschen Filminstitut - DIF e.V. / Deutsches Filmmuseum Frankfurt.

20 Anneliese Schömbs: Mietvertrag vom 5.8.1947.

21 StadtA MA - ISG, Zug. 1/1967, Nr.15.

22 Tagebücher Franz Schömbs, 1947 in Besitz von Frau Schömbs, Mannheim.

23 Hanns Heinrich Palitzsch ist als Maler Autodidakt und als Bühnenbildner tätig. Er kommt aus Dresden, lebt ab 1951 in Mannheim und lehrt an der Freien Akademie Bühnenbild.

24 Broschüre Mannheimer Quadrat, 1952.

25 Rhein-Neckar-Zeitung Nr. 148 vom 28.6.1954. Der Artikel benennt Franz Schwender als Verwalter und Pächter der Sternwarte.

26 Stallwitz (1992) S. 6/7.

27 StadtA MA - ISG, Historische Meldekartei, Karte von Franz Adalbert Schumacher, geb. 13.10.1908.

28 StadtA MA - ISG, Zug. 4/1993, Nr.2074.

29 Hanns Heinrich Palitzsch, der seit 1951 an der freien Akademie Bühnenbild unterrichtet, soll dieses Atelier eigentlich bekommen. Palitzsch wohnt dann, bis er 1955 an das Landestheater Linz geht, in seinem Atelier im Schloss.

30 Aus heutiger Sicht scheint es, als nutzt das Ehepaar ihre unterschiedlichen Namen bewusst, um im Ungenauen zu bleiben. In den Adressbüchern der Stadt Mannheim sind sie immer unterschiedlich gemeldet. 1947: Lennartz-Cherle, Dora, 1948: kein Eintrag, 1949-51: Cherle Albert und Lennartz-Cherle; 1952/1953: sind beide nicht aufgeführt; 1954: nur Cherle, A.J, academischer Maler (kein Eintrag für die Frau); 1955: Albert Schuhmacher (kein Eintrag für die Frau); 1956: Schuhmacher, Albert, Kunstmaler und seine Frau als Dora Schumacher; 1958 kein Eintrag.

31 StadtA MA - ISG, Zug. 1/1967, Nrn. 10,11,12,14.

32 Rhein-Neckar-Zeitung Nr. 177 vom 5.8.1958.

33 Andritzky, geb. 9.05 1905. Er hat Jura studiert und über Filmurheberrecht promoviert. 1934 ist der Syndikus und Leiter der Personalabteilung einer Dresdner Tabakfirma. Als Rechtsanwalt betätigt er sich auf dem Gebiet Theater- und Kunstrecht. Zusätzlich ist er Lehrbeauftragter an der Hochschule für Werkkunst, an der Akademie der bildenden Künste und der Akademie für Musik und Theater. Während des Kriegs ist seine Wohnung in Dresden, Zufluchtsort für viele Künstler. Er ist im Kunstleben in Dresden sehr gut vernetzt und das ist sicher auch der Grund, warum nach 1945 einige Dresdner Künstler (Paul Berger-Bergner, Peter Palitzsch u.a.) nach Mannheim kommen. Andritzky kommt 1950 nach Mannheim als juristischer Mitarbeiter und Referent für Theaterangelegenheiten im Kulturdezernat und ist von 1952 bis 1962 Leiter des Kulturreferats. StadtA MA - ISG, Nachlass Andritzky, Christoph.

34 Für die Möglichkeit der Einsicht der Akten zu den Mietern ab 1958 beim Immobilienmanagement der Stadt Mannheim bedanke ich mich herzlich: Nur so war es möglich, die Belegung lückenlos nachzuweisen.

35 Wolf Magin und Paul Berger-Bergner hatten bereits 1957 schriftlich um ein Atelier in der Sternwarte angefragt. Wolf Magin taucht auch in einigen Zeitungsartikeln als Bewohner auf, aber es ist momentan nicht eindeutig geklärt, ob er dort ein Atelier hatte.

36 Der Mietvertrag beginnt im Mai 1964. Die Restauratoren bleiben dort bis zum 1.12.1983.

37 Geißler-Archiv, Landesbibliothekszentrum Rheinland-Pfalz, Speyer, Mappe K546.

38 Geißler-Archiv, Mappe K546, Mannheimer Morgen vom 11.1.1971.

39 Neben Hans Nagel ist Gerd Dehof mit seinen Arbeiten am häufigsten im öffentlichen Raum in der Region vertreten.

40 Geißler-Archiv, Landesbibliothekszentrum Rheinland-Pfalz, Speyer, Mappe K125 und StadtA MA - ISG, S1/4717.

Adresse A 4, 6 – Künstler in der Alten Sternwarte

41 Gerd Dehof ist der Nachfolger von Karl Trummer, als dieser 1957 unerwartet stirbt.

42 Bereits 1957 beginnt in der Stadtverwaltung eine Diskussion um das Wohnen in den Ateliers. Nach den Erfahrungen mit Adalbert Schuhmacher und Franz Schömbs möchte die Stadt keine Familien mehr in den Räumen, ist aber nicht grundsätzlich dagegen, wenn die Künstler allein darin wohnen, da Wohnraum in der Stadt knapp ist.

43 Mit Kunst am Bau wird eine Verpflichtung insbesondere des Staates als Bauherrn verstanden, aus seinem baukulturellen Anspruch heraus einen gewissen Anteil – meist um die 1 % – der Baukosten öffentlicher Bauten für Kunstwerke zu verwenden. Mit dem vergrößertem Bauvolumen der 1960er Jahre gewann die Regelung zur Kunst am Bau in der Bundesrepublik auch unter wirtschaftlichem Aspekt mehr Relevanz.

44 Geißler-Archiv, Landesbibliothekszentrum Rheinland-Pfalz, Speyer, Mappe K236 und StadtA MA - ISG, S1/4248.

45 Das bedeutet aber nicht, dass es in Mannheim nach 1945 keine wichtigen Künstlerinnen gab, sie hatten nur keine öffentlich geförderten Ateliers und arbeiteten hauptsächlich in ihrem Zuhause.

46 Der Begriff bezeichnet deutsche bildende Künstler, Musiker und Literaten der Jahrgänge zwischen 1890 und 1914, die in der Weimarer Zeit bereits hervorgetreten waren bzw. ihre Ausbildung beendet hatten und durch die Vorgaben zur Kunst im Nationalsozialismus an ihrer Wirkung gehindert wurden.

47 Einem Konzert- und Galeriengebäude am rechten Ufer der Moldau in der Prager Altstadt. 1876-84 errichtet und damals die einzige öffentliche Galerie in Prag. Nach der Gründung der Tschechoslowakei 1920 wird es zum Abgeordnetenhaus.

48 Hodin (1974): Paul Berger-Bergner; S. 16.

49 Ein Freund der Familie, Dr. Heinrich Rauchberg, sammelt für ein Studium in der deutschen Kolonie in Prag. Hodin (1974), Paul Berger-Bergner, S. 18.

50 Hodin hat 1969 in seinem Künstlerroman „Die Brühlsche Terasse" dieses harte Leben der Künstler nach dem Ersten Weltkrieg in Dresden eindrucksvoll beschrieben.

51 „Berger-Bergner war Maler mit derselben Natürlichkeit, mit der er auch Schiffsschlosser oder sonst was gewesen wäre. Berger war sarkastisch, frei, sensibel. Von den Lehrern der Freien Akademie war er derjenige, der sich am meisten so benahm, wie sich ein erwachsener Mensch günstigen Falls benimmt....." – dieses Zitat von Anneliese Overbeck beschreibt ihn treffend. Aus: Berger-Bergner und seine Schüler (1979).

52 Aber Kokoschka, Heckel und Dix reden ihm angeblich zu, diese Pflicht der Jugend gegenüber zu erfüllen. Hodin, S.46. Beim Ableben Trummers hat die Schule angeblich nur noch vier Schüler, aber ein halbes Jahr später wieder 60 und später sogar 120 Schüler.

53 SIKART - Lexikon zur Kunst in der Schweiz. www.sikart.ch.

54 Mannheimer Morgen vom 7.1.1982.

55 Sein künstlerischer Nachlass befindet sich bei den Künstlernachlässen Mannheim, sein schriftlicher Nachlass im Stadtarchiv Mannheim.

56 Interview vom November 2012.

57 Mannheimer Morgen Nr. 38 vom 16.2.1959.

58 Daniel Nagel und Dr. Jochen Kronjäger, 2010.

59 Bee, Andreas (1996): Hans Nagel, S. 88.

Literatur

Bee, Andreas (1996): Hans Nagel das plastische Werk, Mannheim

Budde, Kai (2006): Sternwarte Mannheim. Die Geschichte der Sternwarte Mannheim 1772 – 1880, Ubstadt-Weiher

Fritsche, Christiane (2013): Ausgeplündert, zurückerstattet und entschädigt. Arisierung und Wiedergutmachung in Mannheim, Ubstadt-Weiher

Hodin, Josef Paul (1969): Die Brühlsche Terasse, Hamburg

Hodin, Josef Paul (1974): Paul Berger-Bergner – Leben und Werk, Hamburg

Merkel, Ursula (2004): Die Malerei ist tot – es lebe die Malerei, 150 Jahre Kunstakademie Karlsruhe – die Professoren von 1947 - 1987, Karlsruhe

Paul Berger-Bergner und seine Schüler (1979), Städt. Kunsthalle Mannheim

Präger, Christmut (2011): „Zeitgemäße Formensprache" und „Praktischer Sinn". Albert Henselmann und die ‚Freie Akademie Mannheim', in Jung (Hrsg.): Weimar 1919 – 1933. Aufbruch und Niedergang einer Kulturepoche. Ihre Auswirkungen auf die Stadt Mannheim und die Metropolregion

Stadler, Jonny: Heilung nach dem Brandanschlag; in Restauro 2012 oder http://www.restaurierung-stadler.de/content/e23/index_ger.html

Stallwitz, Walter (1992): Gemälde und Zeichnungen, Städt. Kunsthalle Mannheim

Rosmarie Günther

# Die Mannheimer Sackträger

Sackträger (Abb. 1) sind meist an Warenumschlagplätzen zu verorten, seien es Märkte wie z. B. in Herdegen oder an Häfen wie z. B. in Neuss, Frankfurt oder Mannheim. Sie wurden gebraucht, um Waren von Wagen oder Schiffen auf- oder abzuladen und zu befördern. Ihre erste Erwähnung für Mannheim findet sich in den „Instruktionen für Sackträger auf dem Fruchtmarkt" von 1789.[1]

Die günstige Lage Mannheims zwischen Rhein und Neckar ließ die Stadt schon früh zu einem Warenumschlagplatz aufsteigen. Aus dem Odenwald über den Neckar kamen Steine und Holz, die zum Teil bis in die Niederlande gebracht wurden. In Mannheim wurde das Holz angelandet und umgebunden. Das gab ausgebildeten Flößern und Vorderleuten im 18. und 19. Jahrhundert Arbeit und Brot, wenn sie mobil waren.[2] Vor Ort aber arbeiteten die Sackträger, die vor allem gebraucht wurden, als der Landesproduktenhandel mit Getreide, Tabak, Krapp und Wein in Schwung kam. 1808 wurde Mannheim zum Neckarstapel erklärt, das heißt, alle Waren, die per Schiff kamen, auf- wie abwärts, mussten umgeladen werden. Als 1827 die badische Landesregierung den Neckarstapel aufhob[3], wurde 1828 Ersatz geschaffen durch die Erklärung zum Freihandelshafen, was die Mainzer Akte von 1831 bestätigte. Dies bedeutete den Erlass aller Ein- und Ausgangszölle für Waren aus oder nach den Niederlanden, keine generelle Zollfreiheit. Auch das Aufkommen der Dampfschifffahrt förderte die Entwicklung und machte den Bau eines neuen Hafens notwendig, der 1840 eingeweiht wurde.[4]

Zu dieser Zeit dürften die Sackträger in der westlichen Unterstadt, der Filsbach, gewohnt haben. Sie galten grundsätzlich als friedliche Leute, die wenig Streit miteinander hatten. Bei der gründerzeitlichen Stadterweiterung um 1870 entstand der Stadtteil Jungbusch, ursprünglich Allmendeland, das 1606 den Bewohnern des Dorfes Mannheim zugewiesen worden war.[5] Der Jungbusch umfasst noch heute das Wohngebiet zwischen dem Luisenring, der Hafenstraße bzw. dem Neckar und dem Handelshafen. Dieser wurde in den Folgejahren ständig erweitert, schon 1845 mit dem Kohlehafen, 1875 dem Mühlauhafen und schließlich Anfang des 20. Jahrhunderts mit dem Industriehafen nördlich des Neckars.[6] So beherrschten im Jungbusch bald die Sackträger das Straßenbild.

Eine gute Beschreibung dieses Stadtteils bietet Nora Noé in ihrem Roman „Mitten im Jungbusch"[7]. Dort heißt es zu den Sackträgern: „Sackträger waren in der sozialen Hackordnung ganz unten angesiedelt und viele von diesen ‚starken' Männern aus einfachen Verhältnissen gebärdeten sich auch ihrem Ruf entsprechend. So arbeiteten viele mit nacktem Oberkörper und kurzem Bein-

Abb. 1
Die Skulptur „Der Sackträger" (1982) stammt von Gerd Dehof und steht im Jungbusch an der Ecke Beil- und Böckstraße.
Foto: Rosmarie Günther

kleid. Dies wurde von den anständigen Bürgern als sittenwidriges Auftreten gewertet, besonders dann, wenn die Sackträger unter dem Einfluss von Alkohol grölend durch den Jungbusch zogen und ihr ‚Sackträger-Lied' sangen."[8]

Die Arbeitszeiten der Sackträger regelten sich durch die Öffnungszeiten des Hafens zwischen sechs Uhr morgens und sieben Uhr abends mit ein oder zwei Ruhestunden. Oft wurden aber auch Überstunden gemacht, wenn ein Schiff noch in der Nacht abgefertigt werden musste. Verantwortlich für die Hafenarbeiter waren die Oberspanner (Akkordanten), die mit dem Großherzoglichen Zollamt im Vertrag standen. Sie stellten die Sackträger, die im Tagelohn arbeiteten, ein. Verdient wurde prinzipiell nicht schlecht, nämlich zwischen 40 und 50 Kreuzern pro Tag, was etwa dem Preis von drei Pfund Schweinefleisch entsprach. Aber die Arbeit war unregelmäßig, weil sie sich nach dem Bedarf richtete, und außerordentlich hart. An Sonn- und Feiertagen durfte nicht gearbeitet werden, was völligen Lohnausfall bedeutete. Ließen sich die Sackträger etwas zu Schulden kommen, konnten sie ohne Begründung sofort aus dem Arbeitsverhältnis entlassen werden.

Ein Zeitzeuge[9] berichtet davon, dass die Sackträger grob, derb und ordinär gewesen seien und dafür bekannt, „daß, se alles versoffe hawwe, was grad verdient worre is". Sie mußten „hart schaffe, hawwe viel verdient un hawwe dann in de Wirtschaft es Abendmahl eingnomme morgens um halbacht schon".[10] Das Abendmahl war ein spezieller Ausdruck der Sackträger für „trinken". So konnten zu einem Frühstück schon zwei bis drei Schweinsrippchen mit Kraut und zwei Stein Bier weggeputzt werden.[11]

Abb. 2
Der Bildhauer
Gerd Dehof
Foto: Privatbesitz

In Folge entstanden in der zweiten Hälfte des 19. Jahrhunderts zahlreiche Schankkneipen im Jungbusch. Legendär wurden um die Jahrhundertwende die Wirtshaustouren der Sackträger, die nicht selten in Ruhestörung und Schlägereien endeten.

„Zu dieser Zeit waren sie tatsächlich ein eigenes Völkchen mit speziellem Selbstverständnis, eine lose Gilde, die sich zunehmend von den knechtenden Akkordanten unabhängig gemacht hatte. Mit kurzem Beinkleid und nacktem Oberkörper buckelten sie des Sommers die Säcke in die Schiffe oder ans Land."[12] Bezeugt wird auch, dass sie einen eigenen Dialekt gesprochen hätten, nämlich sehr hoch und mit zahlreichen jiddischen Wörtern.[13] Viele ihrer Arbeitgeber waren Juden, die in Mannheim im Getreide- und Tabakhandel führend waren.

Das Ende für diese Berufsgruppe kam mit der Einführung der maschinellen Entladung mittels Kränen und Spillanlagen in den dreißiger Jahren des 20. Jahrhunderts.[14] Die Sackträger begannen aus dem Viertel zu verschwinden. Was blieb, waren die Kneipen, die sich recht bald in Bars verwandelten. Ein prosperierendes Rotlichtmilieu einschließlich Straßenstrich zeichnete nun den Stadtteil aus. „In den Jungbusch gehen" wurde zum stehenden Begriff für die Schiffer, aber auch für die nach dem Krieg in Mannheim stationierten Amerikaner.

Da der Stadtteil nach dem Zweiten Weltkrieg weitgehend unzerstört geblieben war, wurden hier zunächst ausgebombte Mannheimer und Flüchtlinge untergebracht. Die Häuser blieben weitgehend unsaniert. So siedelten sich ab den sechziger Jahren zuerst italienische und griechische Gastarbeiter an, später kamen Türken dazu, und heute kann man zahlreiche Südosteuropäer beobachten. Die Zahl der deutschen Bewohner sank, während die der ausländischen Bewohner zum Beispiel 1981 um 10,4% stieg. Der Anteil der Arbeiter unter den Einwohnern ist in keinem Stadtteil Mannheims so hoch, nämlich aktuell 72%.

Rosmarie Günther

Um zu einer eigenen Stadtteilidentität zurückzufinden, gründete man einen „Bewohnerverein Jungbusch", der 2009 sein 25-jähriges Jubiläum feierte. Er verleiht auch den Sackträgerpreis an Menschen, die sich um diesen Stadtteil verdient gemacht haben. Auch das 1986 begründete „Gemeinschaftszentrum Jungbusch" sollte hier genannt werden.

Da die Mieten niedrig sind, haben sich auch Künstler und Studenten hier angesiedelt. 2013 wurde der zehnte „Nachtwandel" veranstaltet. Eine Berliner Fotografin bringt es auf den Punkt: „Hier hat man keine Berührungsängste, es ist angenehm nahbar."[15]

Daneben gibt es einen Karnevalsverein „Die Mannemer Sackträger", deren Orden von 1997 die Inschrift trägt: „Bei uns sind die Kleinsten die Größten".

Im gleichen Geist errichtete man ein Sackträgerdenkmal, geschaffen von dem Mannheimer Bildhauer Gerd Dehof (Abb. 2), das im Dezember 1982 eingeweiht werden konnte. Es steht an der Ecke Beil- und Böckstraße und wurde zum Symbol einfacher, schwer arbeitender Menschen nicht ohne Selbstbewusstsein, die einst diesem Stadtteil ihr Gesicht gaben.

Das „Mannemer Sackträgerlied", das bei Vereinsfeiern und Männersaufgelagen immer noch oder heute wieder gesungen wird, fasst unsere Erkenntnisse über die Mannheimer Sackträger gut zusammen:

**Sackträgerlied – die Stromer**

Ja, mir sin die Stromer, die des Mannemer Trottoir ziere.
Ja, mir sin die Stromer, wie mer lewe, wie mer sterbe
Mit der Batschkapp im Genick.

In Mannem uff de Brick
mit de Batschkapp im Genick
mit de englisch ledderne Hose
Do sescht de Franz zum Nick,
her, geb ma mol en Schick (Stück Kautabak)
sunscht muss ich dir uff dein Griewehals nuff stoße

Refrain: Ja, mir sin....

Hamer nix mer druff,
dass es langt fer in de Puff[16]
gehn mer nunner in de Hafe,
scheppe Kohle.
Hammer finf Stund geschafft,
hammern zehner in de Tasch,
ja so is es bei de Mannemer Sackträgerschaft.

Refrain: Ja, mir sin....

1 Hanspeter Rings: Mannheim auf Kurs. Hafen- und Schifffahrtsgeschichte der Stadt an Rhein und Neckar, Mannheim 2003, S. 175.

2 Für das Folgende s. Rings passim.

3 Friedrich Walter: Mannheim in Vergangenheit und Gegenwart, Frankfurt 1978 (ND der Ausgabe von 1907), S. 167f.

4 Ebenda S. 213ff.

5 Der Brockhaus Mannheim – 400 Jahre Quadratestadt, ‚Jungbusch/Mühlau', Leipzig, Mannheim 2007, S. 157.

6 Siehe dazu Ulrich Nieß und Michael Caroli: Geschichte der Stadt Mannheim, Band 2, Ubstadt Weiher 2007, S. 441f.

7 Karlsruhe 2007.

8 Ebenda S. 152f.

9 Siehe W. Kallmeyer(Hrsg.): Ethnographien von Mannheimer Stadtteilen. Kommunikation in der Stadt Teil 2, Berlin 1995.

10 Ebenda S. 70.

11 Rings, wie Anm. 1, S. 175.

12 Ebenda S. 176.

13 Kallmeyer, wie Anm. 9, S. 71.

14 Esther Baumgärtner: Lokalität und kulturelle Heterogenität, Bielefeld 2009, S. 84.

15 Vera Kern, Mannheim Jungbusch - ein Viertel im Aufbruch. http:// dw.de/18Hoe [4. Dezember 2013].

16 Variante: „fer en Suff"; auch sonst wird das Lied variantenreich gesungen.

Harald Stockert

# Alte Bücher dauerhaft gesichert
## Innovative Bestandserhaltungskonzepte im Stadtarchiv Mannheim - Institut für Stadtgeschichte (ISG)

Abb. 1
Jürgen Bichelmeier (Geschäftsführer Rack & Schuck, links) und Dr. Harald Stockert (Stadtarchiv Mannheim - ISG, rechts) vor den neu entwickelten, großformatigen Archivkartons
Foto: StadtA MA - ISG 2012

Dass Archivgut die Zeiten dauerhaft und unbeschadet übersteht, ist keine Selbstverständlichkeit. In früheren Jahrhunderten wurden etwa durch Kriegsereignisse immer wieder wertvolle historische Unterlagen vernichtet – so im Falle Mannheims zuletzt im Zweiten Weltkrieg: 1943 fielen große Teile des Stadtarchivs, damals im Kaufhaus in N 1 untergebracht, einem Luftangriff zum Opfer. Lediglich ausgelagerte Unterlagen wie die äußerst wertvollen Ratsprotokolle sowie solche, die zu diesem Zeitpunkt in anderen Gebäuden verwahrt wurden, konnten gerettet werden.

Doch auch aktuell ist historisches Kulturgut in Deutschland keineswegs ungefährdet. Zwar sind es – Gottlob! – nicht mehr Kriege, die es bedrohen; umso mehr erwächst aus Umweltkatastrophen und menschlicher Fahrlässigkeit neues Gefahrenpotenzial. Dies wurde gerade im vergangenen Jahrzehnt in trauriger Weise unter Beweis gestellt und auch ins Bewusstsein der Öffentlichkeit gerufen. 2002 überflutete das Elbhochwasser mehrere Archive in Sachsen, darunter das bedeutende Bildarchiv der Sächsischen Zeitung; zwei Jahre später zerstörte ein Brand mehr als 50.000 wertvolle Bücher in der Herzogin-Anna-Amalia-Bibliothek in Weimar. Und schließlich führten Fehlplanungen, Baumängel und Schlampereien im Zuge eines U-Bahn-Baus dazu, dass am 3. März 2009 das Historische Archiv der Stadt Köln und damit eines der bedeutendsten Kommunalarchive Mitteleuropas einstürzte und zahlreiche historische Unterlagen unter sich begrub.

Diese Ereignisse innerhalb weniger Jahre wirkten wie ein Fanal. Sie machten deutlich, dass auch im 21. Jahrhundert in Deutschland Gefahren für das Archiv- und Bibliotheksgut bestehen. Eine Konsequenz, die Kulturpolitiker aus Bund und Ländern hieraus zogen, war die verstärkte Förderung von Präventions- und Bestandserhaltungsmaßnahmen in deutschen Archiven und Bibliotheken. Mit der Koordinierungsstelle für die Erhaltung des schriftlichen Kulturguts (KEK) wurde 2011 unter dem Dach der Staatsbibliothek Berlin – Preußischer Kulturbesitz eine eigene Institution zu diesem Zweck ins Leben gerufen.* Sie verwaltet ein Förderprogramm von rund 500.000 € jährlich, mit dessen Hilfe wegweisende Projekte zur Erhaltung von Archiv- und Bibliotheksgut unterstützt werden. Gefördert werden Maßnahmen zur Notfallvorsorge, zum Schutz von Kulturgut, aber auch zur Restaurierung. Wichtig ist dabei, dass die beantragten Projekte innovativ sind und Modellcharakter für andere Institutionen haben können.

Das Stadtarchiv Mannheim - ISG hat sich mehrfach erfolgreich um Fördermittel aus diesem Programm beworben. So erhielt es 2011 einen Zuschuss zur Entwicklung eines Kartonagesystems zur effizienten und ressourcenschonenden Lagerung von Amtsbüchern. Gemeinsam mit dem Mannheimer Unternehmen Rack & Schuck GmbH & Co. KG entwickelte es einen neuartigen, großformatigen und regalangepassten Karton (Abb. 1) mit eigenem Verschlussmechanismus, der auf reges Interesse bei der Fachwelt stieß. Die Neuverpackung der historischen Amtsbücher war eine direkte Konsequenz aus den Erfahrungen mit dem Kölner Einsturz. Diese hatten gezeigt, dass in Kartonage verwahrte Archivalien deutlich weniger Zerstörungen erlitten als frei stehende und dass die Verpackung auch einen gewissen Schutz vor Wasser bietet. Heute sind im Stadtarchiv - ISG daher nahezu sämtliche Amtsbücher in einem entsprechenden Karton verwahrt.

Und auch 2013 konnte sich das Stadtarchiv - ISG darüber freuen, dass ein neuerlicher Vorschlag von der KEK positiv bewertet wurde. Sein Projekt „Restaurierung nach der Digitalisierung" überzeugte die Gutachter, es ist somit eines von bundesweit insgesamt 20 Vorhaben, das gefördert wird. Im

Harald Stockert

Blickpunkt des aktuellen Programms steht dabei „Vorsorge im Großformat", mithin Objekte wie Karten und Pläne, aber auch voluminöse Folianten. Dieses Motto bot einen Anstoß, sich abermals mit der Erhaltung der Amtsbücher wie den historischen Ratsprotokollen oder Schatzungsbüchern, vor allem aber den Personenstandsregistern zu beschäftigen.

Im Laufe der Jahrzehnte wurden die Geburts-, Heirats- und Sterberegister der Stadt Mannheim, die bis 2009 im Standesamt für die tägliche Arbeit in Gebrauch waren, weit über tausend Mal aus den Regalen genommen, aufgeschlagen und ihre Seiten zigtausendfach umgeblättert. Es galt, Informationen zu Geburten, Heiraten und Sterbefällen nachzuschlagen, so genannte Randvermerke (z. B. bei Namensänderungen) einzutragen bzw. schlicht und einfach Kopien von Einträgen zu machen, um beglaubigte Urkunden anzufertigen. Im Zuge der Reform des Personenstandsgesetzes 2009 wurde ein Großteil dieser Bücher Archivgut; und nach wie vor werden sie häufig beansprucht, von Genealogen oder Erbenermittlern, aber auch von Heimatforschern und Wissenschaftlern. Der Bestand reicht zurück bis ins Jahr 1870, er wird inhaltlich ergänzt durch so genannte Gesinderegister und andere Meldebücher des 19. Jahrhunderts.

Diese enorme Beanspruchung ist vielen Bänden deutlich anzusehen. So sind zahlreiche Buchrücken beschädigt, Einbände eingerissen, Seiten ausgefranst und Buchlagen gelöst (Abb. 2). Eine weitere intensive Benutzung wie bisher würde die Bücher in ihrem Bestand nachhaltig gefährden.

Abhilfe kann hier die moderne Technik schaffen. Spezialscanner ermöglichen es, die Bücher zu digitalisen, so dass diese künftig online benutzt werden können. Dies ist nicht nur schonender für das Material, es ist für den Leser auch weitaus komfortabler – man denke hierbei nur an die Vergrößerungs- und Druckfunktionen moderner Programme. Und schließlich bietet eine digitale Bereitstellung zahlreiche Möglichkeiten für die Verbesserung von internen Arbeitsprozessen. So ist es unter anderem eine große Belastung für den Magazindienst, die großformatigen und schweren Bücher regelmäßig aus den Regalen zu wuchten und sie in den Lesesaal zu transportieren.

Seit Jahren betreibt das Stadtarchiv - ISG ein eigenes Digitalisierungszentrum, in dem Tag für Tag Amtsbücher eingescannt werden. Für die Bücher bedeutet das Auflegen auf den Scanner eine letzte Beanspruchung, die freilich auch ihre Spuren hinterlässt. Hier setzt nun das Förderprogramm der KEK an: Dank dieser Zuwendung ist es möglich, dass die Bücher nach dem Einscannen von professionellen Restauratoren aufbereitet und wieder in Stand gesetzt werden. Die Stücke werden gereinigt, meist auch neu eingebunden, Schadstellen ausgebessert und Buchlagen nachgeheftet (Abb. 3). Parallel wird eine Klassifikationsmatrix erstellt, über Schadensbilder an den Amtsbüchern, die vor der Maßnahme bestanden haben, durch eine Digitalisierung möglicherweise verstärkt und nun im Zuge einer Restaurierung behoben wurden. Dieses Schema soll der Fachwelt Anhaltspunkte über Aufwand, Kosten und Nutzen geben, um vergleichbare Projekte durchzuführen.

Nach Abschluss der Maßnahme werden die restaurierten Quellen im Magazin verwahrt. Ein wichtiger Teil des kulturellen Erbes kann somit sowohl in Papierform als auch digital dauerhaft für die Nachwelt gesichert werden. Das Projekt „Restaurierung nach der Digitalisierung" verbindet in innovativer Weise gleich zwei Maßnahmen der Bestandserhaltung und ist damit wegweisend – für die Fachwelt, aber auch für die Stadt Mannheim. Denn mit dem Projekt kann auch ein wertvolles „Stück" Mannheimer Stadtgeschichte dauerhaft für die Nachwelt gesichert und wesentlich komfortabler genutzt werden.

* Nähere Informationen unter www.kek-spk.de

Abb. 2 (links)
Historisches Amtsbuch mit Einband- und Abriebschäden vor der Restaurierung
Foto: StadtA MA - ISG 2013

Abb. 3 (rechts)
Historisches Amtsbuch nach der Restaurierung
Foto: StadtA MA - ISG 2013

Gruppe aus Frankenthaler Porzellan, die als „Allegorie der Trauer" (vielleicht die Trauer Mannheims über den Wegzug des Kurfürsten Carl Theodor) gedeutet wird.
Modell wohl von Konrad Linck (1730-1793)
Um 1770
rem
Die große Porzellangruppe aus dem Bestand der Reiss-Engelhorn-Museen ist in der Ausstellung „Die Wittelsbacher am Rhein" zu sehen.

## Impressum

**Herausgeber**
Hermann Wiegand
Alfried Wieczorek
Ulrich Nieß

**Inhaltliche Konzeption**
Claudia Braun
Wilhelm Kreutz
Ulrich Nieß
Hermann Wiegand

**Wissenschaftliche Redaktion**
Wilhelm Kreutz
Christoph Popp
Luisa Reiblich
Hanspeter Rings

**Lektorat**
Luisa Reiblich
Jutta Hitzfeld

**Graphische Gestaltung**
Luisa Reiblich

**Autoren**
Alexandra Berend M.A.
Dr. Hans-Jürgen Buderer
Dr. Horst-Dieter Freiherr von Enzberg
Dr. Nelly Friedland
Peter Galli
Dr. Rosmarie Günther
Hans-Joachim Hirsch
Liselotte Homering
Rolf Kentner
Ulrich Klein
Dr. Ursula Koch
Silvia Köhler
Dr. Wilhelm Kreutz
Andreas Krock M.A.
Alexandros Nasikas
Dr. Andreas Neuburger
Dr. Ulrich Nieß
Dr. Matthias Ohm
Dr. Sebastian Parzer
Dr. Hanspeter Rings
Dr. Gaëlle Rosendahl
Dr. Susanne Schlösser
Prof. Dr. Ernst Schulin
Dr. Martin Schultz
Dr. Harald Stockert
Dr. Claude W. Sui
Verena Thiemann
Prof. Dr. Alfried Wieczorek

**Produktion**
Verlag Regionalkultur, Heidelberg – Ubstadt-Weiher – Basel

**Druck**
NINO Druck GmbH
Neustadt a. d. Weinstr.

**Abbildungen**
© Reiss-Engelhorn-Museen Mannheim (Fotografen Jean Christen, Carolin Breckle oder rem-Archiv), und Stadtarchiv Mannheim - Institut für Stadtgeschichte, wenn nicht ausdrücklich andere Rechteinhaber oder Fotografen benannt sind.
Sollte es vorgekommen sein, dass Rechteinhaber nicht benannt sind oder nicht ausfindig gemacht werden konnten, bitten wir um entsprechende Nachweise die beteiligten Urheberrechte betreffend, um diese in künftigen Heften zu berücksichtigen oder/und im Rahmen der üblichen Vereinbarungen für den Bereich wissenschaftliche Publikationen abgelten zu können.



ISSN 0948-2784
ISBN 978-3-89735-825-6



Abbildung auf der Vorderseite:
Kurfürst Friedrich V. und Kurfürstin Elizabeth Stuart als König und Königin von Böhmen
Kupferstich
1619
rem C 128 k

Abbildung auf der Rückseite:
Porträt des Kurfürsten Ottheinrich
Vermutlich Virgil Solis
Holzschnitt auf Büttenpapier
1563
rem G Cd 203, k (MAV)

Für Publikationsanfragen wenden Sie sich bitte an das Redaktionsteam in den rem:
Dr. Claudia Braun
Luisa Reiblich
Reiss-Engelhorn-Museen
D 5, Museum Weltkulturen
68159 Mannheim

Harald Stockert, Andreas Henn

## MANNHEIM!

**Geschichte erzählt in vergleichenden Ansichten / Then and now: a comparative pictorial history**

Mannheim, die Quadratestadt an Rhein und Neckar, kann auf eine über 400-jährige, äußerst bewegte Geschichte zurückblicken. Zahlreiche Überreste im Stadtbild erinnern auch heute noch an Glanz- wie Krisenzeiten, an gewaltige Umbrüche wie auch bis heute andauernde Kontinuitäten. Wie sehr sich Mannheim verändert hat und sich doch treu geblieben ist, zeigt der vorliegende Band. Mehr als 50 historische und aktuelle Bilder aus jeweils gleicher Perspektive einander gegenüber gestellt, bieten einen Gang durch die spannende Stadtgeschichte. Informative Texte zeichnen die Entwicklung von den Anfängen im Jahr 1607 bis in die Gegenwart.

*Herausgegeben vom Stadtarchiv Mannheim – Institut für Stadtgeschichte. 132 S. mit 156 Abb., attrakt. quadrat. Format, fester Einband, deutsch/englisch. ISBN 978-3-89735-761-7. EUR 19,90*

Michael Heitz, Bernd Röcker

## Jüdische Persönlichkeiten im Kraichgau

Sie hießen Oppenheimer, Bravmann oder Rosenfeld. Sie waren Fabrikanten, Unternehmer, Künstler oder Politiker und hatten eines gemeinsam: Sie waren jüdische Persönlichkeiten im Kraichgau. Viele von ihnen wurden während des Naziregimes unterdrückt, verfolgt und ermordet.

Mit dem vorliegenden Sammelband ist es den beiden Herausgebern Michael Heitz und Bernd Röcker gelungen, Aufsätze von über 30 Autoren zusammenzustellen, die das einstmals blühende jüdische Leben im Kraichgau beleuchten und dadurch einen wichtigen Beitrag gegen das Vergessen leisten. Die Bedeutsamkeit der Erinnerungsarbeit wird herausgestellt und denen, die drohen, in Vergessenheit zu geraten, werden Name und Gesicht gegeben. Doch lässt das Buch den Leser nicht nur an rund 60 außergewöhnlichen Lebensläufen von im Kraichgau geborenen jüdischen Frauen und Männern teilhaben – an ihrer Tatkraft, Kreativität, Intelligenz und Zielstrebigkeit und letztlich an ihrem Schicksal – sondern führt ihm zugleich die tiefgreifenden Veränderungen der Existenzbedingungen der jüdischen Bevölkerung im 19. und 20. Jahrhundert vor Augen.

Zahlreiche farbige Abbildungen runden den Sammelband ab und machen ein dramatisches Stück Weltgeschichte aus regionaler Perspektive lebendig.

*Hrsg. von Michael Heitz und Bernd Röcker im Auftrag von „Jüdisches Leben Kraichgau e.V.". 320 S. mit 191 z.T. farbigen Abb., fester Einband. ISBN 978-3-89735-802-7. EUR 22,80*

Hartmut Riehl, Jürgen Alberti

## Burgen und Schlösser im Kraichgau

Burgen und Schlösser im Kraichgau – das sind das verspielte Märchenschloss Gondelsheim wie der weithin sichtbare Steinsberg, „Kompass des Kraichgaus"; das prächtige Bruchsaler Barockschloss gehört ebenso dazu wie die trutzige Ravensburg bei Sulzfeld und die verwunschen wirkende Burg Neidenstein. Hartmut Riehl und Jürgen Alberti haben das reichhaltige Bildmaterial durch markante Informationen zu Geschichte und Baustil ergänzt; Text und Bild vermitteln vielfältige Impressionen der traditionsreichen Adelssitze, die nur den einen Wunsch offenlassen: die Burgen und Schlösser bei nächster Gelegenheit auch selbst zu besichtigen.

*2. überarbeitete Auflage. 132 S. mit 250 Abb., attrakt. quadrat. Format, fester Einband. ISBN 978-3-89735-500-2. EUR 17,90*